臺灣歷史與文化 研究輯刊

十 六 編

第 9 冊

羅尚《戎庵詩存》研究（下）

孫 吉 志 著

花木蘭文化事業有限公司

國家圖書館出版品預行編目資料

羅尚《戎庵詩存》研究（下）／孫吉志 著 — 初版 — 新北市：
花木蘭文化事業有限公司，2019〔民 108〕
目 4+218 面；19×26 公分
（臺灣歷史與文化研究輯刊十六編；第 9 冊）
ISBN 978-986-485-853-8（精裝）
1. 羅尚 2. 臺灣詩 3. 詩評
733.08   108011623

ISBN-978-986-485-853-8

9 789864 858538

臺灣歷史與文化研究輯刊
十六編 第 九 冊   ISBN：978-986-485-853-8

羅尚《戎庵詩存》研究（下）

作　　者	孫吉志
總 編 輯	杜潔祥
副總編輯	楊嘉樂
編　　輯	許郁翎、王筑、張雅淋　美術編輯　陳逸婷
出　　版	花木蘭文化事業有限公司
發 行 人	高小娟
聯絡地址	235 新北市中和區中安街七二號十三樓
	電話：02-2923-1455／傳真：02-2923-1452
網　　址	http://www.huamulan.tw 信箱 hml810518@gmail.com
印　　刷	普羅文化出版廣告事業
初　　版	2019 年 9 月
全書字數	327091 字
定　　價	十六編 10 冊（精裝）台幣 20,000 元

羅尚《戎庵詩存》研究（下）

孫吉志　著

目

次

第五章　記事作詩詩作史──詩歌分期及時代精神

　　羅尚重視風、騷傳統，注意時局、時事，發之於詩歌，不僅寄託了個人感慨，也道出了家國的滄桑、生民的悲歡，有補於歷史紀錄的不足。他的詩歌採編年形式紀錄，頗能見時代精神、風氣移易。本章依時代先後分成四節，以見他的詩藝演進，以及詩中情意的變與不變，並說明詩中所傳述的家國景況、民情，以見羅尚詩歌的現實意義。

　　第一節「錦帆眞是去天涯」，以他在大陸的軍旅行次爲主線，此期詩藝雖然尚未純熟，但已可見高華慷慨的格調。第二節「唯有伽藍似洛陽」，述他從渡台後（1949 年）至 1971 年政府退出聯合國前的詩作，此期離開行伍，惕勵勤學，得李漁叔傾心傳授，詩藝日益精進。第三節「不盡江南作賦哀」，從 1972 年到 1986 年底，此期受到巷中體的影響，運用俗諺與新詞彙，部分詩作文字較爲鮮新。第四節「桂樹能禁幾回伐」，從 1987 年到 2000 年，此期詩藝更爲精純。綜觀四個時期，對故鄉的思念，諷刺政府施政，敘述生民悲歡，紀錄風俗移易，都是主要題材，整體內容相當一致，亦可看出他對生民的仁愛、家國的關懷，情意高尚。

第一節　錦帆眞是去天涯（1949 年渡台前）

　　羅尚十餘歲即投身軍旅，親歷對日抗戰、國共內戰，轉徙各地，最後落腳臺灣，對大時代的動亂滄桑感觸良深，著墨亦多。這一時期曾作四百多首詩，錄爲《故山集》，不過此書已經佚失，留存的詩作又經他自刪，故今日所

存僅餘十分之一，改錄爲《戎庵詩存》初一，他說：「此集抗日從軍，兵間少作，不知而作，比如孩兒學語，咿呀可愛，錄存十一，用志鴻爪。」〔註1〕觀羅尚後期的詩作，成就的確高於此時，他刪檢此期詩作，除了保留咿呀可愛之感外的意義，也可見對篩檢的謹慎。

　　本節以羅尚在大陸的軍旅行次爲主線，敘述大時代的征戰、烽火下的民生，兼及其個人感懷。

一、軍旅征戰

　　羅尚從軍受訓後，隨軍駐在湘潭，民國二十七（1938）年十二月移往廣西全州，其間雖曾隨軍移動救援，但並沒有實際與敵軍對戰過，第一次實際的對敵作戰是廣西崑崙關會戰，於民國二十八（1939）年十一月開始對戰，十二月底大捷，克復崑崙關。他當時服役於杜聿明所率領的精銳部隊，全國唯一的機械裝甲軍，參與正面攻擊，得勝後又追擊以擴大戰果，故作〈攻克崑崙關〉紀念：

> 南天歲暮克崑崙，十萬旌旗拂凍雲。
> 敢越龍州窺象郡，賓陽坐鎮狄將軍。〔註2〕

此詩以宋朝大將狄青爲喻，稱頌當時指揮作戰的第 5 軍長杜聿明將軍，保衛了南境要地。北宋仁宗時，嶺外蠻人儂智高反宋，攻陷邕州（今廣西南寧市），欲北上擊象郡（今廣西崇左縣）、龍州（今四川龍安縣），嶺外震動，將帥征討無力，最後由狄青領兵，坐鎮賓州（今賓陽縣），用計謀，一晝夜攻克崑崙關，並在歸仁鋪擊潰儂智高。〔註3〕

　　崑崙關戰役前的形勢較宋代嚴峻，當時華中武漢失守，南方日軍又北上攻陷南寧、崑崙關，勢如破竹，四川震動，士氣低迷，因此這一戰極爲重要。且崑崙關本是險要關口，有「一夫當關，萬夫莫開」之勢，又佔據關口的是日軍第 5 師團第 12 旅團，號稱「鋼軍」，入侵以來未有敗績。故強敵當前，戰況益顯激烈，關口爭奪反復。而杜聿明指揮若定，調度靈活，最後重創該軍，並擊斃其旅團長中村正雄，〔註4〕攻克崑崙關，使敵軍不得北上威脅四

〔註1〕見《戎庵詩存》初一，頁1。
〔註2〕見《戎庵詩存》初一，頁1。
〔註3〕參見元・脫脫等撰，楊家駱主編：《新校本宋史》（台北：鼎文，1994年8月），頁9719～9720。
〔註4〕〈攻克崑崙關〉小序說是「俘虜」中村正雄，並不正確，可能是當時所得到

川基地，不僅重振軍威，也鼓舞了全國民心。此詩前二句先點出戰役的時間、地點、天候的嚴寒、結果，第三句倒敘敵軍的企圖，語氣勁直，也隱含當時形勢的危急，以稱美杜聿明將軍能謀善戰。

崑崙關大捷後，隨軍向西南移動，作〈夜度碧雞關〉云：

> 滇南二月瘴煙寒，冷露無聲濕劍鐔。
>
> 唯有昆明湖上月，多情照我度西山。〔註5〕

當時部隊向西南邊界集結，欲遠征緬甸，碧雞關是昆明西邊門戶，可以俯瞰滇池，度過此地，即意味著將加入戰場，故有感而發。此詩首二句寫軍旅夜行之危苦，由瘴煙顯其危，由劍鐔濕冷，見夜行已久，冷露侵人。鋪寫夜行的危苦寒冷，是爲了突顯湖上月的多情。湖上月多情，不讓夜行的軍士寂寥，故徹夜相伴，度越西山，令人溫暖，解慰人心。湖上月的多情，亦見年少的浪漫詩情。

民國三十年底羅尙隨軍到達西南邊界，次年三月遠征緬甸，此戰剛開始極順利，200師長戴安瀾將軍率所部在同古（也稱東瓜）保衛戰中表現強眼，重創日軍，四月，孫立人將軍率113團擊退日軍，救出被困在仁安羌的英軍七千餘人，贏得英軍讚揚，並榮獲「英帝國司令」勳章、美國「豐功」勳章。但五月之後戰局生變，情勢急轉直下，遠征軍面臨最慘酷的歲月。肇因英軍逕自棄緬保印，日軍遂改圖滇南，截斷我軍補給、歸路，形勢危急，羅尙隨軍撤往印度，路絕而返，經麥同，作〈麥同書壁〉云：

> 故園東望山重複，失道王師望日還。
>
> 裹卻新創行去也，眞教生入玉門關。〔註6〕

詩序說明寫作背景甚詳，曰：「二次世界大戰，英軍棄緬甸保印度，先撤入印度。用謀略，虛設若干電台，悉向印度方面取連絡，日軍截獲電訊，判斷英在印有重兵，遂改圖我滇西，搶渡惠通橋。我遠征軍杜聿明、余韶、廖耀湘、鄭洞國、孫立人諸部隊尙滯瓦城附近，歸路既斷，並驅緬北，相繼入印度，是爲以後之駐印軍，裝甲兵一小部則隨余韶部轉進至克薩，入印一日，路絕而反，復北進經孟拱至孟緩，日軍躡後時距約一日程，遂焚輜重，裹糧橫越野人山，經十一日至山頂麥同，此地有小形公路東通密支那，另部日軍已由密支那沿公路追截，被破壞之五橋，已修復三橋，危乎險哉。野人山中，

的資訊有誤。見《戎庵詩存》初一，頁1。

〔註5〕見《戎庵詩存》初一，頁3。

〔註6〕見《戎庵詩存》初一，頁4。

原有英國工兵一團在，聞已急調麥同佈防。」麥同位在緬甸邊界野人山上，向東有無數縱向山系、河谷，但有山間小路通雲南孫布拉蚌，是回國的重要門戶。一入孫布拉蚌，就等於回國了，有崇山峻嶺的阻隔，也安全多了，故以玉門關喻之。

首二句即說明此背景與忐忑不安、望歸急切的心情，而以「失道」二字統括。回國的路艱困無比，前有峰巒重疊的野人山、高黎貢山，不利裝甲部隊通行，加上後有追兵，於是只好將軍械破壞棄置路旁。又山中人煙稀少、蚊蚋成群，給養、醫療皆成問題，於是沿途官兵死亡相繼，屍橫遍野。最後美軍發現，空投補給，部隊才得脫離險境。估計約有五萬軍隊葬身此地，而遠征作戰傷亡的僅有一萬餘人，可說是十分糊塗的一仗。

到達麥同，已入我國國土，但向東方的故園一望，卻還有無重數的山擋著，已吃盡苦頭，卻還有無數苦頭等著。後二句，就在這種忐忑、急切的低壓中，重燃鬥志，裏卻傷痛，再次出發，雖然生入國門，但欣喜、感嘆，萬千情緒交雜。

羅尚回國後才得知這一次的撤退，連精銳的 200 師都失去了師長戴安瀾，作〈驚聞二百師師長戴安瀾殉國薩爾溫江畔〉云：

> 見說大星沈，千營鼓角瘖。怒江空發怒，敵騎渡雲岑。〔註7〕

當時戴安瀾為了使部隊安全撤退，親率所部對戰，並引敵軍遠離主力，不幸胸腹中彈，又進入多雨的林區，終致傷口感染惡化，殉國於薩爾溫江畔胡康河谷，得年三十八歲。杜聿明當時亦感染重病，幾乎殞命。

此詩以「沈」字為眼，大星之沈，使千營鼓角都瘖啞，怒江（即薩爾溫江）發怒，但發怒也擋不住敵軍的攻勢。第三句收束，並啟下句之意，末句回應首句，已失去將領，敵軍仍快速進逼，宛如越過制高點的雲山，將俯衝追趕而下，更增危急。

蒼天不恤中土，致使戰亂頻仍，中共藉著對日抗戰壯大，戰前兵員僅五萬餘人，戰後增至百餘萬人，又得蘇俄大肆補充裝備，於是抗戰方歇，國共內戰隨即展開。民國三十五年一月羅尚隨軍自昆明轉戰中原，三十七年九月，濟南、徐州吃緊，防守鄭州的孫元良兵團緊急調往徐州，此時國軍已開始準備從鄭州撤退，十月撤出，中原最後一道屏障空虛，有感而發，作〈撤鄭州〉云：

〔註 7〕見《戎庵詩存》初一，頁 6。

鄭地兵家在必爭，深溝高壘費經營。

元戎車駕方辭郡，守將旌旗已出城。

四極交通餘十字，三邊流寇逼孤兵。

洛陽不守西藩撤，竊爲徐州淚暗傾。〔註8〕

首聯即點明鄭州的重要，暗指撤出鄭州的不智。鄭州位於中原腹地，是中國兩大鐵路幹線的樞紐，平漢、隴海鐵路的交叉點，戰略地位十分重要，屬兵家必爭之地，應當竭力防守。而現在竟然還未開戰就先棄守，可見主事者極爲不智，往後戰局必將陷於困危。頷聯明白揭露撤退之快，孫元良一率兵團開往徐州協防，留守的將領很快就撤出鄭州，只留下老弱殘兵共萬餘人，棄之不顧，完全不見將領的忠勇、風範，諷刺之極。頸聯寫部隊撤出後的鄭州危急情勢，只剩下兩大鐵路可以與外界交通往來，共軍又從三面進軍壓迫，已預見鄭州的失守。後來共軍攻擊鄭州，果採包圍戰，從東、南、西三面攻擊，讓守軍向北逃，再由北面伏軍一舉將守軍殲滅。末聯呼應首聯，明確指出鄭州失守，西邊的屏障就完全消失，徐蚌會戰必難以取勝。當時洛陽已經不保，鄭州又撤，徐蚌將失利，一連串的失敗助長共軍的氣勢，國家局勢紛亂如麻，江河日下，已經呈現土崩瓦解之態。此詩結構謹嚴，憂患深沈，諷刺強烈，感慨萬端。

後來鄭州失守，中原大戰至此結束，中原與華北的共軍連成一片，控制了平漢、隴海兩大鐵路樞紐，在徐蚌會戰（淮海戰役）時對國軍傷害極大，不僅牽制孫元良兵團回援，中共部隊增援也源源不絕，終於使國軍慘敗，長江以北盡爲共軍所據。

國共在長江兩岸對峙不足三月，戰事再起，民國三十八年四月二十一日，江陰要塞司令戴戎光叛變，共軍陳毅部三萬人自安徽荻港渡江，四月二十四日，共軍入南京，四月二十八日，國軍第二十軍長楊幹才戰死於蕪湖赭山，羅尚五月聞訊，時在廣州，作〈聞南京陷落戴戎光出賣江陰要塞楊幹才殉節蕪湖赭山〉云：

揚子湯湯五月寒，金陵虎踞對龍蟠。

固淮已定防江策，誤國難誅賣塞官。

辭廟百僚驚落膽，回天一將獨塗肝。

背城事以緃城易，未死而今欲死難。〔註9〕

〔註8〕見《戎庵詩存》初一，頁9。

全詩以「寒」為眼，不是天氣之寒，而是局勢、國勢、人心之寒。江防之策必先固守淮地，而江陰要塞正在此處，位居要津，使共軍不敢輕越雷池，如此，南京才能保有龍蟠虎踞的帝王之器氣。第四句情勢急轉直下，寫要塞一失，金陵隨即瓦解。當時要塞司令戴戎光叛變，共軍渡江，浩浩湯湯的江水變為無止盡的寒氣，國勢寒於水，不可收拾。

　　頷聯以南京百官的倉皇辭廟作對比，突顯楊幹才將軍盡忠職守，無力回天，鞠躬盡瘁，死而後已。又與頷聯對比出叛節者的可恨。不僅諷刺蔣介石眼光短淺，所用非人，也對南京大小官員嘲諷入骨。

　　末聯總結，「縋城」一詞用二典故，一是用燭之武夜縋出城，說秦穆公而退秦師的典故，〔註10〕以譏刺倉皇竄逃的百官沒有真才實學，不知戮力國事；一是用宋代李綱臨敵督戰的典故，〔註11〕以譏刺背城投降的人物苟全性命。楊幹才殉國，雖死猶榮，名留千古，而此役叛逃者，就算想要以死謝罪、挽回名聲，亦不可得了。

　　民國三十八年七月，羅尚隨軍渡台，作〈黃埔港乘萬里號登陸艇渡臺灣〉云：

　　　　萬山回望暮雲遮，百輛兵車萬里楂。

　　　　侯景渡江哀庾信，錦帆真是去天涯。〔註12〕

首二句蘊含無限哀傷、憾恨，「暮雲遮」，寓情於景，喻共軍阻撓，望鄉、思歸不得，國事一片日暮。人在廣州，將逃難、隨軍登萬里號渡台，直是已在天涯，更向天涯，斷無歸期。第三句用庾信典，侯景由北朝來歸，卻在梁武帝太清二年（西元 547 年）十月舉兵作亂，導致梁國力大傷，已近覆亡，梁元帝承聖三年（西元 554 年），歲在甲戌，庾信奉命出使西魏，使魏期間，魏出兵攻梁，梁朝覆亡，庾信從此羈留北朝，不得歸鄉，故晚年常有鄉關之思，作〈哀江南賦〉。〔註13〕第四句化用李商隱〈隋宮〉「錦帆應是到天

〔註 9〕　見《戎庵詩存》初一，頁 13。

〔註 10〕　見楊伯峻撰：《春秋左傳注》，僖公三十年三月傳，頁 479～480。

〔註 11〕　見元・脫脫等撰，楊家駱主編：《新校本宋史》，頁 11243，曰：「（李）綱治守戰之具，不數日而畢。敵兵攻城，綱身督戰，募壯士縋城而下，斬酋長十數人，殺其眾數千人，金人知有備，又聞上已內禪，乃退。」

〔註 12〕　見《戎庵詩存》初一，頁 13。

〔註 13〕　參見唐・令狐德棻等撰，楊家駱主編：《新校本周書》（台北：鼎文，1993 年6 月），頁 733～742。

涯」。〔註14〕隋煬帝楊廣屢幸江都，不理朝政，若非身死國喪，將會遊盡天涯。指國民政府、蔣介石敗退至臺灣，有如到了天涯。此詩用此二典，並含亡國之哀、滄桑之感、羈留之憾，回想少年從戎離鄉，轉戰各地，即未再回鄉，抗戰勝利後，國共內戰又繼續，之後隨政府渡台，更不能隨侍父母，親子之痛油然而生。

　　羅尚少年抱志從軍，從此不得回鄉侍奉父母，征戰四方，最後錦帆天涯，落腳臺灣，眞是大時代底下的悲哀。

二、烽火下的民生

　　戰火下的民生總是艱困，除了得面對敵人的威脅荼毒，還得面對己方戰術運用的殘害。羅尚轉戰各地，對這種同胞相殘的事，既感無奈，又感痛心，於是秉筆直書，如〈長沙〉云：

> 胡馬駸駸渡汨羅，焚城秘計果如何。
>
> 至今父老論文火，對客尊前落淚多。〔註15〕

民國二十七年十一月十三日，湖南省主席、蔣介石心腹張治中以日軍逼近長沙，下令焚城，全市數十處同時起火，至十九日火才漸熄，燒斃數千人，結果日軍先已轉向，並未進攻長沙，徒然造成民眾傷亡，損害民生至鉅。外傳十二日張治中接到高層下令焚燬長沙的密電。

　　文火，指十二日密電焚城，引發全城大火的事，當時以詩韻韻部作爲代號，詩韻十二爲文，故稱文火。羅尚經過長沙，與當地父老相談，記載於詩序，說：「事後追究責任，誅警備司令酆悌等三人。長沙人作一聯語之：『兩個方案一把火，三顆人頭萬古冤。』三十年夏，招考學兵於長沙，登廢墟，憑弔往昔。或言文火之事，中央別有秘計，然父老已憤恨澈骨云。」雖稱別有秘計，而仍逕自焚城，沒有疏散百姓避難，直是罔顧人民身家性命，又爲平息民怨，亂尋代罪誅殺，怪不得父老要憤恨徹骨。

　　此詩首二句說明焚城之由，並設問結果。後二句作答，並含蓄諷刺中央用人、謀事均告失當，不愛惜、不善保生民，終不得民心。後來國共內戰，張治中銜命與中共談判，江陰要塞一失守，即變節投靠中共，更印證中央用

〔註14〕見李商隱撰，劉學鍇、余恕誠集解：《李商隱詩歌集解》（台北：紅葉，1992年10月），頁1395。
〔註15〕見《戎庵詩存》初一，頁1。

人的錯誤。

同樣在這場焚城秘計中，杜聿明的表現就相對亮眼，〈三至湘潭有懷杜聿明將軍〉詩序中記錄此事，說：「張治中火焚長沙，湘潭亦在方案之中，二百師師長杜聿明語張，我坦克部隊機械材料，彈藥油料，盡在湘潭，不可焚也。湘潭由是得保全，市民稱二百師爲萬家生佛，對於官兵盡禮遇之能事。」〔註16〕杜聿明不苟同張治中的作法，以絕佳的理由保全湘潭民脂民膏，贏得人民敬重，相較之下，更突顯焚城的荒謬。

羅尚隨軍遠征緬甸時，也記錄了當地特別的現象，如〈曼德里〉云：

齋僧說有傾家事，教戰曾無敵國思。

萬户千門劫灰裏，盡人懷刃果何爲。〔註17〕

詩序載：「緬人男女老幼皆佩刀，僧爲貴族，不治飲食，每日沿門托鉢，家家具食跪奉之。富家欲成爲貴族，例須有子弟作僧人三載。日軍南進，緬政府空室清野，獨僧人例外，多爲敵工作，時遭盟軍射殺，可嘆也。」緬甸僧人爲貴族，受人崇敬，戰時卻爲日軍工作，竟至遭盟軍射殺，羅尚感觸頗深，首二句即言此事。後二句擴大視野，提出疑惑，不殺敵、不向敵人抗爭，則盡人懷刃所爲何來？此詩以「敵國思」承上啓後，攫取僧人敵我不分的突兀現象，緊扣眼見盡人懷刃卻不殺敵的疑惑，來呈現戰爭給人的震撼、錯亂，並含蓄批評當地風俗的詭異，爲他們嘆息。

羅尚的批評是從中日敵我的關係展開，並不知當時緬甸人民的心態，當時緬甸爲英國殖民地，政府自然與英國同一陣線，視日本爲侵略者，但民間仇視英國的情緒則日益高張，僧人也是如此，日軍到來，即常爲其工作以攻擊英軍，並攻擊幫助英軍的盟軍，而不論日軍侵略的後果。所以羅尚的批評雖然眞確，但畢竟停留時間尚短，對當地民情尚未全然理解，仍有隔閡。

中日戰後復員的最大工程應是黃河花園口河堤的修復，當時美援四億美金，就有二億用在這裡，羅尚於三十六年至此偵察地形時，河堤修復剛完成不久，因作〈花園口〉云：

黃河滾滾雲中來，奔流到海頭不回。如何缺口滎陽野，汎濫數省成黃災。憶昔神州被外寇，中原萬里胡騎驟。十萬倭兵屯大梁，西指洛陽南漢口。漢家將帥想白起，長平一坑卅萬死。遂令工兵決黃河，

〔註16〕見《戎庵詩存》初一，頁11。

〔註17〕見《戎庵詩存》初一，頁4。

波濤爲我揮天戈。寧知悍將忍誤國，倭兵一夜盡走脫。謀事在人成
在天，淮西父老號深淵。昔日閭閻佈平野，可憐漂沒無人煙。抗戰
國策在持久，八載終教虜授首。復員首要安生民，興工堵塞花園口。
工程浩大世所稀，廿萬民工修此堤。編石爲山鐵鑄樹，沈作中流立
砥柱。烈日寒冰不計年，電炬高縣無早暮。曾聞決口一瞬間，缺寬
僅及二十米。北池沙軟不禁淘，於今築堤長六里。屢崩屢築雜歎息，
日有工人逐波滅。古時血肉築長城，設險防胡欲弭兵。今朝捨命爲
民生，河工雖死留其名。舉國方賀大功成，奈何禍亂相頻任。廣武
由來征戰地，勘地鴻溝策馬行。行行復上新堤望，眼底黃河奔濁浪。
秦晉烽煙結陣雲，齊魯東迷碧紗帳。太行無語看中原，溱洧涓涓溉
鄭田。此地能令智勇困，楚漢相持達五年。鄉官來獻青梅酒，酌罷
長歌託懷古。人謀不臧莫怨天，懷古吟成淚如雨。〔註18〕

花園口決堤是抗戰初期的決定，當時日軍沿隴海鐵路迫近開封、武漢，爲阻
止日軍西進，於是蔣介石下令將黃河決堤。最初宣傳是日軍飛機轟炸所成，
直到蔣介石過世，才由當時主持策劃以至完成的魏汝霖將軍證實。〔註19〕此
次決口，本預定在民國二十七年六月四日夜十二時於趙口決堤放水，後經幾
次失敗，改在花園口決堤，於六月九日九時決口放水，事後估算，日軍倉皇
後撤，約損失兩個師團，改由長江進攻武漢，因而延遲三個月，黃氾區面積
約一萬五千平方公里，受災人數約五百萬左右，死亡人數約四十萬至五十
萬。〔註20〕

　　此詩氣勢開闊，感慨深沈，如黃河波濤從天際滾滾而來，中有黃泥翻騰，
似嗚咽斷續之聲，平淺寫實而不失雅致，以「黃河滾滾，四處奔流」爲經，
「人謀不臧」爲緯，從浩浩洪濤自雲中奔騰而來寫起，先寫決堤之由，黃災
（指黃河氾濫造成的災害）的巨大，導致平野無人煙，再寫戰後復員的工程
浩大、艱難，最後在今昔比較中托出千古興亡、百姓安樂難得之感。

　　結構上可分三段，從「黃河滾滾雲中來」到「可憐漂沒無人煙」爲首段，
前四句提出疑問，由「滾滾雲中來」預見災害之大。接著說明黃河氾濫之由，

〔註18〕見《戎庵詩存》初一，頁 8。
〔註19〕參見魏汝霖：〈抗戰時期黃河決口眞相〉，《中外雜誌》，26 卷 4 期，1979 年 10
　　　月，頁 66～68。
〔註20〕參見「鄭州檔案信息網」，「檔案博覽」中的〈黃河花園口掘堵內幕〉一文，
　　　網址：http://www.zzda.gov.cn/dabl/hyk.htm。

乃因日寇揮軍大梁，進逼洛陽、武漢，緊張危急的氣氛陡然升高，故漢家將帥緊急應變，提出對策，但對策竟然是不顧生民、決堤黃河！此用長平之役白起坑趙降卒四十萬的故事，以增加詩的戲劇性，並含蓄點出決黃河堤以殺日軍的荒謬無知、顢頇可笑，且暗將決策指向領導者，畢竟傷害如此慘重的決定，若沒有中央的認可，恐怕沒人擔待得了。「倭兵一夜盡走脫」，已可想見結果，河堤一決，波濤滾滾，宛如天戈舞揮，但傷害的竟不是侵略者，而是百萬同胞，閭閻廣布的平野，人煙頓時消滅，變成煉獄，可見決策多麼錯誤。

「抗戰國策在持久」到「河工雖死留其名」為第二段，主要描述修堤的艱難。修堤耗費人力、物力、財力巨大，為能持久抗戰，就遲遲不能修堤，其間黃流四處飄滾，人民流離失所，損耗難以估計。「屢崩屢築雜嘆息，日有工人隨波滅」，真見築堤悲歌。又以秦始皇驅使人民血肉修築長城為喻，當時主要是為了防止北方民族入侵，鞏固皇帝的江山，安民衛民倒在其次，今日修築黃河堤，只為安民，饒益民生，工人雖死留名，榮耀不滅，可見今日之功遠勝於古，亦見羅尚的人道關懷。

「舉國方賀大功成」到詩末為第三段，由戰禍又起，策馬偵察地形引起感懷，感慨深沈、悲涼。對日戰爭終結，黃河缺口合龍，民生初安，沒想到國共內戰益趨激烈，登上新堤，西望則秦晉烽煙高昇，廣武之地又將遭兵劫，東望則高粱遍野，不見齊魯，令人迷茫，想齊魯之地此時大概也岌岌可危，教人無語。滎陽、鄭地，本是兵家必爭之地，楚漢就在此相爭數年，這一戰又不知要相持多久。「人謀不臧莫怨天」，直呈治亂本由人定，想上天有好生之德，不致如此塗炭生靈，而今禍亂相仍，怎不叫人悲歎！

羅尚詩以七古最優，於此可見一斑，早期之作已表現出氣勢雄闊、沈鬱感慨，或許是得軍旅生涯、半壁江山之助。

鄭地黃災連年，烽火屢升，人民生活不佳，南京一區卻迥異，羅尚三十七年秋至南京，見危急中的秦淮河仍笙歌處處，慨然而作〈秦淮河畔〉云：

> 王謝華堂無處尋，秦淮煙水月同深。
>
> 但聞兩岸歌聲起，猶是商娃唱後庭。〔註21〕

此詩脫胎自劉禹錫〈烏衣巷〉、杜牧〈泊秦淮〉二詩，雖不及其渾圓自然，而感慨、諷刺深過一層。首二句意義多層：夜深昏暗，故王導、謝安華堂已不

〔註21〕見《戎庵詩存》初一，頁10。

可見，是第一層；王謝的年代已遠，故華堂湮沒無聞，遍尋不得，是第二層；第三層隱然批判這時代已經沒有能夠安邦定國，一如王謝的領導者，故雖欲尋而不可得；第四層的抨擊最爲強烈，逢此危急之秋，南京的袞袞諸公，竟無宵旰從公之人，但見秦淮河岸華燈燦爛，處處笙歌，享樂如故，則不只煙深、水深、月深，連國家的病痛也深不可治了。國事如此，令人悲慨。

後二句化用「商女不知亡國恨，隔江猶唱後庭花。」〔註22〕〈玉樹後庭花〉一曲，前人多以爲亡國之音，如《舊唐書・音樂志》載杜淹曰：「前代興亡，實由於樂。陳將亡也，爲〈玉樹後庭花〉；齊將亡也，而爲〈伴侶曲〉，行路聞之，莫不悲泣，所謂亡國之音也。」魏徵進曰：「樂在人和，不由音調。」〔註23〕危急之時，而上位者仍醉生夢死，製唱靡靡之音、歡樂之歌，則不得人和，行將亡國。陳寅恪亦曾解杜牧詩言：「夫金陵，陳之國都也。玉樹後庭花，陳後主亡國之音也。此來自江北揚州之歌女，不解陳亡之恨，在其江南故都之地，尙唱靡靡遺音。」〔註24〕杜牧之時，製〈玉樹後庭花〉者已亡國，歌女無知，仍在陳國故都傳唱，更何況此時唐王朝已走向衰弱，而肉食者見識依舊鄙陋；羅尙在南京國都之日，危急十倍於杜牧之時，而秦淮河岸〈玉樹後庭花〉之音又起，將徒使後人復哀後人，悲慨、諷刺自深於杜牧。

烽火下的民生百態，透露著國家未來的走向，當上位者不恤國難當頭、民生艱苦，依然享樂，甚至不顧民命、欲與敵人同歸於盡時，民心將失而難回，若仇怨積深，更不會去顧慮結果如何了。「後人哀之而不鑑之，亦使後人而復哀後人也」，〔註25〕才是最令人悲歎之處。有心於治者，當深戒之。

三、滿目亂離的淒苦

羅尙行跡半九州，胸懷天下，又親歷兵塵洗鍊，目睹生民苦難、國家弱敗，故平日感懷發於筆端，時見滄桑沈鬱。此期應屬他的爲詩初期，而所作已多憂時感事，客愁、友情之作反倒少見，但並非不佳，如〈晴隆〉云：

〔註22〕見杜牧撰，清・馮集梧注：《杜牧詩集注》（台北：漢京，1983 年 9 月），頁273～274。

〔註23〕見後晉・劉昫等撰，楊家駱主編：《新校本舊唐書》（台北：鼎文，1994 年 10 月），頁1041。

〔註24〕見陳寅恪：《元白詩箋證稿・鹽商婦》（台北：里仁，1981 年 10 月），頁273。

〔註25〕語見杜牧：《樊川文集・阿房宮賦》卷一，頁1～2。

鳥道盤雲入貴州，萬山紅葉萬山秋。

明朝二十四灣去，遙望江西動客愁。〔註26〕

此江西是指黔地西南普安縣江西坡，在晴隆西，晴隆臨二十四灣。

此詩由鳥道盤雲之景興起鄉愁，回想當時亦是由盤雲之鳥道進入貴州，放眼所見，盡是山山重疊。一片紅葉，一片鄉心，紅葉漫山，山山又紅葉，交織成無限秋意鄉心。意象開闊宏大，客愁浩瀚無邊。

客愁已經無盡，明朝卻仍將西去，真成了已在他鄉，又復行役，離鄉愈遠，想今夜必是鄉心浩蕩，不能成眠。前三句不言愁，卻不斷拉長時間，擴大空間，鋪陳鄉愁的寬廣、累積鄉愁的深厚，終在最後抑鬱不住，一吐而出，寫法似李白〈怨情〉。

又如〈軍次南京挹江門李維藩莊驥午夜自江寧來晤敘〉，寫出了亂世中的深厚情誼：

剪盡燒秋燭，難傾離亂情。白門潮水響，同有五湖心。〔註27〕

離亂時代，生死未卜，消息難通，那能侈談聚首？現在既然同在南京，夜再深，也要聚首一回，暢談一番，於是老友午夜自江寧而來。秋夜剪燭，盡是聊不完的離亂愁緒，遊子鄉心、家國動盪、死生新故，紛然雜沓。只有門外的濤聲渾似舊時，響著人最美的希望，希望與老友一同歸隱，漫遊五湖，享受平靜安寧、自由自在的生活。此詩扣「晤敘」之題，首二句先述離情，後二句則從聚首而言心願。

至於憂時感事之作，可見羅尚對國事的預料，如〈下關〉云：

煙迷浦口雨瀟瀟，動地江聲夜漲潮。

愁不寐時頻起望，鍾山隱隱水迢迢。〔註28〕

此詩小序說：「濟南易手，菸酒加稅，金圓券貶值，國事已難於收拾。」民國三十七年九月，濟南失守，南京告危，當時的財政部長王雲五又發佈菸酒加稅，連帶使八月才剛發行的金圓卷應聲貶值，人心惶惶，一夕盡成，羅尚已預見國事不可為了。此詩氣氛低迷，以「雨瀟瀟」、「夜漲潮」、「隱隱」、「迢迢」，極力鋪陳迷茫而又令人驚駭的情景，彷彿國事已陷入迷茫之中，看不見未來。煙迷浦口，則津渡已不可見，雨又瀟瀟，更加深迷濛沈重而不可解之感，而江聲動地，潮水飛漲，則令人頻頻驚疑，不知是否為共軍乘勝追擊

〔註26〕見《戎庵詩存》初一，頁2。

〔註27〕見《戎庵詩存》初一，頁9。

〔註28〕見《戎庵詩存》初一，頁9。

而來。耿耿煩憂橫於胸中，欲睡不得，時時起望，只見鍾山隱隱，彷彿王氣黯淡，而令人驚疑的江水偏又流長、漫無止盡，平添旅人憂懷。

又如〈靈谷寺〉，遊歷南京名勝靈谷寺時，同樣是煩憂不減：

> 橫流到處即迷津，路轉煙蘿訪應眞。
>
> 猛見喝翻滄海句，難藏一粟感吾身。
>
> 戎衣一領當袈裟，頂禮如來誦法華。
>
> 世界微塵沙數劫，錦帆應是去天涯。〔註29〕

第一首前二句寫遊靈谷寺之由。橫流一到，即成迷津，不辨路途方向，言家國遭逢巨變，不知如何收拾，個人亦不知所措，故行向山中佛寺虔敬禮拜，祈求解答。應眞，即是佛家的羅漢，以其能體合眞道，所以名爲應眞。

後二句寫感慨，化用蘇軾〈赤壁賦〉「渺滄海之一粟」。禮敬羅漢，猛然想起滄海翻覆，連微小的粟米都無法收藏，國家覆亡，一身能棲止何方？顯然連清靜的佛寺都不能給予寧定、方向，更見胸中悲慨、迷惘橫流。

第二首以「劫」爲眼，因劫而著戎衣，而去天涯，錦帆喻政府。前二句扣題，寫禮敬之誠，雖無袈裟，但戎衣一領，即是心香一片。可是如此至誠也敵不過滿懷憂心，戎衣一領，終於又使人念及動盪危急的國家，因政府如隋煬帝朝廷的荒淫怠惰，而增添無數劫難。末句諷刺極深，悲歎大陸終將不保。

羅尚之作，雖徵引前人詩句，學習前人結構，但詩中瀰漫的總是獨特的個人情懷，如〈秋江夜引〉，詩句、詩意多引張若虛〈春江花月夜〉，高華慷慨，間雜憂心、控訴，是三十七年秋在漢口作：

> 江月年年相望同，江流日日來無窮。
>
> 江色江聲罔終極，江風江雨落江楓。
>
> 月明江甸白新沙，一片征帆戴月槎。
>
> 應是淮西傳捷報，好音連夜布天涯。
>
> 晴川一望白蘆葦，鸚鵡不分頭與尾。
>
> 隔岸蛇山落木秋，纖雲捲盡天連水。
>
> 南矚瀟湘深復深，即掛征帆過洞庭。
>
> 去拂青篁看淚跡，扁舟九轉上零陵。
>
> 夜久月斜江色暗，流螢飛上軍書案。

〔註29〕見《戎庵詩存》初一，頁10。

徐家棚下雞犬鳴，華燈漸少漁燈燦。

漁村茅舍錯紛紛，村頭點點是荒墳。

墳間夜夜嚶嚶哭，半死凶年半死軍。

嗟予總髮從行伍，漢室終童何足數。

百戰生還不敘勳，所憂海內未安堵。

側耳橫江雁陣飛，露零風冷寒生衣。

一江秋水埋明月，月落水流人未歸。〔註30〕

由詩序說的「夜深延眺，江聲如訴，明月愁人」鋪敘而來，國未平、人未歸，征人的期待、怨怒瀰漫其中。可分兩大段，前十二句為首段，後二十句為末段，每四句一換韻，共八韻，平仄韻互換，以成音調圓美流轉之感，亦使意隨韻轉。

前段開頭直引〈春江花月夜〉探討宇宙人生的主旨，江月年年望相同，而人生則如無終極的江流，雖代代無窮，但其間風雨愁人，亦似無窮。前四句描繪浩瀚的江面而雜愁緒，五到八句由「月明」見夜裡時間的推移，並隨即轉入征人心事，一見征帆即聯想是淮西傳來捷報，可見心中對家國安定的強烈渴望。若戰事持續順利，解甲歸家將指日可待。詩調昂揚爽朗。九到十二句承爽朗音調開展，北望晴川，彷彿好音真已傳遍天涯，鸚鵡洲上的蘆葦、新沙，在潔白的月光照耀下，白茫茫的一片，分不清頭尾，清風吹空，隔岸蛇山木葉飄落，萬里無雲，江天一色，一片蕭舒幽靜的景致。

後段承「一望」開展，諷刺、憤鬱滿懷。南望瀟湘，想像掛帆乘月過洞庭，去憑弔舜帝、湘妃，一念及此，傷感即來。儒家相傳治世明君舜帝南巡，崩於蒼梧之野，埋骨於零陵，〔註31〕舜的二妃，娥皇、女英悲啼，淚灑竹上，盡成斑痕。〔註32〕此四句用語一氣呵成，情景淒清，哀音婉轉，含蓄諷刺國家不治、軍旅不休、閨閣不樂，寫法似「欲把一麾江海去，樂游原上望昭陵」，〔註33〕卻無懷才不遇之感，滿懷望治之心如大旱之望雲霓。

〔註30〕見《戎庵詩存》初一，頁11。

〔註31〕見司馬遷著，楊家駱主編，《新校本史記三家注》，〈五帝本紀〉：「（舜）崩於蒼梧之野，葬於江南九疑，是為零陵。」頁44。

〔註32〕見張華撰，范寧校證：《博物志校證》卷八，頁93：「堯之二女，舜之二妃，曰湘夫人。舜崩，二妃啼，以淚揮竹，竹盡斑。」

〔註33〕見杜牧撰，清‧馮集梧注：《杜牧詩集注》，〈將赴吳興登樂遊原一絕〉：「清時有味是無能，閒愛孤雲靜愛僧。欲把一麾江海去，樂遊原上望昭陵。」頁185〜186。

　　十七到二十四句，語言愈見激憤。月已斜，天將亮，江色仍昏暗，而見村頭點點荒墳，竟是「半死凶年半死軍」！控訴強烈，飽含哀怨、無奈。軍凶之年總是平民百姓受創最深，財產如飄燈，生命如螻蟻，半點都不由人，而今軍凶不斷，國家、人民不幸，由此小小漁村可見一斑。

　　二十五句到詩末，統合個人遭際與國家命運，作一夜思緒的總結。「百戰生還不敘勛，所憂海內未安堵」，眞見國士、仁人胸懷。人民不幸，前線用命的軍士也無恩遇，雖有無數有爲少年，當政者卻不知舉用。終童，本指漢代終軍，後稱少年有爲之人。〔註34〕「百戰生還不敘勛」，強烈諷刺、批判當政者刻薄寡恩，不知善待爲國家拋頭顱、灑熱血的人才，也暗示了國家不治的緣由，乃在賞罰不均、從私不從公。末四句在雁鳴、風冷、月落中突出「人未歸」的悲苦，以結束全詩，並呼應首段的「無窮」、「罔終極」，彷彿一聲聲的哀嘆，問江月年年相似，而苦難何時才能終結，人民何時才能安居樂業。

　　此詩以感慨凄清起，寫景如畫，述戰禍纏綿，生靈塗炭，極爲沈痛，飽含期待、怨悱，高華慷慨，沈鬱清雅，深得小雅詩人之風，是極佳的作品。

　　羅尚的古詩憂憤滿懷，慷慨沈烈，間雜軍聲、控訴，從不作兒女纖淫之語，是善學前人之處。

　　渡台前，羅尚在廣州曾憑弔黃花岡，作〈弔黃花岡〉，亦是無限哀傷：

　　　諸君何必邀名位，雲白山青萬古尊。

　　　滿目兵塵南渡日，春蘭秋菊與招魂。〔註35〕

何必，不必之意。首二句以雲白山青推尊黃花岡諸人的英烈，白雲依棲，終古山青，天地已致上最高尊榮，人間名位又何足以表彰？推尊之高，正足以見家國蒙難之哀，蓋創業維艱，竟無人可以守成。又見兵塵南渡，眞如道銷甲戌而梁亡，惟將春蘭秋菊上祭，以招先烈之英風。哀痛深沈，音調凄婉。

　　羅尚在兵馬倥傯間的創作，以憂懷國家蒼生、諷刺時政爲主調，少見個人軍旅愁苦，所作七絕爲多，音韻多協婉、爽朗，七古已見開闊氣勢、感懷多方，已有一定成就，唯藝術技巧、書卷之味還有很大的進步空間。

〔註34〕終軍，字子雲，少好學，博辯能屬文，年十八，選爲博士弟子，後遣使南越，說其王入朝，越王聽許。越相呂嘉不欲內屬，發兵攻殺其王，及漢使者皆死。軍死時年二十餘，故世謂之「終童」。見班固撰，顏師古注，楊家駱主編：《新校本漢書》，頁 2814～2821。

〔註35〕見《戎庵詩存》初一，頁 13。

第二節　唯有伽藍似洛陽（1949 年渡台後至 1971 年）

渡台後，羅尚深感部隊非安身立命之處，於是離開行伍，惕勵勤學，得李漁叔傾心傳授，詩藝日益精進，題材走向多元，但對時事的關懷不變，也時時透露家國淪喪、不得歸鄉的哀愁。本節的研究範圍，是羅尚渡台後至民國六十（1971）年政府退出聯合國前的詩作，他也在六十年以《龍定室詩》（即《戎庵選集》）榮獲中山文藝創作獎。

一、南渡時政與太平圖

羅尚很關心時政，因為政策、施政舉措攸關生民、國家的發展，又個性剛正不阿，不僅秉筆所書少有奉承當道者，更時有諷刺之音，即使在白色恐怖時期，仍堅持一貫原則，如〈金人〉云：

> 金人百萬渡黃河，傳檄停兵候議和。
>
> 省識臨危憂國少，當時真悔養官多。〔註36〕

整首以北宋覆亡歷史為喻，譏刺國府用人不當、冗員過多，後二句批評甚為尖銳。北宋官員眾多，其中多有才德兼備之士，本可為國家做出一番事業，無奈竟陷於黨爭，而使國家淪亡。國民政府在大陸時期也有無數官員，但真正憂國、有才幹者少，結黨營私、貪贓枉法、爭權奪利者多。一旦情況危急，棄官奔逃者不計其數，連當時代總統李宗仁都赴美不歸；方面大員也大多變節投降，如傅作義、戴戎光、張治中等。

此詩雖然表面批評宋人，但真正用意卻在批評領導者渡台後仍不知痛改前非。往者已矣，但不知在失敗中汲取教訓，重蹈覆轍，才真令人扼腕，〈讀史〉提到當時情形，出語尤為憤慨，其云：「漢朝立教首重爵，及今無朝爵尤爛。樊噲不在妻族行，那得扈酒巇肩啖。」〔註37〕治國之要乃在確立法治規範、選賢舉能，以落實制度，不可玩忽名器，使在位者得以才德、識勢受人景仰尊崇，法治才能上軌道，國家才能長治久安。而政府由大陸來台，官、將眾多，不切合臺灣小島的規模，本應精簡人事，淘汰冗員，去除不適任者，勵精圖治，以待來日，可是政府卻反其道而行，大講裙帶關係，竟至「掃地曹官曳華組」，〔註38〕怎不令人憤慨！可見復興的口號終究只是口號，〈中興〉

〔註36〕見《戎庵詩存》次二，頁 16。
〔註37〕見《戎庵詩存》次二，頁 42。
〔註38〕見《戎庵詩存》次四〈穴牆行〉，頁 183。羅尚言賈景德任考試院長時，多汲

更鮮明、露骨的描繪了當時上位者的心態、舉止：

　　　中興百政樹規模，旰食宵衣爲沼吳。

　　　供奉畫師眞妙手，繪來俱是太平圖。

　　　寒林黃葉愁風雨，高館紅燈自管絃。

　　　依舊南朝金粉世，不知今是渡江年。〔註39〕

政府倉皇渡台，百廢待舉，爲了收拾數十萬部隊之心，喊出「一年準備，二年反攻，三年掃蕩，五年成功」的口號，要將臺灣建設成復興基地，但顯然實情並非如此。第一首引用典故明褒暗貶，批評直指領導者。前二句以句踐故事爲喻，臥薪嘗膽，「十年生聚，十年教訓」，就是爲了滅吳，形容政府表面上經營擘畫非常用心。後二句以「太平圖」譏刺領導者實際上並沒有痛下決心，可見要中興復國是假。明世宗時鎮國中尉曾上太平圖，世宗特別給予嘉獎。但此時明朝「紛紜多故，將疲於邊，賊訌於內，而崇尚道教，享祀弗經，營建繁興，府藏告匱，百餘年富庶治平之業，因以漸替」。〔註40〕在國家多難、百姓營生失時的情況下上太平圖，本就荒謬，如此荒謬之舉還能得到君上的嘉獎，則君上的心態可知。畫師的妙手不是妙在畫出了太平圖，而是畫出了上位者的心態：無視於國事民生，好聽阿諛奉承之詞。

　　第二首批評高官顯貴的荒淫生活，以風雨中的黃葉、管絃聲飄的紅燈高館對比起興，突顯富貴人家對國家災難、平民百姓的愁苦無動於衷，稍得一暫時的安穩，就本性畢露，故態復萌，一如南朝權貴的生活，忘卻渡台之難，而語說中興，實在是一大諷刺。後二句批評露骨，卻襯出無窮的憤怨、感慨。〈冬日雜感〉的批評更痛心：「未諳興禮樂，所得是荒淫。禍已臨縣目，詩猶競捧心。」〔註41〕藉海峽偏安，卻不興禮樂教化以作長久之計，所得自是荒淫，這在最能反映時勢民心的詩歌中清晰可見。共軍時時欲渡海來攻，國家已近滅亡，而時人詩中仍一派無病呻吟的模樣，渾然不覺憂患，要冀求中興，眞如緣木求魚。「縣目」，即懸目，是用伍子胥的典故，吳王不聽子胥勸諫，又欲殺之，子胥將死，曰：「樹吾墓上以梓，令可爲器。抉吾眼置之吳東門，以觀越之滅吳也。」〔註42〕後吳果滅於越。「捧心」則是東施效顰的故事，

　　　引江西省政府舊人，原先掃地的小工，亦成大官。

〔註39〕見《戎庵詩存》次二，頁16。

〔註40〕參見張廷玉等撰，楊家駱主編：《新校本明史》（台北：鼎文，1994年8月），列傳第四〈諸王〉，頁3577。本紀第十八〈世宗〉，頁250～251。

〔註41〕見《戎庵詩存》次二，頁31。

〔註42〕見司馬遷著，楊家駱主編：《新校本史記·吳太伯世家》，頁1472。

比喻無病呻吟。羅尚早知政府創造的「反攻大陸」說，根本是神話，果然在民國四十八年十月二十二日，美國總統艾森豪就明言「臺灣是獨立國家」，次日，蔣介石和美國國務卿杜勒斯隨即共同發表聲明，放棄以武力反攻大陸。

以「中興」的口號治國，生活卻如此荒淫，令人浩歎。而今日號稱「民主」，卻以意識型態治國，權貴虛矯成風，媚俗亂制，糜費國家財政，國家發展停滯，更是令人無言以對。

羅尚還以強解之語，寫心中不可解的悲哀，如〈北臺〉云：

宿雨收東海，華燈爛北臺。且尋今夕夢，休抱百年哀。

急節翻紅袖，纖歌送綠醅。嘔心酬盛世，耗盡過江才。〔註43〕

此詩寫於民國四十八年，即八二三砲戰的次年。首、頷聯點出八二三砲戰結束不到一年，富貴人家又過著通宵達旦的荒淫生活，憂患早已拋諸腦後。渡台十年，眼見幾乎夜夜華燈燦爛，無復生聚教訓之心，只能強自寬解，並強為富貴人家寬解，說他們哀痛過深，故欲尋夢而去，以解哀痛。但強解之語，反見家國鄉關之哀益深、政府的中興之論益假。

後二聯從強解中翻出，以歡樂的詞句寫無盡的哀愁。紅袖急節、綠醅纖歌，表面寫眾人的歡樂生活，彷彿滿腹心思都只為酬唱盛世，令人悲哀。深一層則見個人的哀痛，眾人皆醉我獨醒，最歡樂處總是最沈痛處，強顏歡笑抹不去胸中的塊壘哀痛，在紅袖急速翻舞、綠醅纖歌不輟中，家國鄉關之哀又深了一層。如此歡樂、如此沈痛，更見家國鄉關永不可回了。難怪羅尚弔鄭成功時會沈痛的寫下：「誰知前代英雄恨，猶痛今朝父老心。」曾經萬里戎機，而今只餘感慨，「未得快恩仇，只益朱顏改」，〔註44〕充滿對時局的憾恨、無奈。

又如〈讀洛陽伽藍記和鑑資翁韻〉，益見沈痛：

象教何能妙吉祥，君家史筆果悲涼。

南來我亦無多觀，唯有伽藍似洛陽。〔註45〕

此詩含蓄蘊藉，寓今昔滄桑之感、麥秀黍離之悲，對權貴不恤蒼生、損耗相競的斥責與憤慨，意在言外。伽藍，指佛寺。「只有伽藍似洛陽」，並非指臺灣此時佛寺的壯麗華美與當時洛陽相似，而是指權貴的損費相競、不恤生民

〔註43〕見《戎庵詩存》次二，頁64。

〔註44〕見《戎庵詩存》次二，〈清水鼇西吟社午日弔鄭延平〉，頁14，〈文山〉，頁23。

〔註45〕見《戎庵詩存》次三，頁89。

與北魏時相同。楊衒之在〈洛陽伽藍記序〉中說：「始知麥秀之感，非獨殷墟；黍離之悲，信哉周室。京城表裡，凡有一千餘寺，今日寮廓，鐘聲罕聞，恐後世無傳，故撰斯記。」〔註46〕唐·釋道宣所撰《廣弘明集》卷六〈敘列代王臣滯惑解〉亦云：「見寺宇壯麗，損費金碧，王公相競，侵漁百姓，乃撰《洛陽伽藍記》，言不恤眾庶也。」〔註47〕可見《洛陽伽藍記》的撰寫，是為了記錄興廢，哀傷時難，貶斥權貴隨意損耗、不顧百姓生計，以致禍國殃民。羅尚讀《洛陽伽藍記》，反思當前權貴的行徑，真是心有戚戚，萬千感慨、無奈。而今日宗教假慈善、功德、祥異之名，建華殿以安其身，置講筵以富其斂，行徑亦不遑多讓，若遇楊衒之，真不知從何說起。

　　羅尚對時政差謬的批判一向毫不留情，雖多激憤悲苦之作，亦有詼諧戲謔之語，如〈與鳳鳴夜話〉云：

　　　　清時何事不相逢，避地同昇天五重。

　　　　慚愧人前苦延譽，哇聲正要亂黃鐘。〔註48〕

自謙詩作如蛙聲攪亂黃鐘正聲，其中採時諺入詩，語白而不失雅致，又帶一分幽默。五重天，羅尚自注云：「時有謠云：行政院一手遮天，立法院鑼鼓喧天，司法院黑地昏天，監察院胡帝胡天，考試院叫苦連天。」讀之不覺莞爾，批判著實辛辣卻不露痕跡，用筆高明。

　　又如民國四十九年作的〈國代一屆三次大會〉，用連章形式，以象徵之法借神鬼戲謔國大代表的集會情狀，而實含強烈的譏刺：

　　　　靈山一會要千春，八部同來丐勝因。

　　　　金色頭陀空解笑，定知分座與何人？

　　　　黃椒碾粉傅壇臺，香滿金鑪酒滿杯。

　　　　請駕越巫三界去，海神山鬼一時來。

　　　　紙錢窸窣萬頭攢，火食茅衣鬼域寒。

　　　　饗罷夜深飛細雨，紛紛搖影入青山。〔註49〕

這一次國大開會，在蔣中正授意下，將總統、副總統得連任一次改為連選得

〔註46〕見楊衒之撰，劉九洲、侯迺慧注譯：《新譯洛陽伽藍記》（台北：三民，1994年3月），頁2。

〔註47〕見唐·釋道宣：《廣弘明集》，收入《景印文淵閣四庫全書》第1048冊，子部354，釋家類，（台北：臺灣商務，1982年），頁304。

〔註48〕見《戎庵詩存》次二，頁49。

〔註49〕見《戎庵詩存》次三，頁72。

連任，於是選出蔣中正爲中華民國第三任總統，蔣氏連任。羅尚此詩，正是以戲謔之筆嘲諷此無可奈何之事，一首勝過一首，把國代開會貌似莊嚴，實則醜陋的眞面目完全剖出。

第一首寫國民大會開會的前奏，將國大開會比喻成佛陀靈山說法，八部天龍歡喜踴躍前來乞求勝因，是極辛辣的嘲諷。丐，乞求之意。勝因，本指善因，此暗指國代需索的私惠。國大開會，諸代表應竭盡心力以求國家人民福祉，沒想到卻成爲需索私惠之場，而領導者戀棧權位，爲了連任，竟也百般配合，耗費民脂民膏，施捨給這一群人，眞叫人不知從何說起。後二句反用靈山之會的典故，相傳世尊拈花示眾，默然不語，眾人不解，唯迦葉尊者會心一笑，而得佛陀付法，爲禪宗初祖。〔註50〕空解笑，則見付法分座是絕無可能的事，總統棧戀權位，權位不下放，欲求大位者盡皆落空，與時下「吳三連」的笑話頗有異曲同工之妙，諷刺極深。

第二首寫開會之狀，「海神山鬼」，即是牛鬼蛇神，形容國代的品狀，以「黃椒碾粉傅壇臺，香滿金爐酒滿杯」，極形象之言點出開會的眞相，「一時來」，不道破，留下想像空間。海神山鬼紛紛而來，所謂的享祀，實際是上下交相賊，總統以民脂民膏宴享、收買國代，國代則投桃報李，以臨時條款修改憲法，讓總統得以繼續連任。

第三首寫會後之狀，眞是鬼影幢幢，國代大會，竟是如此不堪。「寒」字爲眼，「紙錢窸窣萬頭攢」，則見交易已成，國代強取豪奪之狀，有如鬼魅搶奪紙錢，風光明媚的陽明山眞成鬼域，讓人一片心寒。後二句寫酒足飯飽、夜深賦歸得意之狀，細雨紛飛，更添夜寒、心寒。

國代每次開會，總是這般不倫不類，上下交相賊，有負蒼生所託，羅尚對這些不知國事輕重的國代，目之以鬼，用語雖略帶戲謔，但實際上是憤恨生厭，對執政者更是深惡痛絕。

羅尚不僅批評權貴的荒謬行徑，也生動的描述了官吏的無知無能，如〈氣象篇〉描述葛樂禮颱風來襲的狀況：

天時與人事，變化兩難測。委吏捕風雨，焉能稱厥職。

偏東忽轉西，信口言唧唧。謂已過境去，萬民有喜色。

〔註50〕見宋・釋道原編著：《景德傳燈錄》，頁17，載世尊曰：「以清靜法眼，涅槃妙心，實相無相，微妙正法，將付於汝，汝當護持。」清・瞿汝稷編：《指月錄》，頁24，載世尊言：「吾有正法眼藏，涅槃妙心，實相無相，微妙法門，不立文字，教外別傳，付囑摩訶迦葉。」

　　　　旋踵排山至，弛防勢復逼。受害直空前，責大問誰塞。

　　　　天心豈長憒，眾目洞爾匿。支祁駕洪流，吞爾眾肉食。〔註51〕

此詩以「難測」為本，前十二句一氣流轉直下，表面說天時、人事的變化難測，所以氣象預報自難稱職，不能多加指責。但進一步看，卻是說天時雖然難測，但仍有人力可預防的部分，畢竟氣候觀測是人力所及，只要多加注意，勤報消息，就能讓人小心防範，降低災害，但是當此防颱聲喧之時，氣象官員竟然敢不注意颱風行進方向有無轉變，信口開河，胡亂預報，不禁令人嘆息：人事還真難測！氣象官員誑言不盡責，連主持防災的官員也過於輕忽，不數日，防災措施全告曠弛，形同虛設，真令人懷疑是防災無效，還是根本沒防災？人事的難測至此到了極點，恐怕天時也難以比擬。

　　話說回來，這一次颱風的走向的確怪異，先在臺灣東部海面向西北行進，又突然轉向西方前進，看似要侵襲台灣了，卻又在基隆以北轉向西北，揚長而去，雖未登陸，引進的氣流卻造成中、北部嚴重水災，南部也略有災情，羅尚在同時詩作〈秋感〉、〈葛樂禮風災和韻〉中就指出人為的災禍遠過於天災，「敗屋年年戰風雨，有司事事付言詞」，「有司循慣例，文告亂點污」，事事循例敷衍，盡付言詞，不認真為民從事，一旦風雨來襲，結果就是「啓閉不靈諸壩閘，洞穿何速此隄防」，「黿鼉接伍行淤潦，鵝鴨浮尸積敗牆」，「水漫車馬衢，風拔百年樹。人在波浪中，雨決天河注」。〔註52〕海水倒灌、河水溢流，百姓的身家性命，在這些官員眼中真如無物。

　　末四句憤怒至極，痛斥這些昏憒的官員，直望洪流吞沒他們。支祁，即無支祁，是夏禹時淮河水怪。〔註53〕

　　又如〈芒花謠〉，幽默之筆真令人絕倒，而寓含不恥：

　　　　風吹嶺上芒草折，芒花飛作滿山雪。

　　　　都中大官遊歷來，向人指點梅花開。

　　　　貰驢沽酒往觀賞，村童拍手笑成堆。

〔註51〕見《戎庵詩存》次三，頁118。
〔註52〕見《戎庵詩存》次三，〈秋感〉，頁118，〈葛樂禮風災和韻〉，頁118。
〔註53〕《太平御覽》卷882，〈淮地記〉引唐李公佐《古岳瀆經》：「禹治水，止桐柏山，乃獲淮渦水神，名曰無支祁。善應對言語，辨淮之淺深，源之遠近。形若猿猴，縮鼻高額，青軀白首，金目雪牙，頸伸百尺，力逾九象。禹授之庚辰，遂頸鎖大鐵，鼻穿金鈴，從淮之陰，鎖之龜山之足，淮水乃安，流注於海。」見宋‧李昉等撰：《太平御覽》（台北：臺灣商務，1992年1月），頁4051。

> 大官惱羞大發怒，傳語山下農家戶。
>
> 明日下令徵徭工，定然砍盡山中樹。〔註54〕

首二句先作情景的鋪陳，嶺上風勁，芒草斷折，芒花紛飛，如雪花飄灑，漫山遍野。開章的筆法是學自岑參〈白雪歌送武判官歸京〉，雖無北國的強勁，卻多了南國風味。「向人指點梅花開」，頗令人噴飯，一見大官附庸風雅，二見大官無知可笑，三見大官不知民間疾苦，令人可悲。這些大官還受不了別人的嘲諷，惱怒之下，要砍盡山中群樹。有這樣的大官，縱使堯舜再世，人間也多不平，〈指南宮〉云「神堯不免懷襄厄，想是人間有禍胎」，〔註54〕懷山襄陵之禍，堯舜時也不能倖免，這些徒費民脂民膏、尸位素餐的官員，真是人間禍胎！而任用這些人的人又如何呢？不言自明。

看盡這些荒唐糊塗事，對政府的施政舉措自難有信心，〈春晚作〉可說是對此時情勢的總結：

> 日暮憑欄唱逝波，知誰九死誓山河？
>
> 中原秦鹿塵兵失，南海鮫綃織淚多。
>
> 方切版圖歸禹貢，已然章服混羲和。
>
> 沈沈墮夢無尋處，只恐蚪蜼事有訛。〔註55〕

將國家的發展娓娓道來，而哀楚的憂心茫然紛呈。首聯寫日暮憑欄，見逝水悠悠而興今昔之感，當年誓死保衛山河的人何在？如今可還有人真願意犧牲性命，保護河山？眼前的一切，令人浩歎。

頷聯述昔日逐鹿中原，苦戰而失，已見其悲，逃難住台，不得歸家，只如南海鮫人，空得無數珠淚，自是深悲不止。秦鹿，比喻國家政權，《史記・淮陰侯列傳》載蒯通曰：「秦失其鹿，天下共逐之，於是高材疾足者先得焉。」〔註57〕故後人以秦鹿喻政權。鮫綃織淚，化用二典，一是李商隱〈錦瑟〉「滄海月明珠有淚」，張華《博物志》載：「南海外有鮫人，水居如魚，不廢織績，其眼能泣珠。」〔註58〕一是左思〈吳都賦〉「泉室潛織而卷綃」之下，陸達注：「俗傳鮫人從水中出，曾寄寓人家，積日賣綃。」〔註59〕泣淚為珠，可見悲

〔註54〕見《戎庵詩存》次三，頁126。
〔註54〕見《戎庵詩存》次四，頁194。
〔註55〕見《戎庵詩存》次五，頁207。
〔註57〕見司馬遷著，楊家駱主編：《新校本史記・淮陰侯列傳》，頁2629。
〔註58〕見張華撰，范寧校證：《博物志校證・異人》卷二，頁24。
〔註59〕見蕭統編，李善注：《文選》，頁123。

傷已告凝重、沈重，而珠又復爲淚，悲則更深，織淚爲綃，則深悲不止。用語雖麗而不媚。

頷聯從臺灣地位著筆，諷刺政府敗喪之速，才剛接受日本投降，收回臺灣，頃刻間即已失去大陸，國府遷台，且安於臺灣的生活，不思振作。禹貢，指大陸神州，切版圖，指國府從日本手中收回臺灣。羲和，指原住民，《山海經‧大荒南經》云：「東南海之外，甘水之閒，有羲和之國。」〔註60〕

末聯反用虯髯客的故事說國府既然敗退到了臺灣，卻不與大陸切割，將不能脫離中共威脅，一想到長此以往，臺灣發展自難全然安定，故而心情低沈，呼應首聯的護國眞假難定。杜光庭〈虯髯客傳〉寫虯髯客以「海船千艘，甲兵十萬，入扶餘國，殺其主自立。」〔註61〕與神州斷絕關係，故能獨立自主，不受威脅。而臺灣政府當時因爲蔣介石堅持以正統自居，不放棄大陸版圖，且強調「漢賊不兩立」，遂使中共樂得將臺灣劃入版圖，認爲台海兩岸問題是內政問題。事實上，艾森豪、甘迺迪早在民國四十幾年就已倡議臺灣是一獨立個體，與大陸無關，民國四十八（1959）年十月二十二日美國總統艾森豪更直言「臺灣是獨立國家」，駐美大使葉公超也屢次建言應早日與大陸切割清楚，強調臺灣的獨立自主，但蔣介石不允，甚至藉蒙古獨立案罷黜葉公超，〔註62〕致使臺灣今日仍受飽中共威脅，時時顯露吞併臺灣的野心。

此詩以「喟」字爲詩眼，由「逝波」鋪展，充滿悲慨憾恨、茫然愁悶。

羅尙也記錄了民國四十九年美國總統艾森豪首度來台訪問之事，〈六月十八日美國總艾森豪來聘〉曰：

> 海上來三鳥，雲中下六龍。洗塵南燭酒，凝睇北山烽。
>
> 不有黃池失，應難紫蓋逢。聽琴猶卻步，惆悵水之東。〔註63〕

此詩以舊語、故實寫新事，沒有任何造作，顯得合宜、雅致。首聯寫美國總統及其使者乘飛機而下的雄壯場面，對仗而不失黏滯。三鳥，用《山海經‧大荒西經》的三青鳥典故，郭璞注云：「皆西王母所使也。」〔註64〕六龍，

〔註60〕見袁珂注：《山海經校注》（台北：里仁，1982 年 8 月），頁 381。
〔註61〕見汪辟疆校錄：《唐人小說》（台北：河洛，1974 年 10 月），頁 181。杜光庭〈虯髯客傳〉，頁 178～184。
〔註62〕聯合國審理蒙古獨立案，美國持贊成態度，蔣介石要求葉公超遊說美國，使美國轉爲反對，但這是不可能的任務，葉氏也無力回天，蔣氏便藉此罷黜葉公超。
〔註63〕見《戎庵詩存》次三，頁 79。
〔註64〕見袁珂注：《山海經校注》，頁 399。「有三青鳥，赤首黑目，一名大鵹，一名

指天子車駕的六馬,此喻美國總統的機隊。頷聯寫國宴的情景,由「烽」字點出主人憂心、客人失意的模樣,因爲此時中共爲了抗議艾森豪訪問臺灣而砲擊金門。

　　頸聯回寫艾森豪來聘之由。美國向來宣稱沒有派高空偵察機 U2 侵犯他國領空,從事偵蒐情報的工作,但此年的巴黎高層會議,蘇聯以擊落美國 U2 之事,公然指責艾森豪爲騙子,艾森豪會中見辱,退而宣布訪問臺灣,方有此次來聘之舉,可見王者相見動機之不純、弱國外交之不易。黃池,用吳王夫差爭長黃池失利典故,《史記・吳太伯世家》曰:「吳王與晉定公爭長,……趙鞅怒,將伐吳,乃長晉定公。」〔註65〕紫蓋,本是雲氣,古人用以之象徵天子之氣。〔註66〕末聯總結,合寫主客的失意。水,指台海;「聽琴猶卻步」,將艾森豪爭長失利的惆悵形象,表現得極眞實、深刻;也寫出蔣介石窮居海島的落寞蕭索。

二、對社會民生的悲憫與期盼

　　初渡臺灣,感受最特別的就是旱澇多於內陸,故羅尚此期社會民生的詩作,多著墨旱災、風災及其對生民的影響,並突顯出政府官員的顢頇。此類詩作多採古體形式,既便於議論,也適合發揮才情。此外,亦有部分詩作述及此時民情、造成如此民情的緣由,以及令社會歡騰的事。

　　政府遷台初期,民生艱困,但人民並未獲得妥善的照顧,致使物價飛騰,民風不善,羅尚見此,遂作〈甲午歲晚〉云:

> 四郊營壘動哀笳,寒日微光入戶斜。
>
> 薪桂米珠逢歲晚,王城如海盜如麻。〔註67〕

用語古雅,興寄深遠,感慨沈鬱,後二句在低迴宛轉中自有勁拔之氣,譏刺政府舉措失當,不恤民生。首二句含蓄,興味深遠,以營壘哀笳託訴行役的艱苦、思鄉的愁懷,寒日微光,喻恩澤微薄,不能令人溫暖,諷刺政府無力

少鴛,一名青鳥。」

〔註65〕見司馬遷著,楊家駱主編:《新校本史記・吳太伯世家》,頁 1474。

〔註66〕《三國志・吳書・吳主傳二》孫權黃武四年下第二注,載陳化爲郎中令使魏,魏文帝因酒酣,嘲問曰:「吳、魏峙立,誰將平一海內者乎?」化對曰:「《易》稱帝出乎震,加聞先哲知命,舊說紫蓋黃旗,運在東南。」見陳壽撰,裴松之注,楊家駱主編:《新校本三國志》,頁 1132。

〔註67〕見《戎庵詩存》次二,頁 24。

興利除弊，無法拔除民生疾苦，不足以慰解人心。當時大陸淪喪不久，軍旅渡台行戍，家鄉邈若胡越，又逢歲暮天寒，百廢待舉，不僅鄉心難抑，生活也非常清苦。

後二句直呈社會現象，以充實前二句的意義。薪桂米珠，見物價騰貴，政府經濟平準、民生供需失調，而官員顢頇，無力解決，台北民怨如海喧騰，一旦饑饉難當，自然相率為盜匪，而軍警又只供備戰，不能制止，更添民怨。而盜匪如麻，乃因薪桂米珠，饑饉難當，咎在政府無力平穩物價，可見民情轉易，政府應負極大責任。〈檆州縣〉也提到「南渡草草成何事，易俗尚且無規箴」，「王城備敵不備盜，饑饉仇殺交相尋」，直言批評政府民生經濟、教化全無著落，軍方存糧又只備敵，不供民生，眼睜睜看著人民挨餓受凍，不知何謂「愛民如子」，想要淑世、移風易俗，根本就是天方夜譚。故羅尚對民國四十年代初期的臺灣社會，寄予無限哀憐。

又如〈憫旱行〉，歷數災害的嚴重，政府舉措的可笑：

> 欲雨不雨天陰森，蝦蟆蚯蚓相對吟。
> 葛衣揮扇苦悶熱，三月山館如炮燀。
> 昨者赤崁郵筒至，南郡苦被旱魃侵。
> 家家短綆汲深井，杯勺難助秧抽針。
> 負郭龜田數千頃，耕夫日夕祈甘霖。
> 穀雨節後颶母至，捎帶僅足充蹄涔。
> 力所不及固弗論，為屬不識天何心。
> 往歲耗金試造雨，皇皇衙署當街陰。
> 鑿渠築堰亙田野，欲接銀漢通高深。
> 百年大計莫濟急，雷霆隱隱空傳音。
> 比來柴米視珠桂，疏糲一飯須一金。
> 官家治術良有以，雍時坐鼓薰風琴。
> 軍儲民命共此土，所冀紅粟堆如岑。
> 浮雲蔽日不潤物，田叟落淚沾衣襟。
> 我為走筆檄龍蠡，乘氣速作三日霖。
> 倘持炙涸大海水，凡爾族類皆成擒。
> 飄風颯颯動竹木，恍惚鯤海龍神興。〔註68〕

語言平淺如話，氣勢雄放不群。由感生民苦旱，而抨擊政府無能、自利，後以雷霆之勢檄龍蜃，彷彿龍神到來，大風一吹，驟雨將至作結，語妙而俊爽。

　　前十二句為首段，從台北悶熱寫起，轉述南部苦旱嚴重，田地龜裂數千頃，穀雨後的雨勢也僅能濕潤地表，對農田稻作根本沒有任何助益。「如炮焊」、「短綆汲深井」，對旱災的描繪鮮活，天氣熱到連地下井水都汲取困難，繩子再怎麼加長都顯得太短，可見旱象的嚴重。

　　「力所不及」至「紅粟堆如岑」為第二段，發揮議論，批評政府不顧念蒼生民瘼，不善體天心，連人民最微薄的願望都達不到。耗費公帑試行人造雨，竟然不是下在最需要的地區、集水區，而是「皇皇衙署當街陰」，官員以公器自利，爭功邀寵，博取上級歡心。至於築堰鑿渠，雖是百年大計，但緩不濟急。稻作一歉收，物價隨即哄抬，到了一飯一金的地步，而政府竟也苦無對策，真見官員的無能。再以舜對比，相傳舜彈琴作詩來慰解民慍，使人民用心生產、殷盛財富，化育和煦民風，善德如源泉流水滾滾不息。〔註 69〕今日只望政府能讓人民不愁吃穿就行，這真是苦命人民最微薄的心願。

　　最後八句為第三段，語勢矯健奔放，欲超拔人間苦難，學自韓愈〈鱷魚文〉。由感生民之苦，而以雷霆之勢筆檄龍蜃，諭知苦熱勢猛，若此時不肯伸出援手，普降甘霖，一旦炙涸大海，彼亦不得苟活。語氣雖略帶威嚇，但直接呈露了對黎民百姓的深沈關懷。而龍神彷彿有知，將興風雨而來。

　　又如〈壬寅八月愛美颱風木柵鄉洪水成災〉，面對天災人禍，不僅哀憐無辜民眾，也訕笑治水專家：

> 風來萬木盡低頭，水至大野成澤國。
>
> 渠倒溪溢山洪猛，家家老幼破窗出。
>
> 此時人命猶浮蟻，傷在心中慘在目。
>
> 九死餘生得棲止，一身之外無長物。
>
> 更聞鄰里永和鎮，布地黃金隄是築。
>
> 當時聚訟隄內外，內富外貧起谿勃。
>
> 貧家得償遠邊徙，隄成隄內富人樂。
>
> 詎知洪水無貧富，懷山始聽富人哭。

〔註 69〕昔者舜彈五絃之琴，造南風之詩，其詩曰：「南風之薰兮，可以解吾民之慍兮；南風之時兮，可以阜吾民之財兮。」見王肅：《孔子家語》卷八（台北：臺灣商務，1979 年），頁 89。

> 報章譏爲內外港，貧人見之笑破腹。
>
> 治水反被水所制，政府專家請解說。〔註70〕

從己身所在的木柵水災寫及永和水災，將政府施政貧富有別的現象一一道來。前八句爲首段，先述風勁雨大，山洪凶猛，語勢隨之奔騰，後寫人命如浮蟻，家當淹沒不見，危險慘惻，音調隨之頓挫。這是親身經歷的天災景象。

後十二句引申發揮。木柵的水災是因颱風帶來過多雨量而起，可是永和的水災卻是人禍，從規劃、土地徵收到築堤，耗費許多公帑，結果竟只是爲了庇護富人，政府官員、專家的心態，昭然若揭，其中圖利、勾結，不知多少，眞是有錢則生，無錢則死，令人憤慨。最後還需花費公帑補償貧家，才算塵埃落定。前六句純作客觀敘述，不帶個人情感，而深意自在其中。後六句盡情嘲諷，顯示自然力量永遠是設施最好的檢視，「內外港」、「笑破腹」，很生動地傳達了災害的嚴重、民眾的嘲弄訕笑，以爲堤成就可高枕無憂的富人可算是咎由自取。最後質問政府專家災害的緣由何在，這一問很妙，彷彿可見專家的尷尬模樣，又暗將批評茅頭指向了任命這些人的領導者，畢竟這與八七水災的情況完全不同。中南部八七水災是因艾倫颱風引進雨勢太大，雨量過多，致使「三朝水落地形改，無際田疇成瀚海」，「十三縣市懷洪水，湯湯千里襄山林」，〔註71〕一天就降下超過一千公釐的雨量，三天達到歷年平均雨量的一半，再好的防範措施都無法發揮功效，更何況當年設施不足。然而就在政府矢志規復聲中，竟還縱容官員、專家逞其私慾，八七水災（1959年）後三年，終於發生人爲水災，令人徒呼負負。〈苦雨〉批評這種長年陳痾說：「入夜京華絲竹肉，乘時人物眼眉腰。恩波又比西湖闊，日馭爭知蜀道遙。」〔註72〕諷刺極生動、辛辣。

民國四十五（1956）年六月，阿里山神木第二度遭雷擊而告殞滅，社會同爲嘆息，羅尚作〈神木劫〉云：

> 杜云材大難爲用，莊曰不材終天年。
>
> 如何天又妒不材，驅使二氣相熬煎。
>
> 轟霆作意擊神木，蒼苔藤葛無苟全。
>
> 盤根據地信得所，頎然千尺摩青天。

〔註70〕見《戎庵詩存》次三，頁101。
〔註71〕見《戎庵詩存》次二〈夅水行〉，頁61。此詩記錄八七水災，氣勢奔騰勁健，聲情一如。
〔註72〕見《戎庵詩存》次五，頁221。

> 我欲以之比石鼓，作詩紀事傳人間。
> 昌黎不起東坡死，才淺力薄嗟徒然。
> 文章驚世道濟溺，視此剪伐能無憐。
> 已失鸞枝朕蟻穴，空嶺寂寞生野煙。
> 三千年來鳴指頃，周秦漢晉唐宋連。
> 地坼東南應小劫，鳳陽一葉淪重淵。
> 草雞騎鯨啓土宇，興廢繼絕修戈鋋。
> 三代艱難回日馭，一邱雜遝無愚賢。
> 臣服割地百詼佹，典午重見來舟船。
> 往跡一一就滅裂，所冀此樹老益堅。
> 胡爲造物用事拙，不留餘子看桑田。
> 彷彿麟出掩面泣，塵羹土飯空詩篇。〔註73〕

前十六句爲首段，述神木遭到雷擊而死亡，但曾經存活數千年，高大無比，看盡滄海桑田，故欲比之石鼓而作詩，如昌黎、東坡作〈石鼓歌〉。〔註74〕此詩典重而又蒼勁。前六句取意自杜甫〈古柏行〉「古來材大難爲用」，〔註75〕《莊子‧山木》：「此木以不材得終其天年」，〔註76〕阿里山神木早期身處檜木群中，因爲樹心遭菌蝕空，難以材用，故能獨免於斧斤，得終天年。可是形貌已經如此，仍遭雷擊，彷彿人間注定多難，不易苟全，感慨深沈，也爲下文作一伏筆。次十句遙想雷擊前的境遇，必定是得天獨厚，所以能高摩青天，但橫遭天威剪伐，如今空嶺荒涼，只見野煙飄忽。「我欲」四句，襲昌黎〈石鼓歌〉：「張生手持石鼓文，勸我試作石鼓歌。少陵無人謫仙死，才薄將奈石鼓何。」「文章」二句，兼指韓、蘇，言二人若見神木遭此剪伐，亦將憐惜，這是化用〈古柏行〉：「不露文章世已驚，未辭剪伐誰能送？」及蘇軾〈潮州韓文公廟碑〉：「文起八代之衰，而道濟天下之溺。」〔註77〕「已失」

〔註73〕 見《戎庵詩存》次二，頁28～29。
〔註74〕 韓愈、蘇軾皆作〈石鼓歌〉，韓作見韓愈著，錢仲聯集釋：《韓昌黎詩繫年集釋》（上海：上海古籍，1998年3月），頁794～795。蘇作見蘇軾著，王文誥輯註，孔凡禮點校：《蘇軾詩集》（台北：莊嚴，1990年10月），頁100～105。
〔註75〕 見仇兆鰲：《杜詩詳注》，頁1357～1362。下引〈古柏行〉之文，皆同於此。
〔註76〕 莊子行於山中，見大木，枝葉盛茂，伐木者止其旁而不取也。問其故，曰：「無所可用。」莊子曰：「此木以不材得終其天年。」見郭慶藩編，王孝魚整理：《莊子集釋》，頁667。
〔註77〕 見曾棗莊主編：《蘇文彙評》，頁251。

句，化用〈古柏行〉：「苦心豈免容螻蟻，香葉終經宿鸞鳳。」神木之於古柏，春秋過之，而今凋零亦遠過之，羅尚以怨悱之心適逢其凋零，則深哀過於人世興廢，深怨亦過於幽人志士。

後十六句爲末段，神駿宏敞，接應自然，寫神木的生存雄跨所有人文年代，但卻如麒麟出現在春秋亂世，空遭殞滅，令人掩泣。述明代以後的詞句稍多，乃因與臺灣相關，無關者則一句帶過，以示親疏。「地坼」二句，言南明滅亡，魯王監國，但很快的就病逝於金門，《明史》列傳第四〈諸王〉載魯王朱以海遭鄭成功「使人沈之海中」，〔註78〕實厚誣鄭氏。

「草雞」八句，寫鄭成功開台至國府撤退臺灣，幾百年間，變化詼佹，已經幾度興衰，映襯神木春秋正盛、地位崇高，非人世盛衰可比。「草雞」句，意指鄭成功騎鯨入鹿耳門，驅逐荷蘭人，開闢臺灣爲明朝的遺民世界。王漁洋《池北偶談》卷二十二，載明季崇禎年間，一僧掘地得廈門塼刻古隸「草雞夜鳴，長尾大耳」，識者曰：「雞，酉字也，加草頭、大尾、長耳，鄭字也。」〔註79〕黃叔璥《臺海使槎錄》載：「臺灣紅毛，先望見一人冠帶騎鯨，從鹿耳門而入；隨後，成功諸舟由是港進。」〔註80〕成功興廢繼絕，但是他的孫子臣服於清，清又割台予日本，日本戰敗，國府收台，旋即遷往臺灣，數百年間，幾經變化。而羅尚在遷台時爲少校軍官，指揮部隊來台，記憶猶新。雖然如此，人事的變遷興廢，都已成陳跡，唯神木安然，望盡千秋成敗，老而彌堅，故期望神木能終古長存。此八句深寓興衰之慨。

末四句呼應「杜云」六句、「已失」二句，由「老益堅」轉生悲涼、責備造物，原冀望神木與天地長存，看盡滄海桑田，〔註81〕但期待與現實落差太大，落差越大就越感迷茫，越加悲涼沈痛，彷如孔子哀泣麒麟出而遭狩，王道、文化的理想終將不復，〔註82〕只空留詩篇。暗諷政府無知、不珍惜人才，

〔註78〕見張廷玉等撰，楊家駱主編：《新校本明史》，頁3576。
〔註79〕見王士禎：《池北偶談》（台北：漢京，1984年5月），頁537～538。
〔註80〕見黃叔璥：《臺海使槎錄》（南投：臺灣省文獻委員會，1996年9月），頁79。
〔註81〕《神仙傳》卷三〈王遠〉載麻姑見王遠，云：「接待以來，已見東海三爲桑田。向到蓬萊，水又淺于往者會時略半也。豈將復還爲陵陸乎？」方平（王遠字）笑曰：「聖人皆言，海中復揚塵也。」見葛洪撰：《神仙傳》，收入於《景印文淵閣四庫全書》第1059冊，頁270。
〔註82〕《春秋公羊傳注疏》載魯哀公十四年春，西狩獲麟。麟者仁獸也。有王者則至，無王者則不至。有以告者曰：「有麇而角者。」孔子曰：「孰爲來哉！孰爲來哉！」反袂拭面，涕沾袍。見阮元校勘：《十三經注疏·春秋公羊傳注疏》（台北：新文豐，1988年7月），頁355～356。

空留怨悱之音。

全詩語言平易，不用僻典難字而氣勢自然飛騰，毫無矜張之氣，歎神木之遭際，深寓人事興廢之哀、幽人志士之怨。

又如〈亞洲鐵人歌爲楊傳廣在羅馬世運會得十項全能亞軍作〉，述楊傳廣在民國四十九年（1960 年）羅馬奧運以男子十項運動爲國人奪得第一面奧運獎牌，舉國歡騰：

> 威邊北宋楊無敵，台員見此人中鐵。身手眞能辟萬夫，秋鶚沖霄快一擊。捷報飛傳羅馬城，桓桓爲國爭殊榮。洗雪百年病夫恥，撼地歡聲騰海京。頗思騏驥伏櫪時，飲水食豆何人知。得路日行三萬里，渥洼屈產皆中疲。出眾奇才隨處有，平居大半淹林藪。不見漢庭封侯人，曾是牧豬與屠狗。發奮爲雄自古然，阿山一往著先鞭。有志直追正未晚，如錦前程迎少年。乘風展翼還家鄉，大西洋接太平洋。台東父老接風酒，擺過卑南連寶桑。可喜東來逢此盛，爲作長歌揚令聞。更望東京奪錦標，大振黃魂啓新運。〔註83〕

全詩洋溢歡欣鼓舞的氣氛，四句一韻，一氣流轉，有如天風海濤，奮發昂揚，不可扼抑，語藻則在平易中見清健。前八句爲首段，讚嘆楊傳廣身手如秋鶚沖霄快擊，揚威羅馬，洗雪「東亞病夫」之恥，國人爲之歡騰。首二句因楊姓而以北宋楊業比擬，楊業威加契丹，時人號爲「無敵」，〔註84〕今日臺灣亦得楊傳廣，有「亞洲鐵人」的美譽。

「頗思」以下十二句爲第二段，由騏驥伏櫪生頓挫、深思、議論，「出眾」二句，深埋幽怨於平易流暢之中，彷彿千里馬、良俊之才都沈埋在庸俗人的眼中，再由漢庭封侯，重燃奮發昂揚的沖霄氣勢，如煌煌聖火明麗照人，並鼓勵他人急起直追，畢竟將相本無種，英雄不怕出身低。牧豬，本指公孫弘，少時家貧，牧豕海上，年四十餘，乃學《春秋》雜說，後爲丞相，封平津侯；屠狗，本指舞陽侯樊噲，初以屠狗爲事。〔註85〕但此處的牧豬屠狗並不專指何人，因爲漢庭封侯人，多非將相種，如衛青，原是僕役。阿山，指

〔註83〕見《戎庵詩存》次三，頁83～84。

〔註84〕楊業，屢立戰功，所向克捷，時人號爲「無敵」，契丹入雁門，業領麾下數千騎自西陘而出，由小陘至雁門北口，南嚮背擊之，契丹大敗，自是契丹望見業旌旗，即引去。見元・脫脫等撰，楊家駱主編：《新校本宋史》，頁 9303～9304。

〔註85〕見司馬遷著，楊家駱主編：《史記三家注》，頁 2949～2951，頁 2651。

楊傳廣，他是台東阿美族原住民，當時慣稱原住民為山胞。

「乘風」以下八句為末段，寫楊傳廣衣錦還鄉，頗有「即從巴峽穿巫峽，便下襄陽向洛陽」（杜甫〈聞官軍收河南河北〉）之勢，也讓家鄉父老揚眉吐氣，同感歡慶，並期待在即將開幕的亞運中，楊傳廣也能有極佳成績。

羅尚詩作題材多元，對政府的失當舉措、官員顢頇，不改其諷刺、強烈批判，也藉生民之口嘲弄訕笑，對庶民的哀憐、鼓舞，人才不得晉用的幽怨，都表現了以詩人風騷傳統為重的情懷。

三、熒惑入斗的國際局勢

羅尚在臺灣生活日漸安定，常讀書報，多關注國際事件，尤其是與臺灣關係密切者，書寫於詩中，可見當時外交之艱困、國際形勢之轉易。此時亞洲戰禍不休，他亦多所記錄。

政府遷台後，蔣中正總統想藉由亞洲各國外交維繫臺灣的地位，於是在民國四十三（1954）年與韓國大統領李承晚、菲律賓總統季理諾共同倡議成立亞洲人民反共聯盟（簡稱「亞盟」，後改為「世盟」），但弱小國家外交不易推展，次年亞盟於南韓集會，即宣告流會，羅尚以〈亞盟南韓流會〉哀之：

> 賓客散欲盡，可人期不來。所思在遠道，落花滿高臺。
>
> 臺高不可掃，令我心如搗。隔海問檀君，海枯天亦老。〔註86〕

以古詩法，寫出一片溫婉悽愴的情調。詩的開頭已有無限慨嘆，約集的賓客使節行將散盡，唯所思之人、能稱人心意的人仍不見蹤影，而美麗的時光逝去，只餘闌珊春意，無限盼望、期待都成落花，花絮共哀心紛飛，飛滿高臺。前四句脫自「客有可人期不來」（陳師道〈絕句四首〉）、「高閣客竟去，小園花亂飛」（李商隱〈落花〉），點出等待的長久，失望的深沈，無限慨嘆，情景相融。五、六句意義轉深，即使所思之人未到，仍期待他到來，而欲保持高臺的潔淨，但臺高不可掃，遂使內心紛亂如搗。七、八句將哀傷悽愴推至極點，海枯天亦老，可見盼望成空，心意摧折。檀君，是古韓國的開國者，朝鮮的文化象徵，在此借指主辦此次會議的韓國大統領。全詩情意溫厚，無一句責備之語，但國際政治的現實，外交的困境，卻不言自明，深得古詩之旨。

民國五十三年四月，我國堅定的反共友人麥克阿瑟將軍病逝，羅尚以詩

〔註86〕見《戎庵詩存》次二，頁27。

紀念其功績，作〈美國五星元帥麥克阿瑟逝世〉云：

> 兵氣纏綿亞歐美，熒惑入斗彗搖尾。長鯨拔浪太平洋，天驚石裂大
> 將死。斯人舉世欽英風，獨任遠東無限功。指揮霹靂叱電母，鳳觀
> 虎步舒神聰。將之所恃能果斷，國之所憾短廟算。金牌忍召岳飛還，
> 遂令東土至糜爛。隔海遙聞薤露歌，一哀真有淚成河。百身莫贖忠
> 良士，雪鬢元戎離病魔。大樹飄零勞夢想，擊殘黃斗言胡讜。精魄
> 雲霄冉冉來，潮寒月冷仁川港。〔註87〕

此詩四句一韻，各為一小段。首段為總綱，述戰爭纏綿不休，麥帥雖逝，但
功業長在太平洋。一、二句引天文傳說述戰亂不止，《史記》載漢景帝二年
秋，慧星出東北，衡山雨雹，大者五寸，深者二尺，熒惑逆行，守北辰，次
年正月即發生七國之亂，〔註88〕故熒惑入斗，代表兵氣已生，戰禍將臨；彗
星搖尾，則有大災難。第三句以長鯨代指麥帥，麥帥縱橫太平洋，一生功業
多在此建立，二次大戰中任西南太平洋聯軍總司令，收復菲律賓，戰後主持
盟國對日本的統治改革，韓戰爆發，又指揮聯軍自仁川登陸，擊潰北韓軍，
本欲聯合我國軍隊渡過鴨綠江反攻大陸，但遭到杜魯門拒絕，聯合國也因蘇
聯干預而加諸限制，終因與杜魯門意見不合，遭其解職。此句開二、五段。
「大將死」，令人驚異沈痛。

二段讚揚麥帥在遠東的功業，令世人崇敬，音情高揚，見英雄豪宕的氣
概。三、四句稱美他的指揮如雷霆霹靂，威儀如鳳觀虎步，想見聰靈神慧。

三段哀美國對敵策略計算不足，終使麥帥遭杜魯門解職，如同南宋高宗
十二道金牌召還岳飛，自毀長城，光榮勝利的理想變成泡影，只能勉強在北
緯三十八度線對峙，簽訂停戰協議。當時麥帥本欲請中共聞之色變的孫立人
將軍率兩個師從東北進擊，但美國政府不同意，致使孫將軍不能成行。後來
越共也因中共的支持而日益坐大，東亞、東南亞愈加混亂，令人憾恨。此處
以故實比喻現代事蹟，精當切合，可見羅尚運化書卷的功力。

四段哀麥帥病逝，〈薤露歌〉是泣喪歌，〔註89〕哀麥帥如薤上之露晞滅，

〔註87〕 見《戎庵詩存》次四，頁131～132。

〔註88〕 見司馬遷著，楊家駱主編：《史記三家注》，頁439～440。

〔註89〕 宋・郭茂倩編撰：《樂府詩集》（台北：里仁，1981年3月），頁396，引崔豹
《古今注》曰：「〈薤露〉、〈蒿里〉泣喪歌也。本出田橫門人，橫自殺，門人
傷之，為作悲歌。言人命奄忽，如薤上之露，易晞滅也。亦謂人死魂魄歸於
蒿里。」又引杜預之言：「送死〈薤露〉歌即喪歌，不自田橫始也。」

空使生者淚流成河。離，即罹也。

五段遙想麥帥生前身後，以見尊崇麥帥之風儀。大樹飄零，典出庾信〈哀江南賦〉：「將軍一去，大樹飄零；壯士不還，寒風蕭瑟。」〔註90〕麥帥一去，大樹同感哀傷而飄零，黎民也懷情思念，想麥帥擊殘煙斗，以正直果敢的言論力爭遠大理想的神情。麥帥精魂有靈，也將自雲霄冉冉而來，重回仁川港，那功業、憾恨交集之處。「擊殘菸斗言胡讜」，將麥帥慷慨陳詞、理想高遠的形象，描繪得極眞肖、生動。「潮寒月冷仁川港」，將精魂重回之景寫得一片淒涼，並添無限惆悵、遺憾、想像。

全詩使事典重精切，音情合宜、誠摯，很適切的概括了麥帥一生的功業、憾恨、人格風儀，是非常優秀的詩篇。

韓戰未結，美國又捲入越戰。由韓戰不求勝利的殷鑑，羅尙已預見越戰將失利，民國五十四年作〈乙巳秋感〉云：

> 篡奪相仍先故常，小朝廷事大荒唐。舊君杜宇啼冤鳥，百國兵車會越裳。厥疾已教投藥誤，焦頭未解徙薪方。他時海淺無歸路，高鼻烏睛要斷腸。〔註91〕

越裳，越南古名。〔註92〕首聯寫南越篡奪頻繁，從1963～1965年，經歷了數次政變，〔註93〕指此時的越南內部紛亂，外受侵襲，是不可救治之地，爲全詩要旨所在，下文皆由此出。頷聯言舊隆慶王朝已逝，保大皇帝退位，然而人民未受民主之利，已先蒙其害，戰禍相仍，各國或進兵，或武器支援，遂使越南淪爲焦土。頸聯含蓄指出美軍投入越戰，卻沒有解決越南問題的方法，種種錯誤的政策，使得情勢益趨不利，如美國鼓勵政變推翻吳廷琰政權，以建立更配合美國政策的政權，然而推翻吳氏後卻使越南政局更加紊亂。末聯總結，提出警告，一旦局勢再惡化，滄海重又揚塵，美軍將無歸路。

羅尙此間述越戰的詩，大多集中批評這些問題，〈戊申正月初二越共全面攻擊越南九省省會並攻西貢攻佔美使館及美軍總部機構初三陷大叨順化〉就

〔註90〕見令狐德棻等撰，楊家駱主編：《新校本周書》，頁735。

〔註91〕見《戎庵詩存》次四，頁155。

〔註92〕《後漢書‧南蠻傳》：交阯之南有越裳國。見范曄撰，楊家駱主編，《新校本後漢書》，頁2385。

〔註93〕1963年阮文紹發動政變，推翻吳廷琰政權，後楊文明政變，殺吳氏兄弟。1964年阮慶政變，取代楊文明。1965年阮高祺政變，取代阮慶。後來1967年阮文紹任總統，阮高祺任副總統。

明確指出：「計謀全是錯，和戰兩無成。舉國歸糜爛，當時嗾鬥爭。」〔註94〕
美國既已投入戰爭，卻又不求勝利，要談和卻不能堅持，擺盪不定，內部反
戰聲浪又高漲，遂陷入泥沼，難以自拔。而南越內部鬥爭不斷，徒自損耗，
終使全國糜爛。〈霆雨篇〉也藉《左傳》故事批評：「五十萬眾龍虎士，智慮
遠遜萑苻優。」〔註95〕萑苻是春秋時期的故事，子產過世後，游吉治鄭，不
忍猛烈，於是萑苻之澤就聚集了許多盜匪，最後只好興兵全數殺盡。〔註96〕
此詩句譏刺美國囤兵南越五十餘萬，不能如游吉興兵剿滅越共也就罷了，竟
還讓越共坐大，不能有所作爲，嚴重損害其民主盟主的地位。

　　羅尚所寫國際時事，仍多能以典故、成語比擬，且使事精切，增添典雅
興味，不會率爾牽合，頗見功力。用語淺白而不流於發露、俚俗，自有其精
神意象。

第三節　不盡江南作賦哀（1972年至1986年）

　　本節的研究範圍，是從民國六十一年羅尚任中華民國駐菲律賓馬尼拉大
使秘書，到民國七十五年底任總統府參議時的詩作。其間他屢任各大學古典
詩、報章古典詩版、聯吟大會評審，入總統府任參議，詩界聲望崇高，又結
識香港蘇文擢教授，受蘇教授激賞推崇，譽滿香江。此期羅尚詩作傾向感懷，
對家國、社會民生的關懷，也多在感懷中含蓄抒發，多從整個時代的處境落
筆，又因年紀逐漸老大，暮年鄉關之思愈發沈痛。

一、世變下的時局與中興的曙光

　　渡台後，政府先著力於農村改革、建設，其後又積極推動產品外銷，但
民國六十年十月退出聯合國，又逢國際石油價格暴漲，導致世界性的經濟危
機，臺灣同受波及，阻礙經濟建設，幸蔣經國就任行政院長後努力推動十大

〔註94〕見《戎庵詩存》次四，頁183。
〔註95〕見《戎庵詩存》次四，頁184。
〔註96〕魯昭公二十年，鄭子產有疾，謂子大叔曰：「我死，子必爲政。唯有德者能以
　　　　寬服民，其次莫如猛。夫火烈，民望而畏之，故鮮死焉；水懦弱，民狎而翫
　　　　之，則多死焉，故寬難。」疾數月而卒。大叔爲政，不忍猛而寬。鄭國多盜，
　　　　取人於萑苻之澤。大叔悔之曰：『吾早從夫子，不及此。』興徒兵以攻萑苻之
　　　　盜，盡殺之。盜少止。」晉・杜預注：「萑苻，澤名，於澤中劫人。」見楊伯
　　　　峻撰：《春秋左傳注》，頁1421。

建設，不僅使臺灣安然度過危機，更促使經濟起飛，成就世人讚賞的「經濟奇蹟」。後雖經中美斷交，臺灣亦屹立不搖。羅尚見證這時期的發展，除了往常對政府施政、用人的批判外，也有稱美之詞。

　　民國六十一年十月，他因古典文學長才，就任駐菲律賓大使秘書，雖不在國內，仍關心退出聯合國、中日斷交後的局勢，及國內經濟因石油危機的受挫，在馬尼拉公餘遊歷詩作，就吐露出心聲，如〈松林口號〉云：

　　風塵遠客來西蜀，海外尋山到碧瑤。
　　曾記二君敦玉帛，欲回殘劫獻芻蕘。
　　萬松今夜仍圍夢，斗酒明朝要解貂。
　　充耳有聲何處至，臺灣梅雨正蕭蕭。

　　松根枕石莫催歸，夏暑全消綠滿衣。
　　海鶴回翔真得所，靈濤來往頓忘機。
　　此時呼吸通無始，焉用言談泯是非。
　　二十年前雲尚在，朝昏只傍嶺頭飛。〔註97〕

張夢機老師評說「皆饒深致，不愧作手」。〔註98〕第一首首聯點出客居異鄉，開啟下文家國之思，此因故鄉松樹漫山遍野，故一見松林，即生鄉心，而言來自西蜀。頷聯承碧瑤而來，理想正大高遠，委婉表達出今昔之感、國家衰弱之哀。遙想一九四九年七月，蔣中正自臺北到碧瑤與菲總統季理諾會談防共，欲締結軍事同盟，但國際情味淡薄如紗，致使同盟後來不能成立，欲回殘劫撫慰百姓的願景終告落空。敦，有勉勵、督促之意。頸聯承首句故鄉而來，發揮個人思鄉愁緒，並與頷聯相聯繫；雖然同是萬松圍夢，卻非故鄉，故欲解貂買酒，冀求以宴樂慰解鄉愁。末聯語意又一轉，並作總結，歸於傷感深沈，以梅雨瀟瀟象徵國家正是多事之秋，可見故國情深，鄉愁不可解，充耳盡是遙念鄉國的聲音。

　　第二首遊興較濃，暗寓感慨。前四句寫出遊的情景，頷聯由海鶴回翔得所、靈濤來往喻個人自在忘機的情境，氣定神閒，富開闊流動之感，彷彿廣闊靈動的大海盡入胸懷。頸聯警策，承「忘機」而來，氣象宏大高古，大有凌駕一切人間言談、是非的氣勢，也暗喻人間言談不足取，會談終究無用。末聯則寫白雲忘機，依傍山頭翱翔，不欲入塵濁俗世，諷當時菲律賓只顧自

〔註97〕見《戎庵詩存》次六，頁235～236。
〔註98〕見張夢機：《藥樓文稿・詩阡拾穗》，頁41。

身利益，將不再與臺灣維繫邦交、通玉帛之好，令人感慨。

　　中華民國退出聯合國，席位爲中共取代後，〔註99〕外交處境益趨艱困，與日、菲斷交，都還不致影響臺灣民心士氣，眞正打擊臺灣的是與美國斷交。六十七（1978）年十二月十六日，美國總統卡特未經國會同意，宣布與中華民國斷交，十二月二十三日的增額立委選舉即刻暫停，隨後引發移民潮，人心惶惶，整個臺灣氣氛詭譎。羅尚作〈人人篇〉云：

> 世變難高枕，郎潛笑履新。好將詩作史，重見海揚塵。
>
> 淚洞飄零眼，花媽莽蒼春。當年成蕩析，我輩尚酸辛。
>
> 呵壁空悲楚，撝文敢過秦。歲時兒女換，歌舞管絃新。
>
> 揖盜深遺患，爲邦在秉均。固須嚴鎖鑰，尤愼理絲緒。
>
> 歐血天難問，屯田德是鄰。一成原故土，百姓屬吾民。
>
> 轉捩關生死，開誠遠鬼神。久承句踐曲，冀得少康伸。
>
> 臺斥黃金築，邊勒玉輅巡。祖宗墳墓在，保國盡人人。〔註100〕

此詩意在激勵邦國、人民，故語多慰勉，用心良深。可分三段，前十句爲第一段，從中美斷交的巨變憶及大陸淪陷、國家蕩析的悲楚。郎潛，指職位低的官員。首二句諷刺職位低的官員，不知局勢險惡，仍然歡迎新年，完全見不到對社稷的憂心。次八句寫個人感懷，「好將」二句，暗用滄海桑田的典故，指美國斷交對臺灣局勢、國家安全的影響極大，有如東海清淺，將復爲

〔註99〕一般都認爲臺灣退出聯合國是導因於蔣中正「漢賊不兩立」的主張，但當時任中國民國駐聯合國代表團顧問的陸以正提出不同說法，他說蔣中正在1972年8月已經接受雙重代表權，且與邦國溝通完成，10月表決時將會通過，但開會時議程延宕，沙烏地阿拉伯代表白汝迪從中作梗，陰錯陽差，致使議案無法通過，反而通過阿爾巴尼亞提出「中共取代原由中華民國代表的中國席位，排除中華民國」的議案。隨後當時美國代表老布希緊急提出臨時動議，要求將阿爾巴尼亞的提案分段表決，以爲補救，但被否決，無法補救。然後代表團才以「程序問題」要求發言，周書凱代表上前宣布我國退出聯合國，代表團退場召開記者會，會場一片肅靜。陸氏也認爲聯合國是以國家爲單位的競技場，是實力政治，中共遲早會將我國趕出聯合國，且中共早在當年8月即發表聲明表示，如果聯大通過任何「兩個中國」或「一中一台」的決議，中共絕不接受，而且拒絕與聯合國有任何往來。見陸以正：《微臣無力可回天——陸以正的外交生涯》（台北：天下，2002年4月），第十章〈退出聯合國的眞相〉，頁182～199。〈中時電子報〉「火線人物專訪」，2005年6月7日，網址：http://blog.sina.com.tw/archive.php?blog_id=10404&md=entry&id=1583。

〔註100〕見《戎庵詩存》次七，頁315。

陵陸揚塵。〔註101〕「淚涸」二句，言屢見揚塵、飄零的眼，淚痕已乾，淚珠都化成繁花豔麗，憾恨如春色莽莽蒼蒼，脫胎自「國破山河在，城春草木深。感時花濺淚」（杜甫〈春望〉）。「當年」四句與「重見海揚塵」對照，則更見今日之悲。當年國破之後，尚可飄零到臺灣，如屈原呵壁問天，哀傷國家的沈淪，〔註102〕也能如賈誼著論過秦，批評中共「仁義不施」，暴政必亡。但若今日不能善保臺灣，一切可能就都化為烏有，空留遺恨。

次八句為第二段，語氣懇切，意指雖然時移世換，恢復大陸已不可能，但為政者仍當以德交鄰，秉均治民。「歲時」二句，言人代、時勢移易的快速，歌舞管弦、價值觀念都已新變，使得美國與中華民國斷交。字句脫胎自杜甫〈謁先主廟〉：「閭閻兒女換，歌舞歲時新。」〔註103〕「揖盜」二句，一面提醒美國，與中共建交是埋下未來禍難的種子，一面提醒政府當局，為政要持衡公正，不當有本省、外省、遠近、親疏的分別。「固當」六句，強調應當鞏固國防，謹慎治民，雖然不能恢復中原，總要與鄰近國家保持良好的互動，布施恩澤予邦交國，以獲得國際認同。「鎖鑰」，是引用自成語「北門鎖鑰」，指國防。「歐血」一句，用諸葛亮不能復漢，終在五丈原嘔血而亡的典故，〔註104〕暗指連大智的孔明都無力回天，國民黨自然不可能挽回大陸。

此詩對美國斷交的批評較含蓄，在同時所作的〈海水篇〉中，抨擊就較為強烈，他說：「神仙安可接，盟約古難持。要割乖龍耳，翻蒙猛虎皮。陰謀矜智計，大義解綱維。」〔註105〕認為只有大義凜然的人才能體會綱維的

〔註101〕《神仙傳》卷三〈王遠〉載麻姑云：「接待以來，已見東海三為桑田。向到蓬萊，水又淺于往者會時略半也。豈將復還為陵陸乎？」方平（王遠字）笑曰：「聖人皆言，海中復揚塵也。」見葛洪撰《神仙傳》，收入於《景印文淵閣四庫全書》第 1059 冊，子部 365，道家類，頁 270。

〔註102〕王逸以為：「屈原放逐，憂心愁悴。彷徨山澤，經歷陵陸。嗟號昊旻，仰天嘆息。見楚有先王之廟及公卿祠堂，圖畫天地山川神靈，琦瑋譎詭，及古聖賢怪物行事。周流罷倦，休息其下，仰見圖畫，因書其壁，呵而問之，以渫憤懣，舒瀉愁思。」見洪興祖：《楚辭補注》，頁 85。

〔註103〕見仇兆鰲：《杜詩詳注》，頁 1354。

〔註104〕《三國志·蜀書·諸葛亮傳》注引《魏書》曰：「（諸葛）亮糧盡勢窮，憂恚歐血，一夕燒營遁走，入谷，道發病卒。」裴松之認為這是魏人「自誇大也」。見陳壽撰，裴松之注，楊家駱主編：《新校本三國志·諸葛亮傳》，頁 926～927，註（四）條。

〔註105〕見《戎庵詩存》次七，頁 315。

重要，批評當時美國國務卿季辛吉矜於智計，不顧綱維，遂使美國中斷與臺灣的邦交，轉與原先要防堵的中共建交。乖龍、猛虎，皆用韓愈詩中典故以指中共，〔註106〕也藉以提醒美國，這樣的邦交實際上是與虎謀皮，極為危險。

　　末十句為第三段，語多激勵，意指中美邦交生變，雖是災劫，卻也是轉捩點，領導者若能開誠布公，求才若渴，多問蒼生，不問鬼神，即使只是「有田一成，有眾一旅」，也能保國。「一成」二句，用少康復夏的典故，〔註107〕指臺灣人民、土地也是故土故民，應當善加撫愛，團結民心，呼應「為邦在秉均」。「臺斥」二句，用燕昭王築黃金臺，以求天下賢才的典故，〔註108〕提醒當政者應當求才若渴，有膽識巡行前線，整飭邊防，唯有如此，人民才會感受到為政者有心勵精圖治，醒覺「天下興亡，匹夫有責」，進而善保國家。

　　中美斷交對臺灣的影響巨大，羅尚述寫的詩多有激勵意味，但也有悲涼的一面，如〈對月〉云：

　　　　作賦誰堪比謝莊，可憐天步入羊腸。

　　　　沉沉碧海遙遙夜，盈手家家是冷光。〔註109〕

謝莊作〈月賦〉，寫月夜之情，藉王粲的口，說：「美人邁兮音塵闊，隔千里兮共明月。臨風歎兮將焉歇，川路長兮不可越。」又說：「月既沒兮露欲晞，歲方晏兮無與歸。」〔註110〕寂寞慨嘆，悵然若失，此詩以此比擬中美斷交後臺灣的淒涼，國運頓時如入羊腸小徑。遙遙夜，猶云漫漫長夜。

　　此詩氣氛鬱結壓抑，以「羊腸」點出國運的不堪，「沈沈碧海遙遙夜」則加深孤寂、沈重之感，彷彿人在碧海中的孤舟上，又須面對無盡長夜，「冷」字點出月下人物的心情，也呼應國運步入羊腸的冷意。月光臨照，竟如無限

〔註106〕韓愈詩〈答道士寄樹雞〉：「煩君自入華陽洞，直割乖龍左耳來。」〈寄崔二十六立之〉：「駒麤著爪牙，猛虎借與皮。」見韓愈著，錢仲聯集釋：《韓昌黎詩繫年集釋》，頁930，頁860。曾季貍《艇齋詩話》言割乖龍耳故事甚詳，可參考，見丁福保輯：《歷代詩話續編》，頁282。

〔註107〕伍子胥說少康「有田一成，有眾一旅。後遂收夏眾，撫其官職。使人誘之，遂滅有過氏，復禹之績，祀夏配天，不失舊物。」見司馬遷著，楊家駱主編：《新校本史記三家注》，頁1469。

〔註108〕李善注《文選·（鮑照）放歌行》，引《上谷郡圖經》曰：「黃金臺，易水東南十八里，燕昭王置千金於臺上，以延天下之士。」見蕭統編，李善注：《文選》，頁733。

〔註109〕見《戎庵詩存》次七，頁317。

〔註110〕見蕭統編，李善注：《文選》，頁332。

的淒冷凝結。

即使在三年之後，提起中美斷交，還是令人心傷。民國七十一（1982）年對中華民國極友好的高華德參議員來訪，於筵席中落淚。〈雨夜電視新聞節目中見歡宴美國參議員高華德實況高於麥克風前淚下輒講回座〉云：

> 手掬憂時淚，人從萬里來。華燈明白髮，濁酒煮青梅。
>
> 恨負同仇約，徒矜撥亂才。齊秦爭霸業，天地賸蒿萊。
>
> 撼屋蕭蕭雨，遙天坎坎雷。迷途雲夢澤，七聖大悲哀。〔註111〕

前六句主寫高華德的情意，起頭已見深憂，高華德憂時落淚，遠從萬里外飛來，可見深情。華燈明照下，益顯白髮蒼蒼，在蔣經國總統的歡宴中論說天下大勢，又見「老驥伏櫪，志在千里。烈士暮年，壯心不已」的胸懷。濁酒煮青梅，用曹、劉典故，曹操曾「盤置青梅，一樽煮酒」，邀劉備共論天下英雄。〔註112〕此句由單寫高華德漸漸開拓，以充實「憂時」之意。「恨負」二句，言高華德抱恨美國總統卡特與中華民國斷交一事，只能空自矜負撥亂反正的才幹，也寫出了當時臺灣高層的心聲，愈見憂傷沈痛。高華德當時對卡特未經國會決議，即片面宣布斷交一事，曾不惜具文告上法院，雖然法院最終以司法不干涉政治問題而不予受理，但仍可見他抱恨的深切。

「齊秦」二句，語意一轉，以齊秦爭奪霸業代指國共逐鹿中原，兩雄相爭，苦的卻是蒼生，廣土所見，只餘蒿萊，愈見哀痛。二句從宏闊處著筆，更見蒼茫淒涼，是羅尚一貫的胸懷、筆法。「撼屋」二句，再以蒼莽之筆描繪「天地賸蒿萊」的情境氣氛，氣骨蒼勁。但這不是實景，而是象徵之景，形容斷交後的淒涼之情，也含蓄指出國家前途未卜，彷彿乖舛的國運離剝極而復、否極泰來還很遙遠。「迷途」二句，總結詩意，引《莊子·徐無鬼》中，黃帝等七聖欲見大隗，中路迷途的故事，〔註113〕含蓄指出引領國際、國家方向的諸多領導人，都茫然迷途，國家、人民的未來更是陷於一片迷霧，哀痛深絕。

此詩哀婉沈鬱中見性情氣骨，誠摯動人，語言典重樸實，純以情運，雖

〔註111〕見《戎庵詩存》次九，頁404。

〔註112〕曹操邀劉備小亭一會，「盤置青梅，一樽煮酒。二人對坐，開懷暢飲」，論天下英雄。見羅貫中：《三國演義》（台北：老古，1991年10月），第二十一回，頁279～281。

〔註113〕《莊子·徐無鬼》：「黃帝將見大隗乎具茨之山，方明爲御，昌㝢驂乘，張若、謵朋前馬，昆閽、滑稽後車；至於襄城之野，七聖皆迷，無所問塗。」見郭慶藩編，王孝魚整理：《莊子集釋》，頁830。

無奇僻之思、驚險之句，但整體氣氛凝鍊，不可割裂，深得杜甫短章五古的
精髓。劉熙載云：「杜詩只有無二字足以評之。有者，但見性情氣骨也；無
者，不見語言文字也。」〔註114〕張夢機老師說：「犕略來說，杜詩的工整處，
一般人尚能企及；而杜詩的樸拙處，一般人則很難企及。蓋寄大音於沈寥之
表，存至味於澹泊之中，此乃所以為難。」〔註115〕此詩庶幾有此意味。

　　羅尚除了對當時時局感慨深沈外，也批評總統一職為蔣中正所獨佔、施
行獨裁統治，如〈丁巳元旦〉云：

　　　　爆竹迎年亦送年，龍蛇有道為高賢。

　　　　隋珠在握能如意，趙璧難歸敢怨天。

　　　　滄海及春濃雨露，秣陵回首鎖雲煙。

　　　　上籌久佔蓬萊島，色子靈光賭選仙。〔註116〕

此詩作於民國六十六（1977）年，蔣中正已於六十四年第五任總統任內病逝，
嚴家淦繼任總統，六十七年國民大會又將選舉總統。首聯點題，語意雙關，
一指辰年肖龍，巳年肖蛇，正是流年；一指東方朔〈戒子詩〉云：「聖人之
道，一龍一蛇，形見神臧，與物變化，隨時之宜，無有常處。」〔註117〕與
物變化，因時地制宜，暗諷蔣氏不擇手段，屢據大位。頷聯以隋侯之珠暗指
蔣氏獨攬大權，故能操控國大選舉，盡如其意，又以和氏璧難歸於趙，諷大
陸失守，是所用非才，人謀不臧所造成，不能挽回，又豈能怨天？畢竟「中
原得失不關天」，〔註118〕不能得民心，民心又厭戰，新興勢力一起，自然要
將大陸治權拱手讓人。「敢怨天」也是雙關，既諷刺蔣介石不知自省，怨天
尤人，也諷刺群僚不敢批評蔣氏丟失大陸。隋珠是《搜神記》的典故，此珠
「夜有光，明如月之照」，〔註119〕使夜間活動能如意。「隋珠」句諷刺極深，
言國運晦暗之時，蔣氏權柄在握，仍能如意行事。趙璧難歸，是反用藺相如

〔註114〕見劉熙載：《藝概》，頁59。

〔註115〕見張夢機：《藥樓文稿・浮海詩話》，頁50。

〔註116〕見《戎庵詩存》次六，頁248。

〔註117〕見張溥：《漢魏六朝百三名家集》，頁113。

〔註118〕見《戎庵詩存》次十三，〈和涂遂老韻〉，頁487。

〔註119〕《搜神記》卷二十載：隋縣溠水側，有斷蛇丘。隋侯出行，見大蛇，被傷中
　　　　斷，疑其靈異，使人以藥封之，蛇乃能走，因號其處「斷蛇丘」。歲餘，蛇銜
　　　　明珠以報之。珠盈徑寸，純白，而夜有光，明如月之照，可以燭室。故謂之
　　　　「隋侯珠」，亦曰「靈蛇珠」，又曰「明月珠」。見干寶：《搜神記》（台北：木
　　　　鐸，1985年7月），頁238。

完璧歸趙的典故。〔註 120〕

　　羅尚一向強烈批判蔣氏失去大陸，形同亡國，如〈癸亥上元和荔莊壬戌除夜感懷四首韻並柬文擢教授〉云：「人間共睹遷金狄，地下應慚告翠亨。」〔註 121〕翠亨，即孫中山，生於廣東香山縣翠亨村，故以翠亨稱之。金狄，即金銅人，漢武帝在長安甘露宮作金銅仙人掌承露盤，國祚更迭後，魏明帝欲遷往洛陽宮殿。〔註 122〕用此典故，即是暗指改朝換代，國家已亡，蔣氏實在愧對國父孫中山。又如〈乙亥七七〉云「金陵春夢不多時」，「二十二年王氣盡」。〔註 123〕二十二年，指國府從十六年建都南京，到三十八年遷台，只有短短的二十二年，國祚即告斷喪，故羅尚對蔣氏頗多責難。

　　頸聯承頷聯而來，以對比手法諷刺執政者只想鞏固當前的權位，完全將大陸的失敗拋諸雲外。「滄海」句，語意雙關，表面指春到臺灣，雨露遍施，實則譏刺執政者為了鞏固政權，屢施恩惠，但這些恩惠並不是施予百姓，而是施予那些選舉總統的國代，以及近臣。〔註 124〕「秣陵」句，表面指思念故國，而南京舊都鎖於中共鐵幕之中，〔註 125〕已不復見，再對照「滄海」句，則見領導者早已忘卻故國淪喪之恨，連當年失敗的緣由也忘記了，所以重蹈覆轍，上下交相賊，只求快意當前，沒有長久之計。

　　末聯作總結，諷臺灣政治、國大的總統選舉有如骰子賭博一樣胡鬧、無用，因為大位早已預定留給誰了，〈久知〉就用反諷的語氣說：「久知先主是真龍，祠廟卿雲禁藥中。」〔註 126〕蔣中正長久以來掌控臺灣大權，辭世後，雖由嚴家淦繼任總統，但其子蔣經國繼任中國國民黨主席，已作接班準備，有意角逐國家大位者只能作罷。

　　羅尚情性真摯，關懷家國，詩中不只批評執政者，甚至描述了中共對臺

〔註 120〕藺相如完璧歸趙，事詳司馬遷著，楊家駱主編：《新校本史記三家注》，〈廉頗藺相如列傳〉，頁 2439〜2441。

〔註 121〕見《戎庵詩存》次十，頁 421。

〔註 122〕《晉書・五行上》載：「魏明帝青龍中，盛修宮室，西取長安金狄，承露槃折，聲聞數十里，金狄泣，於是因留霸城。」見房玄齡等撰，楊家駱主編：《新校本晉書》（台北：鼎文，1995 年 6 月），頁 810。晉明帝遷金人的時間約在青龍五年（春三月改元景初），景初元年之時。

〔註 123〕見《戎庵詩存》次廿二，頁 686。

〔註 124〕見《戎庵詩存》次六，〈花季飲陽明山辛亥光復樓〉：「好爵酬庸限近臣。」頁 303〜304，當時正值國民大會選舉總統。

〔註 125〕秣陵，即金陵，南京舊稱。

〔註 126〕見《戎庵詩存》次六，頁 301，自注：蔣經國被提名競選第六任總統。

灣的威脅，即使在不易表達情性的和詩中也屢見不鮮，如〈癸亥上元和荔莊
壬戌除夜感懷四首韻並柬文擢教授〉云：

> 渡江侯景角雌雄，王氣蘭成一賦終。
>
> 白屋開春仍苦雨，錦帆藏海每驚風。
>
> 交鄰世已無毛遂，賭墅情猶詡謝公。
>
> 破賊倘爲兒輩事，河清人壽要相同。〔註127〕

此詩作於民國七十二年。首聯以侯景喻中共，指早年國民黨容共，翻爲中共
所制，終至亡國。就如侯景一開始歸附梁朝，後來舉兵作亂，渡江攻陷建業
（今南京），間接導致梁朝覆亡，當時庾信羈留北朝，思念鄉關，作〈哀江
南賦〉。〔註128〕羅尚屢引此典故，可見鄉思深切。

　　頷聯從「終」字別開生面，雙寫個人與臺灣的淒涼景況。「白屋」句，
自言困窘，「錦帆」句，言政府遷台，如藏身大海，卻仍頻受中共驚擾。中
共屢稱不放棄以武力犯台，戰機頻頻挑釁，民國四十年代，還常砲擊金門，
外交上也屢屢壓迫，讓臺灣飽受威脅。

　　外有強敵，而內無老成人，頸聯即諷刺臺灣外交、軍事佈局已無高才，
上位者不戮力從公，只會自詡，不若早期還有葉公超之輩，可以爲臺灣締結
良約，穩定臺灣的發展。臺灣的外交在六十年代迭遭重創，退出聯合國、聯
合國席位爲中共取代、中日斷交、中美斷交、中美共同防禦條約停止，對中
共的外交打擊幾無招架之力，所以羅尚批評已無毛遂可以交鄰、締結盟約，
保護臺灣。〔註129〕「賭墅」句，諷刺入骨，這些無才之輩不僅貪圖逸樂，
無憂時之心，還自詡有高於謝安的安邦定國之策，眞令人嗤之以鼻。謝安在
淝水戰前，與謝玄在別墅下圍棋，神態自若，彷彿無事，開戰後，又與客人
下圍棋，捷報傳來，初無其事，客人相問，才徐徐對客人說：「小兒輩遂已
破賊。」〔註130〕臨危不亂、胸有成竹的才識，知己知彼、運籌帷幄的智慧，

〔註127〕見《戎庵詩存》次十，和詩共有四首，頁421。

〔註128〕參見唐・令狐德棻等撰，楊家駱主編：《新校本周書》，頁733～742。

〔註129〕毛遂自薦於平原君，陪同出使楚國，楚趙合縱之盟遂定。詳見司馬遷著，楊
　　　　家駱主編：《新校本史記三家注・平原君虞卿列傳》，頁2366～2368。

〔註130〕符堅率百萬眾次於淮肥，「（謝）安命駕出山墅，親朋畢集，方與（謝）玄圍
　　　　棋賭別墅。安常棋劣於玄，是日玄懼，便爲敵手而又不勝。安顧謂其甥羊曇
　　　　曰：『以墅乞汝。』安遂游涉，至夜乃還，指授將帥，各當其任。玄等既破堅，
　　　　有驛書至，安方對客圍棋，看書既竟，便攝放床上，了無喜色，棋如故。客
　　　　問之，徐答云：「小兒輩遂已破賊。」既罷，還內，過戶限，心喜甚，不覺屐

而今又有幾人？

　　末聯總結前意，並向吳天任荔莊、蘇文擢致意，期待河清人壽，得以回鄉。但這些仍是表面話，因為在同一組和詩中就明白表示：「斬木揭竿如不作，挾山超海恐無成。」〈感事和香港涂公遂王韶生何敬群教授酬唱之韻〉也說：「曾見竊舟兼澤舉，料無超海挾山來。」〔註131〕竊舟舉澤，典出《莊子・大宗師》，喻中共據大陸。〔註132〕挾山超海，喻不可能成就的事。〔註133〕羅尚深知，若中共內部沒有如同陳涉揭竿起義的事，導致動盪覆亡，那臺灣要擊潰中共，根本就不可能。但此時的中共也無力攻台，只能文攻武嚇，在外交上孤立臺灣。所以〈春興〉云：「黃昏醉眼觀滄海，白浪如山不敢來。」〔註134〕就暗喻中共無力攻台，只能屢屢施展恐嚇的伎倆。

　　此詩以家國殘敗為主調，而中兩間聯語意開宕，既哀憐又深諷，脈絡布置疏落有致。在和詩中仍能突出性情，尤屬難得。

　　民國六十年代到七十年代中期，蔣經國主政，加速推動十大建設，促使臺灣經濟展開新局，雖然遭遇兩次石油危機，但經濟成長不斷，人民生活漸好，國際上稱頌為「臺灣奇蹟」，前景看好，羅尚也難得的加以稱美，如作於民國七十年的〈秋感〉云：

　　　　彪炳中興業，吾君夏少康。南山高壽算，北斗遠光芒。

　　　　葵向心同悅，山呼夢未忘。明朝慶雙十，尤喜歲豐穰。〔註135〕

全詩意義首要在「豐穰」，因豐穰而見中興，而祝福蔣經國壽比南山，帶領國家遠離北斗殺罰的光芒。古代以「北斗主殺」，〔註136〕能遠避北斗的光芒，自然國運康莊。頷聯以向日葵花向日移動，山呼之景入夢，夢境不忘，比喻蔣氏受民愛戴景仰，形象鮮明。但山呼之景，其實也側記、諷刺了當時的獨裁統治。筆者詢問羅尚對蔣經國的評價時，他曾說：「蔣經國留學俄國，學

齒之折。見房玄齡等撰，楊家駱主編：《新校本晉書・謝安傳》，頁 2075。

〔註131〕見《戎庵詩存》次十，頁 421，頁 435。

〔註132〕《莊子・大宗師》：「夫藏舟於壑，藏山於澤，謂之固矣。然而夜半有力者負之而走，昧者不知也。」見郭慶藩編，王孝魚整理：《莊子集釋》，頁 243。

〔註133〕孟子曰：「挾太山以超北海，語人曰：『我不能』，是誠不能也。」見朱熹《四書集註》，《孟子・梁惠王上》，頁 207。

〔註134〕見《戎庵詩存》次十三，頁 470。

〔註135〕見《戎庵詩存》次八，頁 383。

〔註136〕《後漢書・天文中》曰：「北斗主殺。」范曄撰，楊家駱主編：《新校本後漢書》（台北：鼎文，1994 年 3 月），頁 3234。

其獨裁統治，但也眞正爲臺灣做了一些事。」可知他的評價。

又如〈洛杉磯中華詩會寄贈北美同聲集答蕭一葦會長〉，作於民國七十四（1985）年，當時蔣氏主政成效已見，而身體大不如前，羅尙將這些內容都寫入酬答蕭氏的詩中：

　　金石相宣一集來，流人百輩子山才。

　　遙知海外愁時意，不盡江南作賦哀。

　　奔浪巨鯨追落日，倚雲蠻月照深杯。

　　選詩家法承蕭統，華屋新成回不回。〔註137〕

首聯先客氣的稱美惠贈的詩集及其作者。子山，庾信字。流人，下啓中間二聯。「遙知」一聯，分寫海外詩會諸賢與自己，雖相距萬里，但憂時憂國之意，遙相呼應；「奔浪」一聯，由愁時、江南之哀轉出，以象徵之筆，分寫蔣經國罹病日重，恐將殞命，與海外諸賢的愁時、鄉思。二聯感慨深沈、悲壯蒼涼，允爲作手。末聯總結，「選詩」句呼應首句，稱美蕭氏選詩有蕭統選文「事出於沈思，義歸乎翰藻」的遺意，這是應酬之語；「華屋」句喻臺灣經濟在蔣經國主政下，已見成果，如華屋新成，而邀蕭氏回台一遊，呼應「流人」。章法完整，中二聯的開拓，俱見性情。

蔣經國主政時，有兩件經濟政策極爲重要，一是最爲人樂道的十大建設（其中交通部分已在孫運璿資政任交通部長時構思規劃，甚至開始建設），另一件政策鮮少爲人提起，但也稱得上高瞻遠矚，讓臺灣二、三十年後的經濟仍能高度成長，這政策就是積體電路 IC 產業的建立（孫運璿資政時任經濟部長，孵化推動，升任行政院長後更積極拓展，帶領臺灣走出風雨年代，憂勤惕勵，樹立宏達）。一九七三年九月，先令工研院成立電子工業研究中心，執行國家設置積體電路示範工廠計劃，以引進積體電路製造技術並移轉民間，這是臺灣攀登全球 IC 產業高峰的第一步。又在孫運璿、李國鼎的建策、執行下，一九八○年政府出資成立聯華電子，轉移重要的晶圓技術、人才，以提升臺灣 IC 產業的競爭力；在同一政策指導下，一九八七年又成立臺灣積體電路製造公司，使臺灣 IC 產業走向晶圓專工，奠定全球晶圓霸主地位，對臺灣經濟發展功不可沒。可見人才、政策對國家的影響巨大，也可略知一般人民懷念蔣經國的原因。

羅尙多以高標準看待政治人物，故諷刺多於稱美，諷刺時又多能藉典

〔註137〕見《戎庵詩存》次十二，頁 457。

故、譬喻之法比擬，以見個人學養、詩歌的藝術性；對時局的感懷，多能指出國家的災難、危急狀況，中見性情，多有難得之作。

二、經濟發展與文化變遷中的社會民生

經濟起飛，人民生活水準漸好，於是國民旅遊漸多，再加上政治漸趨改革開放，社會型態趨向多元，不同以往。羅尚見到社會的多元發展，也將這些發展作爲詩材，寫入詩中，顯現多元的面貌。至於初到臺灣時，常入詩篇的地震、風災，此時已司空見慣，故較少記錄。

經濟發展帶來的現象不全都是好事，因爲追求經濟成果時，如果沒有注意良好的道德的養成，就會讓民心競逐金錢，甚至爲了錢財不擇手段，枉顧他人性命，〈郊行社課〉從小處著筆，寫下令人憂心的變異：

> 惠風吹柳舞婆娑，牛背村童對客歌。
>
> 莫問酒家何處有，甲醇私釀近來多。〔註138〕

此詩作於民國六十九（1980）年，反用「借問酒家何處有？牧童遙指杏花村」的意義，點出世風日下，人心不古，也對社會提出警訊，一旦人心變壞，各方面的問題都會接踵而來，即使有再好的風光，都會讓人覺得煞風景，甚至隳壞山林，不能永續經營，沖銷經濟發展的成果。羅尚的嘆息悠長，言近旨遠。

又如〈八卦山大佛〉，寫下了今人對先人歷史的陌生、對鄉土文化的疏離、對古今滄桑的嘆息：

> 半線經過一款關，海雲浮動鹿江間。
>
> 黑旗故壘無人識，付與如來佔此山。〔註139〕

首句寫經過半線地區，久知該地歷史，遂入彰化遊歷。半線，是舊時平埔族的一社，清代因人民墾殖漸多、番漢溝通融合漸盛，故據此設彰化縣。第二句描摹鹿港海氣氤氳的景象。鹿江，是鹿港及其溪、港舊稱。三、四句就當前的景象抒發感慨。乙未割台時，劉永福曾令黑旗軍吳彭年率部在八卦山築壘抵抗日軍，但日軍重金收買奸民，刺探官兵虛實、山川道路，又槍砲齊發，使黑旗軍浴血苦戰，死傷慘重，前後不到二日光景，八卦山即告陷落，日軍進入彰化。〔註140〕今人不知山頂爲黑旗軍故壘所在，爲了發展觀光，就在

〔註138〕見《戎庵詩存》次七，頁336。

〔註139〕見《戎庵詩存》次六，頁254。

〔註140〕《臺海思慟錄》附錄〈東方兵事紀略·臺灣篇下〉載：「蓋倭人入我腹地，率

此地塑築大佛，於民國五十（1961）年完成，成爲彰化地標，此後，雖建有抗日紀念碑公園，但故壘已湮沒無聞，一般人只知有八卦山大佛而已。故以此緬懷先人的英勇，嘆息歷史的滄桑，批評今人對鄉土無知、短視，感慨深沈。

有別於〈郊行社課〉的警示、〈八卦山大佛〉的感慨，羅尚也有歡樂、美麗的旅遊詩，如〈櫻花詞〉，描述了陽明山春天花季的盛況：

飄落蓬山太古霞，生根長樹發櫻花。

毋勞畫匠胭脂染，自得東君雨露加。

舉國來看春二月，穿雲不憚路三叉。

錦衣玉食家家足，白叟黃童玩物華。〔註141〕

此詩清麗中見豪情。前二聯是天仙化人之筆，不從正面描繪櫻花的形貌，而從側面下手，寥寥數筆，即見櫻花的精神，眞如純潔典雅、超脫塵俗的婆娑仙女，無須胭脂裝扮，自爲天人。

首句以「太古霞」作爲櫻花的前身，比喻櫻花本質即是清靜無染，姿采

以重金購奸民刺官兵虛實並山川道路，結爲內應，以掩我不備；斯時倭之竄後山者，以有土匪導，知後山有小路數枝可達八卦山。八卦山俯臨臺中府城，若爲倭踞，則彰化不守；永福電令（吳）彭年速扼八卦山以待。……初八日午刻，彭年自出搏戰；酉刻始收隊，喪千餘人，士氣大頹。是夜，營務處吳孔搏率旱雷營至，議戰事；彭年使孔搏往八卦之陽，距彰化二十里伏地雷以待，謂『倭退道必經此，俟其至，發地雷轟之，可大捷也』。孔搏辭去，彭年與景嵩議移時，令吳湯興爲前隊、陳尚志爲後隊、李仕高爲左隊、林鴻貴爲右隊，嚴守八卦山。丑刻，倭大隊攻我，以快槍、快礮環疊而進。彭年持及辰刻，湯興中礮死；鴻貴率七星隊百餘人衝入，將奪湯興屍，而礮雨下，鴻貴亦殉；軍隊大潰。彭年立山頂不去，揮七星隊三百餘人奮爭；倭猛發大礮，七星隊傷亡幾盡。左右掖彭年行，不可；死之。八卦山遂陷。」見思痛子：《臺海思慟錄》（南投：臺灣省文獻委員會，1997 年 12 月），頁 60。《臺灣通史・過渡（獨立）紀》亦云：「彰城小如斗，八卦山在其東，俯瞰城中，山破即城亦破，故建壘其上。晚，旱雷兵二百自南至，欲布雷於溪畔，而旱雷自海運鹿港，緩且不及。翌日，彭年誓師，以王得標率七星旗兵三百守中寮，劉得勝率先鋒營守中莊，孔憲盈守茄苳腳，李士炳、沈福山各率所部守八卦山。初九日黎明，日軍以一中隊涉溪，迫黑旗營；又以一中隊擊其背。彭年開壁出，而別隊已直搗八卦山。吳湯興、徐驤拒戰，力竭彈罄，湯興死焉。彭年回軍救，率眾奪山，中彈死，李士炳、沈福山、湯人貴皆歿，死者幾五百人。景嵩、樹勛各微服逃，日軍入城。」見連橫：《臺灣通史》（南投：臺灣省文獻委員會，1992 年 3 月），頁 114～115。日軍在臺灣的殺戮之眾，爲臺灣史上僅見。

〔註141〕見《戎庵詩存》次八，頁363。

優美，古雅可貴，質而實綺，非凡俗可比，「飄落」二字，增添了飄逸的美感。第二句寫櫻花的生長不是憑空而來，根樹具足，才能有動人風采的展現。頷聯以對比手法進一步突顯櫻花的美，不用胭脂點染，只須春天的雨露遍灑，自然呈顯出典雅高貴的氣質，人間如楊貴妃、虢國夫人的美女，又如何能比？

　　這四句寫得如此之美，真難讓人想到諷刺的氣氛，但據羅尚所言，仍隱含諷意，暗諷權貴的顯耀，大多是得到當權者的青睞，不是真才實學努力得來。可見其詩歌的含蓄多義，諷刺入骨。

　　後二聯寫觀賞之盛、豐年承平之狀。頸聯在平常語藻中，自見雄邁豪情，是以氣力承接上文。末聯則以「玩物華」總結國泰民安的喜悅，氣度稍弱。

　　陽明山花季總吸引許多遊客，但並非全是免費遊賞的，羅尚詩中也記錄了陽明山早年曾經收過觀花費，〈甲寅歲首〉云：「今春不斂觀花費，拾翠名山早約期。」〔註142〕用「斂」字，等於直批政府收取觀花費是斂財行徑。陽明山曾在民國五十八年到六十一年間收過觀花費，後來停收，但北部賞櫻景點陽明山公園（後山公園），旅遊旺季還是一樣收費。

　　民國六十二（1973）年間，林荊南開始嘗試巷中體，七十二年左右開始推廣，羅尚除了作〈巷中體〉壯其聲勢外，也寫了不少巷中體的詩，如〈公車謠〉，寫當時搭公車上班的勞苦：

　　　人似沙丁魚，上車即裝罐。推拉立不穩，排擠肉至爛。

　　　燻烘約一時，走出骨欲散。喘定奔公衙，上班已云晏。

　　　畫卯注遲到，考勤減分算。晚娘老面孔，年年日日看。〔註143〕

所謂巷中體，是秉承《詩經》、〈古詩十九首〉、〈蘇李詩〉的精神體制，要求出自肺腑，音情自然而鏗鏘，以改良擊缽吟、近體詩的聲律限制，革除應酬詩靡弱、不見性情的弊病。以五言一句，四句一段，三段或四段為一篇，不拘平仄對偶，可以通韻轉韻，但每句應避免五平、五仄。這樣的改革，使得巷中體可以隨時吸納新思想、新事物、新語言，以保持舊詩的通變、創新、時代精神，並提升境界。但這樣的改革，定使詩歌趨向質樸，甚至傖俗淺白，若無豐富的學養以為調和，就會失卻古典詩歌的典雅氣息，藝術性必然大減。

　　〈公車謠〉抓住都會上班族生活的節奏，寫出擠公車、上班遲到、遭主

〔註142〕見《戎庵詩存》次六，頁245。
〔註143〕見《戎庵詩存》次六，頁290。

管冷眼的過程，彷彿誇張的連環圖畫，形象鮮活，對曾經擠過公車的人來說，多有同感。早年公車沒有冷氣設備，尤其在夏天，搭公車根本就是受罪，「裝罐」二字讓自由自在的感受頓失，突現壓迫感，汗流浹背、推擠搖晃的痛苦油然上升。末二句生動地挖苦主管的情態，也寫出上班族的無奈、內心的咒罵，真令旁觀者絕倒。語意平白樸實，卻不落俗套，幽默戲謔，而不令人生厭，是巷中體佳作。

至於此時政治漸趨開放，選舉漸成常態，選舉的激烈競爭、挖掘選票的手法，也都出現在羅尚的詩裡，如〈秋興〉，自注「五項地方選舉前作」，其云：

　　重陰萬里繫孤舟，且採黃花遞酒籌。
　　醉後夢歸巴子國，醒來身在仲宣樓。
　　聲沉鼉鼓南溟闊，氣壯蛙笙午夜遒。
　　國用青年吾已老，引杯羞看舊吳鉤。〔註144〕

前四句抒發鄉愁，以「孤舟」喻自己，「重陰萬里」象徵沈重濃厚的鄉愁。巴子國，即是四川。仲宣樓，是引王粲的典故，王粲避難荊州時作〈登樓賦〉，抒發對故鄉的思念、懷才不遇的苦悶，並表達對時局的憂慮。頷聯繫前後詩意，用典亦精切。

後四句抒發君子不遇之感，且憂慮時局，以「蛙笙」諷候選人無真才實學。候選人拜票多以鼉鼓助陣，鼉鼓聲之隆壯仍沈於南溟大海，以見故土之遠、國家未來茫然；時近午夜，拜票聲仍浩壯，可惜無優秀可行的政見，又自吹自擂，只如蛙笙氣壯，無益國事民生。一旦這些人高坐議事殿堂，又豈能為國家人民謀得多少福利？後二句與頸聯對比，自傷身世，並呼應前四句。

羅尚屢視選舉為鬧劇，甚至於詩題中直言，如〈文擢索新作用其在港與薇庵酬唱韻寄呈時地震久雨選舉鬧劇之後〉，詩中亦云「斜陽小霽雲開處，獨樹爭投雀噪時」，「倘使安期容接踵，翻憐漢武不同時」，〔註145〕不僅對選舉極盡諷刺，也藉漢武帝尋求安期生的故事自嘆不遇、生不逢時。〔註146〕

羅尚自嘆不遇、身世飄零的詩句多含蓄委婉，無干人氣象，甚至甘之如飴，對剎那的生活美感，由欣賞而沈浸其中，如〈買樓〉云：「書雖違眾仍

〔註144〕見《戎庵詩存》次六，頁293。
〔註145〕見《戎庵詩存》次十三，頁486。
〔註146〕漢武帝曾遣方士入海求蓬萊安期生之屬。見司馬遷著，楊家駱主編：《新校本史記三家注》，頁455。

勤讀，月到當頭要細看。」〔註147〕詩情畫意，蘊蓄溫雅，又如〈碧山〉云：「玉霜寒月鍊秋魂，猶怨癡頑損道根。是我往來諸相外，不曾投止嘆無門。」〔註148〕骨氣端翔，神靈清遠，不屑逢迎，而氣節自高，遠過於黃仲則寒愴淒楚的干衣氣息，黃詩如〈都門秋思〉：「全家都在風聲裡，九月衣裳未剪裁。」〈癸巳除夕偶成〉：「汝輩何知吾自悔，枉拋心力作詩人。」〔註149〕多困窘，語雖真而格卑。

〈秋興〉作於民國六十六（1977）年，競選活動還算溫和，大抵以「做票」取勝，只要國民黨提名，就篤定當選。到了六十九（1980）年，因為經歷了中壢事件、美麗島事件，情況丕變，投、開票時各投票所都有在野人士監票，所以不能再做票，〔註150〕〈選戰社課〉言此時「提名輔選新產物」，競選活動變成「攻訐謾罵放聲哭」，以博取同情，醜化對手，甚至「賄賂遊離票」，出動錢神，而最重要的為政人格、政見宣傳都不見了，人民也不介意，可見選風益趨敗壞。這些候選人一旦當選，即出現一百八十度的轉變，「給證就職坐堂皇，遠不可及，高不可攀，特權已在握」，沒有政見，不知服務選民，自然更不會以人民、社會利益為優先，只知緊握特權，與選賢與能的政理完全背道而馳。其中也批評了選民的無知，選後自己權益受損，才「悲忿問天拜大佛」，得到的答案自然是「蒼天無言佛說不可說」，該是自作孽，不可活。〔註151〕

羅尚也寫到另一些社會亂象，如作於民國七十三（1984）年的〈觀世〉云：「猿在檻中鳥在籠，匪兒匪虎在草木。大雄寶殿三千僧，香積廚中一鍋粥。大螺大鼓大法炬，天龍八部可悅服？有人方丈列鼎食，有人秋風破茅屋」，「瑤階競舞沖霄鶴。庖人不得治其庖，代庖出手眾尸祝」，〔註152〕對政府以法律拘困良民，而對兇暴如野獸的盜匪無能為力，頗加譏評。對佛教教

〔註147〕見《戎庵詩存》次六，頁289。
〔註148〕見《戎庵詩存》次二，頁49。
〔註149〕見黃仲則著，方穎民編校：《兩當軒詩詞全集》，頁214～215，頁279～280。
〔註150〕詹碧霞：《買票懺悔錄》（台北：商業周刊，1999年9月），第三章〈買票與黑金〉對做票、買票手法，有極詳盡精彩的描述，在中壢事件前，大抵以做票取勝，雖然也有買票，但不如做票興盛：中壢事件後，國民黨做票終結，買票大行其道，但黨內選舉，一樣做票。並引李敖的話，說國民黨的腐化需要五十年，民進黨只要十年，是個不爭的事實。見該書，頁118～151。臺灣兩大黨都無理想，令人欷噓。
〔註151〕〈選戰社課〉，見《戎庵詩存》次七，頁358。
〔註152〕見《戎庵詩存》次十一，頁446。

派各據山頭、宣說各自教義而與經典不符合的亂象，也頗不以為然，故以質疑的語氣諷刺法師說法，天龍八部可能心悅誠服嗎？此處但舉佛教為例，其實羅尚對各宗教支派林立的情形，莫不是如此看待。至於貧富差異過大，可見政府施政、社會救助的不足。而最大的問題，大概就是「瑤階競舞沖霄鶴，庖人不得治其庖，代庖出手眾尸祝」，當政治上的處置不尊重專業，使阿諛奉承的人平步青雲時，就會上行下效，一發不可收拾，令國家陷入危難之中。

難怪羅尚在經濟飛揚的年代，雖有讚美，卻仍對社會發展有許多憂慮，要在〈觀世〉中感嘆說：「斯世何世頗難說，觀之該笑是該哭？」

三、東南亞的風暴

一九七、八〇年代，與臺灣關係最深的國際事件，除了退出聯合國、中日、中美斷交以外，大概就是越戰、菲律賓總統馬可仕下台流亡的事了，越戰失利與中國大陸失守的原因有部分相似，而馬可仕貪污、腐敗的結果，使菲律賓由富有走向貧窮，終於也使他自己下台流亡，羅尚曾任駐菲律賓大使秘書，對菲律賓有故舊之情，故感慨特深。

一九六一年，美國甘迺迪總統首次提出「特種戰爭」適用於越南，從此美國介入越戰，一九六四年開始大舉進軍，直到一九七三年美國與南越總統阮文紹、北越簽訂「巴黎和約」，美軍陸續退出越南為止，其間美軍投入最高達五十餘萬人。羅尚對越戰的發展一向悲觀，除〈乙巳秋感〉提到的「他時海淺無歸路，高鼻烏睛要斷腸」，〔註153〕和約簽訂後，又作〈越戰和議初簽〉，對越南、美國的未來都表示憂心：

> 殺人非上策，防患在未然。莫使瘡痍地，重復驚烽煙。
>
> 狼子有野心，風波無涴川。忍令南北民，蔽體皆鶉懸。
>
> 殷鑒亦不遠，神州淪腥羯。養爾白雉妍，蓄汝翡翠鮮。
>
> 寄言西方人，慢喜脫身好。吞象有巴蛇，沸羹多跳蚤。
>
> 要與虎作倀，不免羅中鳥。老成向凋謝，萬姓索溫飽。
>
> 黑白亂楸枰，鷹鴿聒昏曉。約束東南亞，聯鑣勿分道。〔註154〕

第一首諄諄勸誡越南。前四句委婉批評南越、美軍，言應重視防患未然，而非殺人。當時美軍對北越實施地毯式轟炸，殺人如麻，不僅無法解決南越的

<hr>

〔註153〕見《戎庵詩存》次四，頁155。

〔註154〕見《戎庵詩存》次六，頁231。

困境，還激起相當大的民怨，連美國內部反戰聲浪都高漲，之所以如此，最主要的原因是南越政府、軍隊貪污腐敗，孱弱無能，不得民心，也無力遏阻北越的進擊，美軍再多的支援，都如同陷入泥沼，完全枉然，終於宣告退出戰局。故勸誡南越，要革除積習，要能國防自主，即使和約簽訂，也不能疏忽北越，才能防患未然，不使瘡痍的國土，再罹烽煙戰禍。「狼子」四句，直斥越共簽訂和約，不是真求和平，而是要玩兩手策略，趁人不備，重起兵燹，以併吞南越，早就不恤人民生活了。「狼子」句，直用伍子胥之語。〔註155〕鶉懸，即懸鶉，以鵪鶉毛斑尾禿比喻衣衫襤褸，言人民無由蘇息而生活不佳。末四句再以大陸失守勸誡，應小心謹慎，善保故土，總縮前意。當年國共內戰，中共也是玩兩手策略，以和備戰，以戰逼和，使美國斡旋失敗、國民黨防備不及，加上國民黨的貪污腐敗、不得民心，最後終於失去大陸，所以羅尚特意叮嚀南越不要重蹈覆轍。白雉，引周公故事，周公攝政六年，制禮作樂，天下和平，越南獻白雉，〔註156〕故後世多以白雉代稱越南，及其物產。雖然勸誡殷殷，但也早知「雉白不堪吟」，〔註157〕越南是無可救治之地，諄諄之言，既哀越南，亦復自哀。

　　而後南越果在一九七五年四月亡國，阮文紹挾其貪污所得，先流亡臺灣，後居美國。越共實行社會主義經濟，導致糧食欠收，國民生產毛額為世界倒數第二，終於承認政策的錯誤，一九八六年開始走向經濟開放。

　　第二首意在告誡美國，簽訂和約，有如為虎作倀，應盡力約束東南亞亂局，才能穩定國際局勢及其霸主地位。前六句為一段，指越共簽約，表面上是共謀和平，實際上是預謀巴蛇吞象，〔註158〕跳蚤沸羹，打擊美國威望，使美國盟主地位不保，〈次韻和佛重〉云：「齊桓不欲為盟主，遂使諸侯意漸灰。」〔註159〕就以齊桓公的盟主形象具體說明了美國若失卻盟主地位，東南亞各國

〔註155〕伍子胥云：「臣聞狼子有野心，仇讎之人不可親。」見東漢・趙曄：《吳越春秋》卷九，〈句踐陰謀外傳〉，頁300。

〔註156〕《後漢書・南蠻傳》稱：交阯之南有越裳國。周公居攝六年，制禮作樂，天下和平，越裳以三象重譯而獻白雉，曰：「道路悠遠，山川岨深，音使不通，故重譯而朝。」越裳，越南古名。見范曄撰，楊家駱主編：《新校本後漢書》，頁2385。

〔註157〕見《戎庵詩存》次六，〈癸丑新正感日本越南事〉，頁232。

〔註158〕巴蛇吞象，典出《山海經・海內南經》：「巴蛇食象，三歲而出其骨。」見袁珂注：《山海經校注》，頁281。

〔註159〕見《戎庵詩存》次四，頁168。此詩原寫美國自一九六〇年巴黎高層會議見

也不能高枕無憂。跳蚤沸羹，意思是被羹內的跳蚤眾多，能使被羹點點突起、落下如水沸狀，喻弱小能擊大，比喻極鮮活。後六句爲一段，除諷刺尼克森的政策外，也勸誡美國主戰的鷹派、主和的鴿派應該團結，以維繫美國的盟主地位，穩定東南亞的情勢。老成，羅尚自注云是「杜魯門、艾森豪輩」，當時他們強力介入韓戰、台海爭議，使東南亞得以維持穩定，防範共黨的擴張，間接保護了美國本土。而尼克森的亞洲政策，卻讓亞洲四處烽煙。美國退出越戰前，已秘密將戰火擴至柬埔寨，美國退出越戰後，越共果然統一越南，並在一九七九年揮軍入柬埔寨，扶持橫山林政權。

　　二詩勸誡之誠，識見之明，都可見羅尚關懷的深度，當然也可見自哀的痛切。他甚至認爲亞洲這些戰禍、共黨的擴張，其政策制訂人季辛吉，應負最大的責任，如〈中南半島事〉云：「興亡只是爲求和，既戰誰諳自倒戈。魚爛亞洲追責任，有人與虎作倀多。」〔註160〕季辛吉當時爲美國國務卿，造成亞洲戰禍連年的政策多出其手，自然得負起責任。

　　一九八六年二月，鄰近臺灣的菲律賓總統馬可仕下台流亡，羅尚對這個他曾任大使秘書的國家，也相當感慨，作〈哀菲律賓〉云：

　　　　今夜岷江月，瀛臺拭目看。事情如放桀，黎庶慶彈冠。

　　　　小曲回歌扇，當年縱羽翰。椰林長百里，飛夢北山寒。〔註161〕

岷江，指菲律賓岷里拉的巴石河，華僑高劍聲所作的〈岷江夜曲〉云：「椰林模糊月朦朧，漁火零落映江中，船家女清唱著船歌，隨著晚風處處送。」景致極美。此詩首聯以岷江月代指菲律賓的形勢，千里月同，人在台北，見月而思岷江、菲律賓的情景，「拭目看」已見哀意，下啓頷聯。頷聯以湯放桀的故事比喻馬可仕下台流亡。菲律賓在一九五〇、六〇年代，是亞洲經濟最好的國家，但在馬可仕主政二十餘年間，貪婪、腐敗，使國家變得貧窮、動亂，難以收拾。所以馬氏流亡，不僅像人民洗淨了的頭髮，正歡欣地彈著帽冠，〔註162〕也像國家滌清了的塵垢，迎向一片光明。頸聯承岷江而來，憶及當年在菲律賓親歷的繁華盛景，一與頷聯對比，即有恍如隔世的遺憾，

辱後，跡近因循，遂使韓、日、古巴、剛果，迭有事故發生。此處情形類似，故引爲用。

〔註160〕見《戎庵詩存》次六，頁254～255。

〔註161〕見《戎庵詩存》次十三，頁467。

〔註162〕屈原〈漁父〉：「新沐者必彈冠，新浴者必振衣。」見洪興祖：《楚辭補注》，頁180。

足見馬可仕的罪業。〈哀菲律賓〉又云:「落日觀奇景,摸金賽競奔。遂成今日禍,只是苦元元。」不但批評馬氏貪污造成今日之禍,也悲憫人民承擔了這一切苦難。馬可仕在下台後,還從國庫席捲數百萬美元流亡美國,對貧窮的菲律賓更是一大傷害。末聯總結詩意,同樣的百里椰林,不復當年的繁華,夢中重遊,亦感一片寒涼。

全詩以「寒」為詩眼,首聯由見月之寒而起,頷聯見百姓對馬可仕之心寒,頸聯由當年的繁華見今日菲律賓景況之寒,亦是滄桑之寒,末聯見憶念岷江之夢寒,不勝欷噓。

羅尚此期的詩雖多少受巷中體的影響,但憑其豐富的學養,仍有極佳的藝術表現。此時和詩也漸多,但並沒有流於應酬寒暄,仍是撫時感事,流露性情,而見才識。再者,因社會經濟好轉,走向開放,旅遊漸多,促使他的詩歌題材趨向多元,甚至對執政者出現難得的稱美,在時局艱困的時候,也語多激勵。但唯一不變的是,仍藉古諷今,以傳民情。

第四節　桂樹能禁幾回伐（1987 年至 2000 年）

蔣經國執政末期,臺灣政治逐漸走向開放,社會運動興起,黨禁解除,開始發展政黨政治,也開放民眾赴大陸探親。蔣氏過世,李登輝接任總統,二千年總統大選,國民黨敗選,政黨輪替開始,整體的變動極快、極大;對岸的中共一面壓制民主,爆發天安門事件,一方面不斷對臺灣文攻武嚇;國際上中東戰亂不斷,爆發波斯灣戰爭;這些事件都標誌了新的時代走向。

羅尚關心時事,總在詩歌中記錄時勢變化,不因年華老大而有所改變,是其特點。本節就以這段時間—— 一九八七年到二千年為研究範圍,述羅尚的觀察、感懷。

一、重見動盪政局的哀嘆

社會運動、政黨政治的興起對政局、國家的發展影響極大,使國家終於逐漸脫離獨裁統治,走向民主。但是社會運動、政黨政治初興,走向群眾運動,加上幾十年來的政治壓制,社會民心渴望抒解,遂使群眾運動不易控制,往往稍嫌偏激,衍成暴力衝突,徒增社會負擔,尤其此時蔣經國已經病重,更讓羅尚憂心,於是抒發於詩歌中,如〈都門行〉云:

> 不吹號角不擂鼓，拒馬人牆作圍堵。
>
> 四郊無疊上炊煙，十二都門走豺虎。
>
> 九重輪椅臨萬民，梅花亂放蓬萊春。
>
> 不須更夢西湖水，疏影橫斜愁煞人。
>
> 夜來天上孤寒月，桂樹能禁幾回伐。
>
> 倚樓無寐對幽光，欲寄相思邈秦越。〔註163〕

此詩前四句為首段，寫群眾示威、抗議活動的失控場面，詩句平白而語氣峻急。「不吹」二句已呈現劍拔弩張的氣氛，號角、鼓，是軍隊征戰時慣用的樂器，雖然民眾大量聚集，但不吹、不擂，就不是戰爭情景，可是這時卻又需要警方以拒馬、人牆圍堵，氣氛顯得極不尋常。「四郊」二句，是以和諧平靜的場景突顯群眾失控的混亂，含怨怒之意。

中四句語意一轉，寫蔣經國總統病重，宛如疏影橫斜，發人愁緒。蔣氏晚年病重，參加活動，接見國民、外賓，都不得不乘坐輪椅。「梅花」句，指梅花亂放，將臺灣點染得一片春色，也暗指蔣氏在位，造就了臺灣的經濟奇蹟。前二句語氣雄放，但隱含深憂。「不須」二句，化用林和靖〈山園小梅〉「疏影橫斜水清淺」的句意，言此時不須再作沈痛的思鄉之夢，蔣氏的病態，已如梅花疏影橫斜，叫人愁煞，也暗示蔣氏病重如此，國民黨欲與中共和解、挽回大陸的夢想都難以達成，無須再作。語氣轉為沈痛。

末四句縮合前兩段意義，對臺灣情勢甚感憂心，耿耿憂懷，無處可寄，只能無寐對月。孤寒之月亦比喻臺灣，美好的桂樹比喻得來不易的成果，比喻極切合，除勉勵人民應加珍惜，莫因蔣氏病重、群眾運動而斲傷，也呈現了對國家未來的深沈憂慮。

隨著戒嚴解除、蔣氏過世，國家社會並沒有真正走向民主，反而益趨混亂，除了群眾運動聲勢越來越浩大，與維持秩序的警察動輒發生流血衝突外，最嚴重的應是立法院、國民大會的暴力事件。當時國會未全面改選，國民黨委員佔絕大多數，以表決決定議事，被稱為多數暴力，故國會發生肢體暴力衝突時，時有輿論聲援施加暴力的一方，認為暴力手段是要求改革、全面改選的必要之惡。而羅尚雖然支持民主，厭惡立委、國代藉法統而竊位，卻不能接受這樣的觀點，因此作〈立法院〉云：

> 尊拳毒手逞鋒鋩，立法堂為演武堂。

〔註163〕見《戎庵詩存》次十四，頁498。

　　暴戾祥和消長事，問人無語問蒼蒼。〔註164〕

尊拳是用劉伶的典故，用得相當精切。〈竹林七賢論〉載劉伶處世無所用心，曾與俗士衝突，對方將揮拳，即言：「雞肋豈足以當尊拳！」〔註165〕此詩用此典故，一面戲謔老立委、老國代對民主、國家發展沒有貢獻，一面也批評動粗者為俗士，使立法院成了演武堂。而且問題也在此，有了暴力衝突，卻沒有任何制裁，等於變相助長暴力，祥和之氣自然要消磨，又透過新聞畫面不斷重複，對社會風氣的影響無可言喻。此詩雖無多文學氣息，但對事件的嚴重表達了無比的沈重、痛心，以及極度的憤慨、無奈、茫然。此後，衝突越來越多，也益發激烈，世界各國大幅報導臺灣的國會亂象，國家形象損失極大。故不由得深歎：「門外桑愈紅，鯤民態驕甚。」〔註166〕一旦暴戾風氣形成，理性平和就要退位，一切辛勤的成果都將化為逝水，有如桑田復為滄海，豈不令人茫然、心痛？

　　果然，國民大會全面改選之後，一樣又發生令國家難堪的衝突。一九九二年四月國大臨時會中，朝野國大打群架十餘分鐘，摔麥克風，翻發言台，導致三人負傷送醫。事後民進黨指國民黨故意拖延憲改，國民黨指民進黨預謀暴力。於是羅尚作〈春城〉諷刺：

　　故事東華錄夢痕，不歸芳草怨王孫。

　　一車載鬼寧知畏，三矢誅梁譁勿言。

　　利鈍未能明葛亮，清剛終是誤劉琨。

　　仙山百萬珠燈夜，大醮乩壇十萬旛。

　　臥鼓停烽百口喧，蕭牆禍作更紛煩。

　　兵書再不傳黃石，劍術知難得白猿。

　　無死復來阿母望，看朱成碧則天怨。

　　先鳴鵙鳩春山暮，小篳方爭謝傅墩。〔註167〕

〔註164〕見《戎庵詩存》次十五，頁503，此詩做於一九八八年。

〔註165〕劉孝標注《世說新語・文學》：「劉伶著〈酒德頌〉，意氣所寄。」引〈竹林七賢論〉曰：「伶處天地閒，悠悠蕩蕩，無所用心。嘗與俗士相忤，其人攘袂而起，欲必築之。伶和其色曰：『雞肋豈足以當尊拳！』其人不覺廢然而反。」見余嘉錫《世說新語箋疏》（台北：華正，1993年10月），頁250。

〔註166〕見《戎庵詩存》次十七，〈邃加室主撫時感事作五言見懷步韻奉酬〉，頁514。

〔註167〕見《戎庵詩存》次十九，頁596～597，詩有小序：「此際北山廟議，載鬼一車，礦吻磨脣，吹沙扇毒，摔麥克風，翻發言檯，打群架十五分鐘，三人負傷送醫，好戲。蓬萊仙境耶，槐安夢境耶。諸老相約，以春城為題，各拈一

第一首首聯化用《楚辭‧招隱士》：「王孫游兮不歸，春草生兮萋萋。」〔註168〕指國民黨想回大陸卻回不去，因此在臺灣政治上引發許多事件。「怨」字是詩眼。東華，指臺灣。

頷聯承首句而來，指國大開會充斥猜疑、謾罵、打群架，一片混亂，而如何興國、如何應付中共威脅的謀略，卻宛如不可言的忌諱，沒人敢提出。一車載鬼，出自《易經‧睽卦》，意指自家人以无爲有，互相猜疑，顛倒黑白，遂至狠戾乖離。〔註169〕三矢誅梁，是五代的故事，李存勖之父臨終前交與他三矢，要他復仇，終於憂勞而成功，建立後唐。〔註170〕羅尚認爲國人是生命共同體，本當勠力從公，如今卻幾乎對立成仇，不知將要如何應付外侮，頗令人憂心、痛心。

頸聯承頷聯的意旨，言智慧忠勤如孔明，清亮忠愍如劉琨，都無法看出利鈍成敗、收復中原，更何況今日的局勢與政治人物，若不能齊心爲國，恐怕連自保都成問題，隱含諷刺怨怒之意。「利鈍」句，用〈後出師表〉之意，孔明言：「欲以一州之地與賊持久，此臣之未解。」又說：「臣鞠躬盡力，死而後已，至於成敗利鈍，非臣之明所能逆覩也。」〔註171〕「清剛」句，化用元好問：「可惜并州劉越石，不教橫槊建安中。」指「劉琨以詩人而爲統帥」，〔註172〕允文允武，聯合鮮卑族段匹磾，忠愍爲國，劉熙載更云：「劉越石詩定亂扶衰之志，第以『清剛』目之，殆猶未覘厥蘊。」〔註173〕故僅以清剛來稱美他，實在不足。羅尚藉古喻今，指出臺灣情勢的危急，遠過於孔明、劉琨之時，所以更應尋求國內和諧、理性、尊重，以應對不斷變化的外在情勢。

末聯則總結前意，批評國大開會，若不是眞爲國家人民的未來著想，就是追求個人的權位、利益。

第二首對政黨鬥爭的批評更明白、語氣爲強烈。首聯即指出國大開會擾

韻作詩，以爲發志通情，下次雅集時拷貝傳觀，予拈元字。」可見詩意。
〔註168〕見洪興祖：《楚辭補注》，頁233。
〔註169〕見唐文治編纂：《十三經讀本‧周易》（台北：新文豐，1980年3月），頁132。
〔註170〕歐陽修〈新五代史伶官傳序〉云：「世言晉王之將終也，以三矢賜莊宗而告之曰：『梁，吾仇也；燕王，吾所立；契丹，與吾約爲兄弟，而皆背晉以歸梁。此三者，吾遺恨也。與爾三矢，爾其無忘乃父之志！』」見歐陽修撰，楊家駱主編：《新校本新五代史》（台北：鼎文，1994年6月），頁397。
〔註171〕見陳壽撰，裴松之注，楊家駱主編：《新校本三國志》，頁923～924，註三條。
〔註172〕見郭紹虞：《元好問論詩三十首小箋》（台北：木鐸，1988年9月），頁57～58。
〔註173〕見劉熙載：《藝概‧詩概》，頁54。

攘攘攘，全然不知時局的艱困、不正視中共的威脅，眞成臥鼓停烽，禍起蕭牆，臺灣的未來將更加紛擾。

頷聯批評國大代表無才幹、謀略，不能運籌帷幄，治國制敵。「兵書」句，是用黃石公傳張良太公兵法的典故，〔註174〕張良得兵書後，日日習覽，遂能運籌於帷幄之中，決勝於千里之外。「劍術」句的典故出於《吳越春秋‧句踐陰謀外傳》，白猿曾化成老翁傳越女劍術，越女之後教越軍士劍法，助句踐克敵復國。〔註175〕此處不僅批評國大代表不知時局艱困，攘攘不休，更批評其心態、舉措偏向暴戾，即使黃石公、白猿再世，也不可能傳授兵法武功、治國良方，將使國家的進步停滯，被競爭者追及。

頸聯則一面指國民黨無力再回大陸，一面暗諷國大代表不知生民的心願，不能安民，爲求政治的開放，竟互相猜疑、在國會殿堂打群架，令國人心亂目眩，不知所以。因此期待各政黨、國代能精誠團結，只要團結一致，國家的未來必然不可限量。「無死」句是化用李商隱〈瑤池〉詩意，西王母的「望」，不見周穆王重來，只聞〈黃竹〉歌聲動地，隱含生民哀悽之感。〔註176〕「看朱」句則用武則天〈如意娘〉詩句「看朱成碧思紛紛」之意，〔註177〕指國大爭吵紛亂，不見英才統御群雄、放眼世界，令人生怨。

末聯總結前意，稱國家將衰，必由爭權所成。「先鳴」句是採象徵法，春

〔註174〕《史記‧留侯世家》載黃石公拿出一書給予張良，曰：「讀此，則爲王者師矣！後十三年，孺子見我濟北：穀城山下黃石，即我矣。」遂去，無他言。不復見。旦日，（張良）視其書，乃太公兵法也。見司馬遷著，楊家駱主編：《新校本史記三家注》，頁2035。

〔註175〕「越有處女，出於南林，國人稱善。」「越王乃使使聘之，問以劍戟之術。處女將北見於王，道逢一翁，自稱曰袁公。問於處女：『吾聞子善劍，願一見之。』女曰：『妾不敢有所隱，惟公試之。』於是袁公即杖箖箊竹，竹枝上頡，橋末墮地，女即捷末。袁公則飛上樹，變爲白猿。」見東漢‧趙曄《吳越春秋》，頁305～306。白猿持竹，末稍枯槁斷落，越女隨即接住，是白猿傳劍術的象徵。

〔註176〕《穆天子傳》卷三載西王母在瑤池爲周穆王謠，曰：「白雲在天，山陵自出。道里悠遠，山川間之。將子無死，尚能復來？」卷五載周穆王在到黃竹的路上，「遇北風雨雪，有凍人」，遂作〈黃竹〉三章以哀其民。收入於《景印文淵閣四庫全書》第1042冊，頁254，頁260。李商隱結合其意作〈瑤池〉：「瑤池阿母綺窗開，黃竹歌聲動地哀。八駿日行三萬里，穆王何事不重來。」雖然主旨是諷刺求仙無益，縱遇仙人，仍不免於死。但聞〈黃竹〉歌聲動地，則見生民之哀。

〔註177〕見清聖祖御定：《全唐詩》，頁58～59。

山將暮，鵙鳩先鳴，呈現了一個將衰弱的景象。「小輩」句是化用王安石〈謝公墩二首（其一）〉詩意，荊公云：「我名公字偶相同，我屋公墩在眼中。公去我來墩屬我，不應墩姓尚隨公。」荊公與謝安爭墩，原是幽默戲謔之語，但當時有人據此稱他「性好與人爭，在廟堂則與諸公爭新法，歸山林則與謝公爭墩」，〔註178〕而使爭墩成為爭權之語。

　　羅尚認為政黨之間的競爭，應當合乎禮儀常規，因此國大的亂象已經不是表面說的爭民主，而是赤裸裸的爭權了，〈辛未正月所得詩〉就嚴詞批評：「大愧東鯤諸肉食，詩亡禮失為爭權。」〔註179〕這樣的暴戾行徑對國家、社會都是極差的示範，也是難以彌補的嚴重問題。他彷彿已見到國家衰弱的徵兆，屢屢表現於詩中，如〈撫亂詞〉云：「撞壞家居能幾度，六鼇霜骨帶愁顏。」〈冬令〉云：「沈酣蟻穴春秋夢，熱絡蜂房早晚衙。」「宗臣歐血傷心事，奪酒群兒正畫蛇。」都表達了同樣沈重的憂心。尤其〈端陽雅集台北中山堂與海邦諸耆老閑談〉云：「灑血朝堂拳破額，蒸沙藝苑口銜枚。群兒盡興安蛇足，弱羽衝風再幾回？」〔註180〕對知識份子噤聲不語，無力批評，也不敢批評，而任由國會暴力發展的現象，有無限的感傷、憂慮，彷彿連扭轉社會價值觀的力量也消失了，長此以往，國家的未來還能如雄鷹展翅、鵬程萬里嗎？

　　而這樣的爭奪不只在民意機關中可見，連政府中也是如此。蔣經國總統逝世後，李登輝繼任總統、國民黨代主席，不服者眾多，遂使政局風波不斷。民國七十九（1990）年二月、三月間，國民黨內因推舉總統、副總統人選而爆發政爭，羅尚作〈孤舸〉，表達對李總統的支持：

　　　　霧散春晴好，孤舸破浪來。所難開濟手，不小應天才。海色乍明晦，

　　　　人情多忌猜。玄元鍾愛汝，舉措必宏恢。〔註181〕

首聯以霧散春晴，孤舸破浪而來喻李登輝總統將黨內俞國華、李煥、林洋港等派系爭鬥處理完好，榮獲中國國民黨提名為總統候選人，可見他的政治手腕高明。這是全詩主旨所在，以下詩意皆由此衍生。

〔註178〕見王安石傳，李壁注：《王荊公詩李氏注》（台北：鼎文，1979 年 9 月），卷四十二，頁 3。

〔註179〕見《戎庵詩存》次十八，頁 557。

〔註180〕見《戎庵詩存》次十八，頁 572，次十九，頁 620，次二十，頁 639。

〔註181〕見《戎庵詩存》次十七，頁 516。

　　頷聯承破浪之意發展，稱美李氏爲難得的開濟手、不小的應天才，用語出自杜甫〈謁先主廟〉「應天才不小」。〔註182〕頸聯直承首聯而來，言海色明晦不定，人情忌猜不息，應謹愼引爲鑑戒，可見諄諄提醒的情味。末聯承開濟手、應天才而來，既慰勉，亦滿懷期待。玄元，指老子李耳，唐封老子爲玄元皇帝，因同爲李姓，故加以聯繫。

　　羅尙對李氏有很高的期待，也相信他的能力，如在〈新豐〉說他「順天收大物」，「新豐如故里，早晚得承懽」，〔註183〕能運用客觀形勢收取國家領導人大位，並說台北的政治人物未來定會迎合其意，如漢高祖建新豐，以娛樂父親，承歡膝下。〔註184〕將新豐喻爲台北，一面是稱讚李氏的能力，一面也是看透了政客的趨炎附勢，故加以嘲諷。

　　羅尙還盛讚李氏早期的政績，說他耐性大，終令國會全面改選，造就了一場不流血的革命，對臺灣民主有推動之功。但是到了李氏執政晚期，就對他有所批評了，如〈和夢機教授閏八月韻〉云：

> 應難揭海犁鯨鯢，只恐孤帆去向迷。
> 敗菊餘芳成自賞，枯荷聽雨有清啼。
> 依然衛懿軒乘鶴，不復劉琨劍舞雞。
> 空使詞流憂國步，夫君太騁錦障泥。〔註185〕

此詩作於民國八十四（1995）年，當時臺灣的經濟成長已減緩許多。全詩以「憂」爲經，「迷」爲緯，頷聯、頸聯深入描寫迷途之由，憂心沈鬱，間露慷慨之音。末聯總結，結構完整。

　　首聯以鯨鯢喻中共，孤帆喻臺灣，言臺灣既難以雄霸海上、對抗中共，又不知將如何自保，故令人憂慮國家走向迷途。頷聯承首聯意旨發揮，突顯格局窄小，不能奮飛開宕的憂苦，化用了李商隱的「更持紅燭賞殘花」（〈花下醉〉）、「留得枯荷聽雨聲」（〈宿駱氏亭寄懷崔雍崔袞〉），以「敗菊」、「枯荷」的殘敗形象比喻國家發展漸趨微弱，呈現出由宏大開闊的視野走向狹

〔註182〕見仇兆鰲：《杜詩詳注》，頁1355。
〔註183〕見《戎庵詩存》次十七，頁517。
〔註184〕〈高祖本紀〉正義引《括地志》云：「太上皇時悽愴不樂，高祖竊因左右問故，答以平生所好皆屠販少年，酤酒賣餅，鬥雞蹴踘，以此爲歡，今皆無此，故不樂。高祖乃作新豐，徙諸故人實之。太上皇乃悅。」見司馬遷著，楊家駱主編：《新校本史記三家注》，頁387。
〔註185〕見《戎庵詩存》次廿二，頁696。

小、孤寂的悲愁。頸聯由憂心轉爲對李氏的強烈批評，當時他極愛好高爾夫運動，有過度之嫌，故以衛懿公過度喜愛鶴爲喻，感嘆若不效法劉琨聞雞起舞，不好好加強國軍的訓練，對國家將無助益。〔註 186〕末聯批評總統過度遊樂、奢華，耗費國力，令人憂慮國家的未來。

除了國家走向迷惘外，羅尚也批評李登輝總統的領導讓經濟發展趨緩，如〈海上雜詩寄藥樓教授〉云：「愁水愁風愁地震，計然不作事尤難。」〔註 187〕一方面指出當時水、旱、地震頻傳，對庶民生活有深切影響，點出政府對水資源管理有極大缺失，令人發愁，一方面藉計然「知鬥則修備，知時則知物」的治國之道，〔註 188〕指出不提升經濟、不設法解決庶民切身之痛；不修整武備、低估中共的威脅，將嚴重影響臺灣的發展。

再如〈丙子夏首即事〉云：

> 五千年史破天荒，眾目咸池浴日光。
>
> 可以世家黃信介，龍門有例夥頤王。〔註 189〕

民國八十五（1996）年五月，黃信介以當時在野的反對黨民進黨大老身份任總統府有給職資政，羅尚以爲這是首開歷史先例的事，可依《史記》世家的體例，大書特書，如太史公特意表彰陳涉爲世家。但最後一句其實也是一大諷刺，《史記·陳涉世家》載陳涉起義爲王，暴秦隨之紊亂，舊時一同庸耕的故人來見他，故人見宮殿深邃，說：「夥頤！涉之爲王沈沈者！」從此傳聞天下，推舉陳涉爲王，對抗暴秦。〔註 190〕而黃信介從事黨外反對運動，

〔註186〕《史記·衛康叔世家》載懿公好鶴，淫樂奢侈，敵伐衛，衛懿公欲發兵，兵或畔。大臣言曰：「君好鶴，鶴可令擊翟。」翟於是遂入，殺懿公。正義引《左傳》載衛懿公好鶴，（鶴）有乘軒者。狄伐衛，公欲戰，國人受甲者皆曰：「使鶴，鶴實有祿位，余焉能戰！」見司馬遷著，楊家駱主編：《新校本史記三家注》，頁 1594。《晉書·祖逖傳》載（祖逖）與司空劉琨俱爲司州主簿，情好綢繆，共被同寢。中夜聞荒雞鳴，蹴琨覺曰：「此非惡聲也。」因起舞。見房玄齡等撰，楊家駱主編：《新校本晉書》，頁 1694。

〔註187〕見《戎庵詩存》次廿五，頁 721～722。

〔註188〕計然爲范蠡之師，爲越王句踐獻貨殖強兵之策，云：「知鬥則修備，知時則知物，二者形則萬貨之情可得而觀已。故歲在金，穰；水，毀；木，饑；火，旱。旱則資舟，水則資車，物之理也。六歲穰，六歲旱，十二歲一大饑。……農末俱利，平糶齊物，關市不乏，治國之道也。積著之理，務完物，無息幣。……」後范蠡雪會稽之恥云：「計然之策七，越用其五而得意。」見司馬遷著，楊家駱主編：《新校本史記三家注·貨殖列傳》，頁 3256～3257。

〔註189〕見《戎庵詩存》次廿三，頁 711。

〔註190〕見司馬遷著，楊家駱主編：《新校本史記三家注》，頁 1960。

催生民進黨，成爲精神領袖，開創之功有如陳涉，雖然他反對將台獨納入黨綱，也反對街頭抗爭的群衆運動，主張走議會路線，先求民主化，再談國家認同、自決，但民進黨由他催生創立之後，卻與他的期待走向不同，不僅立台獨黨綱，也走群衆路線，造成社會一定的紊亂現象、更對民風、價值觀產生深遠影響。故末句多少是有貶義的，但言外之意也在諷刺李登輝總統無力安定社會，甚至縱容街頭抗爭的紊亂現象擴大，造成國家社會極大的負擔。

李氏執政晚期，面對這些現象，不知道是沒有警覺，還是故意縱容，讓人民加深了國民黨無能、無法引領國家的印象，到了民國八十九（2000）年總統大選，國民黨敗選。羅尙遂作〈東鯤感事〉諷刺：

> 一覺邯鄲夢，繁華五十年。東風移海市，妙手鼓神絃。
>
> 霸業黃池會，言詞子貢賢。家居重撞壞，何語告孫仙。〔註191〕

全詩感慨、斥責、期待、提醒，兼而有之，意味深長。首聯感慨深沈，點出國民黨在臺灣執政有如邯鄲一夢，經歷五十年繁華，終告夢醒。〔註192〕頷聯承首句而來，指國民黨政府以往威福過甚，所以在臺灣的所有建設、苦勞，如同海市蜃樓，沒有深入民心，反對聲浪的東風一起，這些苦勞、建設就全然不存在，所以總統大選由民進黨勝出，陳水扁執政。語意間憂喜參半，這是因爲羅尙一方面深惡國民黨，見其敗選，不由得喜悅，但一方面他也見到人心的善忘、怨毒的可怕，而深富感慨。他早就認爲國民黨執政不再長久，作於八十二（1994）年的〈無題〉已感慨道：「四十年來雨露深，不曾收得一人心。寒波數畝雷塘水，螢火穿梭柳樹林。」〔註193〕雷塘寒波，〔註194〕柳林螢火，敗象已深。

頸聯承第二句而來，期待在政黨輪替後，能出現子貢之才的人物來保護臺灣，避免臺灣遭到中共的武統。子貢銜孔子之命出使各國，憑他的智慧言詞，不僅助吳成就霸業，也保存了魯國，《史記》載：「子貢一出，存魯，亂齊，破吳，彊晉而霸越。子貢一使，使勢相破，十年之中，五國各有變。」〔註195〕可見子貢的才能絕世，亦見羅尙的殷切期待。

〔註191〕見《戎庵詩存》次廿七，頁733。

〔註192〕邯鄲夢，即是黃粱夢，沈既濟〈枕中記〉言盧生在邯鄲道中旅店，遇道士呂翁，翁授之以枕，生遂入睡，歷數十年繁華，夢醒，主人卻還蒸黍未熟。見汪辟疆校錄：《唐人小說》，頁37～39。

〔註193〕見《戎庵詩存》次廿一，頁674～675。

〔註194〕隋煬帝葬於雷塘，羅隱〈煬帝陵〉云：「君王忍把平陳業，只博雷塘數畝田。」

〔註195〕見司馬遷著，楊家駱主編：《新校本史記三家注·仲尼弟子列傳》，頁2197～2201。

末聯語意雙收，一面斥責國民黨既失大陸，又失臺灣政權，有愧該黨總理孫中山，一面提醒民進黨執政應善保國家，及得來不易的成果，以免愧對國父。家居撞壞的典故出自《晉書‧陸納傳》，陸納見當時會稽王道子專政，委任群小，故望闕而歎曰：「好家居，纖兒欲撞壞之邪！」〔註196〕羅尚認為國家安全的重要性遠過於由何人執政，因此不論由何人執政都應當善保國家，只有國家安全了，人民才會有幸福可言。

除了政權上的鬥爭，羅尚還寫出了政府在處理釣魚台主權爭議上的無能，如〈高雄客舍感釣魚台事〉云：

　　遠客飄然至，南州若有尋。浪高知海怒，山瘦見秋深。

　　作嫁勞文字，哀時對古今。扶餘方換劫，蛇足是天心。〔註197〕

頷聯最見興諷感慨，由浪高海怒、山瘦秋深，知海上新變，國土削減。末聯直指民間保釣根本就是畫蛇添足，因為政府窮於政爭、窮於應付中共，甚至欲籠絡日本，以對抗中共，既無心干預，也無力干預，對日本的抗議更只是表面功夫。「蛇足是天心」，諷刺極深。〔註198〕

釣魚台雖是蕞爾小島，但意義重大，除了歷史領土的爭議，又因東海漁場廣大、天然資源蘊藏豐富，加上經濟海域的限制，遂成為各方爭奪的焦點，臺灣、中共都認為擁有釣魚台主權，而美國卻在民國六十一（1972）年將釣魚台移交日本，導致爭議不斷；七十八（1989）年九月，臺灣漁船在釣魚台海面作業，遭到日本海上保安廳艦艇驅逐，民間曾引發新保釣運動，可是政府並未支持；七十九（1990）年九月，外傳日本海上保安聽承認釣魚台燈塔為正式航標，雖然日本政府否認，但已讓爭議擴大。十月十八日，日本交流協會稱臺灣人前往釣魚台需申請簽證，於是，十月二十一日，載有臺灣區運會聖火的漁船試圖前往釣魚台宣示主權，但遭日艦驅逐。其間，政府對釣魚台爭議，幾無作為。〈臺灣光復節瀛社雅集限七律限尤韻〉就感慨道：「同抱壯心擎聖火，忍看低首放歸舟？」民間的雄心壯志，終究無力回天，雖然令人憤慨、難以忍受，也只能無奈接受，畢竟政府無力、無心爭取釣魚台。此詩自注云：「釣魚台事件之日，閣揆（郝柏村）與外長（錢復）均在高爾夫球

〔註196〕見房玄齡等撰，楊家駱主編：《新校本晉書》，頁2027。

〔註197〕見《戎庵詩存》次十七，頁536。

〔註198〕扶餘，指臺灣，鄭成功自江南敗歸廈門，臺灣通事何斌獻全臺地圖，請為鄉導。成功閱其圖歎曰：「此亦海外扶餘也。」乃率舟師取臺。見林豪總修：《澎湖廳志》（台北：大通，1984年），卷十一〈舊事‧紀兵〉，頁353。

場中打球，駐日代表（蔣孝武）在新加坡。」〔註199〕可見政府的態度、官員的顢頇。民國九十一（2002）年，前總統李登輝甚至公開宣稱釣魚台是日本領土，更印證了羅尚的觀點。

羅尚也對中共的威脅深感不安，如〈辛未正月所得詩〉云：

大漠雷霆鐵馬塵，東緹歌舞吉羊春。

鯨吞弱小科威特，惶恐強權在比鄰。〔註200〕

此詩巧妙運用時事，以錯綜筆法點出臺灣情勢的危急。一九九○年八月，伊拉克揮軍併吞比鄰的科威特，舉世震驚，羅尚藉此指出中共也在海峽對岸虎視眈眈，欲武統臺灣，而臺灣彷彿完全沒有警戒，仍然歌舞迎春，歡度新年，令人深感惶恐不安。又如〈四疊詩韻寄藥樓〉云：

野煙寒潦莫秋詩，歲序循環到末期。

直覺商聲風似劍，偷安醉夢酒盈卮。

蓬萊縱壑非松比，虎豹當關舉世知。

兩立不能還獨立，是誰長策算無遺？〔註201〕

此詩感慨蒼涼，一聯深過一聯，隱有國事末期的悲懷。首聯點出時節是暮秋，「野煙寒潦」是時節景象，有國事蒼涼之感。頷聯以對比方式呈現憂傷的深沈，語調越美，愁緒越深，「風似劍」暗指情勢的險急，既覺風似劍，卻無法力挽狂瀾，又不願見商聲肆虐，只好偷安醉夢，藉酒消愁。〈敲砧〉云：「焦頭爛額力難任，不是秋深是禍深。夢裏洛陽敧帽過，銅駝街上亂敲砧。」〔註202〕借古諷今，以索靖手指洛陽宮前銅駝將淪落荊棘中的故事，〔註203〕點出國事的危急，可為此詩意的註解、引申。

頸聯拈出憂懷的來由，眼見上位者盡是蓬萊，無人可以引領臺灣走出凶險，中共又氣焰張狂，文攻武嚇，孤立臺灣，自然要憂心盈懷了。蓬萊縱壑，則無蒼松高挺，羅尚亦曾批評「廟議讙然各為私」，〔註204〕上位者私心自用，不謀國家蒼生之福，自然不是賢能之輩。虎豹當關，比喻中共對台肆虐統一的野心。〈海上雜詩寄藥樓教授〉更直言：「廊廟經綸真草昧，詞林翰藻等塵

〔註199〕見《戎庵詩存》次十七，頁537。
〔註200〕見《戎庵詩存》次十八，頁556～557。
〔註201〕見《戎庵詩存》次廿五，頁728。
〔註202〕見《戎庵詩存》次十八，頁582。
〔註203〕索靖有先識遠量，知天下將亂，指洛陽宮門銅駝，歎曰：「會見汝在荊棘中耳！」見房玄齡等撰，楊家駱主編：《新校本晉書・索靖傳》，頁1648。
〔註204〕見《戎庵詩存》次廿三，〈颱風災害接二連三〉，頁708。

羹。炎州倦旅難安枕，日夜狂潮裂岸聲。」〔註205〕批評政府沒有上策以化解中共的威脅，令人心驚膽戰，不能安眠。

末聯感嘆極深，暗指早年蔣介石的失策，造成臺灣今日的危機；而今日再談獨立，更是痴人說夢、釁起戰端。一九六○年左右，美國總統艾森豪、駐美大使葉公超都勸蔣介石獨立，可惜他不接受，羅尚時常提起葉氏當時告訴他的話：「臺灣現在不獨立，以後會無法動彈。」時至今日，果然應驗，若要獨立、不受中共威脅，必然要有一戰，而戰端一起，幾十年建設、豐裕的生活，將如同幻影，人民也將犧牲無數，且難以為繼，故說：「比來論自決，如履虎尾險。」〔註206〕良機一失，難能再得，令人無限感慨。

雖然見到太多令人浩歎的事件，而對國家的發展不表樂觀，但羅尚仍不改關懷家國的初心，「相期國壽人長壽」，「悄向青萍成默祝」，〔註207〕期待國家能有好的發展。

二、追求公義與民主的社會

這是舊制度走向衰敗的時代，也是新制度逐步確立的時代，人民勇於要求改良不公平的體制，促使社會漸趨開放，社會漸趨開放，更促使人民追求更公平的體制，對戒嚴時代的不公義事件也要求平反，但另一方面過當的舉措，演成暴力衝突，往往新制度尚未確立，舊秩序已經破壞，遂使社會混亂。

羅尚追求公義，支持改革，卻也強烈批評過當的舉措，將使美好的一切消逝，如〈桃花源〉云：

> 鑿崖架壑開千門，與世隔絕如沈淪。
> 焉知數在劫中劫，仍難安置身後身。
> 豺嗥犬吠各大作，洞口桃花空自春。
> 水回山轉阻舟楫，更有何人來避秦。
> 當日垂髫盡白首，瞠目青天飛火輪。
> 神仙荒唐那可說，生綃十幅成灰塵。
> 東來我似孔巢父，釣竿詩卷能孤呻。

〔註205〕見《戎庵詩存》次廿五，頁721～722。
〔註206〕見《戎庵詩存》次十九，〈冬夜漫興後篇〉，頁628。
〔註207〕見《戎庵詩存》次十七，〈邃加室主撫時感事作五言見懷步韻奉酬〉，青萍，是寶劍，頁514。

　　　　草雞英雄失所守，剝極不復天不仁。〔註208〕

桃花源本是陶淵明創造出來的烏托邦，有著完美無比的形象，是多數人心中
的理想，但此詩一反常態，賦予它新的時代風貌，將臺灣政治、社會的紛擾
寫入其中，稱此時桃花源有如「沈淪」，源中「豺嗥犬吠各大作」，於是象徵
寧靜和諧的桃花源圖也「成灰塵」，對眼中所見的理想社會秩序消失，充滿激
憤、慨嘆，有如滾滾奔洩的洪流。

　　首四句藉「沈淪」、「焉知」、「仍難」點出桃花源雖然與世隔絕，不受外
界影響，卻有如閉關自守，不知國際時勢變化，自然也跟不上，彷彿是種沈
淪。而與世隔絕，不受影響，卻又遭逢劫中劫，令人慨嘆。劫中又遇劫，暗
指禍起蕭牆，桃源內自相傾亂。「焉知」二句，為全詩的意旨所在。

　　五到十二句，化用韓愈〈桃源圖〉的句子來說明劫中劫的景象。〔註209〕
當年避難而來的兒童，如今都已白髮，本以為桃花源永遠都會寧靜和諧，沒
想到時光飛逝，竟然見到動盪又起，豺嗥犬吠，使所有的美麗都化為灰塵。
暗指桃源既亂，又將何處安身？此處感慨轉深，隱約有無奈、茫然、憤慨之
感。「豺嗥犬吠各大作」，比喻特權人物的行徑，及其引動的騷亂。

　　「東來」二句，是羅尚自況，他渡台之後，很快就離開部隊，有如孔巢
父早年的隱居，勤讀文史，〔註210〕作詩抒情記事。「草雞」二句，是借鄭成功
病亡，臺灣終歸清室的事，來代指國家的剝極不復。政府退守臺灣，有如避
居桃花源，如今源中自相傾亂，眼看將是剝極不復，無奈至極，於是轉向控
訴天道不仁，語含激憤。

　　桃花源和諧不再，結果許多人不願努力消除亂象，求取社會進步，卻千
方百計移居美國，於是羅尚作〈綠卡吟和香港蘇公英籍吟〉云：

　　　　喧喧笳鼓據朱厓，四顧無鄰際會乖。

　　　　綠卡光宗懷內有，黃童就學海西涯。

　　　　人趨樂土為形役，我守殘編養氣佳。

　　　　季世為民良不易，棲田棲樹似鳴蛙。〔註211〕

〔註208〕見《戎庵詩存》次十四，頁489。
〔註209〕韓愈〈桃源圖〉云：「神仙有無何眇芒，桃源之說誠荒唐。流水盤迴山百轉，
　　　　生綃數幅垂中堂。」見韓愈著，錢仲聯集釋：《韓昌黎詩繫年集釋》，頁911。
〔註210〕《舊唐書·孔巢父傳》載巢父早勤文史，少時與韓準、裴政、李白、張叔明、
　　　　陶沔隱於徂來山，時號「竹溪六逸」。見後晉·劉昫等撰，楊家駱主編：《新
　　　　校本舊唐書》，頁4095。
〔註211〕見《戎庵詩存》次十七，詩名原作〈綠卡吟和香港蘇公英籍吟四首均〉，共四

此詩序云：「綠卡者，美國居留證也，臺灣官民百計求索，以備急難時逃美安居，持有綠卡者，自詡為高級華人，可以光宗耀祖。近年又紛紛送兒童去美國就讀中學，政府不能禁止，……人心惶惶如此，孰令致之？」說明此詩的意旨，雖是嘲諷這些百計求索綠卡的人，但最主要的還是批評政府無能，不圖奮發振作，無力安定民心。

首聯寫臺灣情勢險惡，政府無力應付，是主要意旨。中共在沿海建佈重兵威嚇，而政府沒有合縱之策，不能聯合各國與中共抗衡，令人有危急、惶恐之感，以下各聯承此意層層深入，而又各自與首聯呼應，層次分明。

既然政府不能消除人民的惶恐，人民只好自力救濟，百計求索美國綠卡，以備逃難安居，彷彿有了綠卡，所有危難就會自動消除；又紛紛送兒童去美國就讀中學，則不僅惶恐，還兼有對臺灣教育感到失望的意思。「光宗」一語，是反諷持有綠卡者的心態。此詩第一首云：「直疑香島無完卵，肯信胡天是大羅？」對當時香港居民好求入籍英國的現象，也同樣有所質疑。

頸聯藉著對比人我不同的心態、生活趨向，加深諷意，並突出自己的堅貞自守、逍舒意態，「我守殘編養氣佳」，尤為佳句，亦使汲汲於移民的人顯得可笑。末聯既諷刺、感嘆，又復自嘲。此詩自注「鳴蛙」云：「有樹蛙一種，或棲水中，或棲樹上，鳴必兆雨，又名雨蛙。」可見末聯也有愁時之意，彷彿不安的情緒瀰漫在社會中。

社會走向開放，雖有一定程度的混亂，卻也讓戒嚴時代噤聲的冤案有重新審理的機會，孫立人案就是其中一例。孫立人將軍是近代極優秀的將領，對日抗戰中擊潰駐緬甸的日軍、打通滇緬公路，戰後選定鳳山訓練新軍，在金門古寧頭戰役中將軍運籌帷幄，決勝千里之外，他所訓練的二〇一師獨力作戰，發揮戰力，保衛了台澎金馬。〔註212〕又負責制定實施台澎防衛計劃，構建全島防衛工事體系，整訓撤台的數十萬國軍，對國家貢獻卓著。但因為將軍功高震主，又與美國關係良好，結果在民國四十四（1955）年八月遭到誣陷，先指他的部屬郭廷亮是匪諜，又稱將軍將發動兵諫、兵變，故予以免職

首，這是第二首，頁530～531。以下引此詩他首詩句，不另加註。

〔註212〕古寧頭大戰中，孫立人將軍日以繼夜電話指揮前線的鄭果將軍調動兵力佈屬，他培訓的新軍二〇一師獨力作戰，擊潰來犯的共軍，居功厥偉。負責救援的胡璉兵團在戰事將近結束時才到達，且圍堵失敗，拖慢了結束的步調，但蔣介石卻將功勞全歸給他，不提孫、鄭二位將軍的功勞。見鄭錦玉：《一代戰神孫立人》（台北：水牛，2004年7月），頁279～290。揭鈞：《孫立人將軍側記》（台北：躍昇，2002年4月），頁152～156。

軟禁，史稱「孫立人事件」，直到蔣經國逝世，七十七（1988）年三月，將軍才恢復自由之身。七十九（1990）年十一月十九日將軍病逝，十二月六日，行政院通過褒揚孫立人將軍，總統府明令褒揚。於是羅尙作〈孫立人〉云：

> 漢家飛將萬人英，韓信終遭走狗烹。
>
> 臨弔褒忠丹詔出，人心史筆兩平情。〔註213〕

韓信助劉邦得天下後，屢遭漢朝誣陷，終遭殺害，在陳地被縛時曾對高祖說：「果若人言：『狡兔死，良狗亨；高鳥盡，良弓藏；敵國破，謀臣亡。』天下已定，我固當亨！」〔註214〕以韓信比將軍，一面盛讚將軍的功業，一面哀歎他的遭遇，一面也諷刺領導者無情無義。將軍公祭前，雖然總統府明令褒揚，但冤屈仍然不能昭雪，人心、史筆將有更公正的評判。

　　果然，將軍喪禮結束後，他的母校美國維吉尼亞軍校立即在校史館中將他與馬歇爾將軍、巴頓將軍並列，永久展示他的文物。而在國內，要求重審孫立人事件的聲浪越來越大，終於在民國九十年（2001）年一月九日，監察院公布監院五人小組對孫立人事件的完整版調查報告，確定將軍並未謀叛，他的部屬郭廷亮既非匪諜，也未叛亂。這是官方首度爲將軍公開平反，只是他在有生之年終究沒有親眼目睹。

　　要求平反的聲浪裡，最受人矚目的應是二二八事件，民國八十一（1992）年二月，行政院委託學者研究的《二二八事件研究報告》出版，對事件成因、發展經過有深入的描述，認爲事件的成因是人謀不臧、軍紀敗壞、官員貪污、經濟危機、社會弊病、媒體的不負責任、語言與文化的隔閡等，〔註215〕查緝私煙的流血衝突只不過是引爆點，而陳儀應對無方，遂爲情治人員、激進分子、中共黨員介入操縱，引發省籍對峙、攻擊，甚至武裝暴動，而後軍隊鎮壓，殘害無辜，確是一大悲劇。〔註216〕然而時下政治人物爲了各自的目的，

〔註213〕見《戎庵詩存》次十七，頁548。

〔註214〕見司馬遷著，楊家駱主編：《新校本史記三家注・淮陰侯列傳》，頁 2627～2630。

〔註215〕參見賴澤涵、馬若孟（Ramon H. Myers）、魏萼所著的《悲劇性的開端──臺灣二二八事變》（台北：時報文化，1993 年 2 月）。該書先以英文寫成，美國史丹福大學 1991 年出版，客觀且詳細地論述了事件發生前十年的形勢、事件的成因，以及事件發生後的形勢，資料詳瞻，論證精嚴，這是以往對「二二八」的研究沒有觸及的範圍，且沒有悲情、意識型態，用筆悲憫，極具參考價值。

〔註216〕賴澤涵、馬若孟、魏萼所著的《悲劇性的開端──臺灣二二八事變》認爲：當時政府認爲從二月二十七日持續約兩星期的反政府事件，已構成某種叛亂

特意強調軍警對台人鎮壓的殘酷，曲指所有台人都是無辜罹難，忽略外省族群的受難情形，羅尚深深不以為然，於是作〈二二八二二韻〉云：

> 玉座苔移恨，閭閻淚洗冤。淡巴菰殺婦，紀念塔招魂。
>
> 麥飯千家祭，櫻花一嶺繁。養巫難弭謗，畫餅極敷恩。
>
> 牧伯殘民逞，將軍奉命援。摸金神受戮，發塚地能掀。
>
> 比戶搜藏甕，沿途劫載轓。頑童皆髮指，父老各聲吞。
>
> 撲猛看如虎，啼哀聽若猿。豬肝雖飲彈，礙手尚乘軒。
>
> 志屈經綸偃，人思禍亂源。江山兒女換，歌舞歲時存。
>
> 萬口謀反案，三光照覆盆。廟謨懸鏡鑑，公道奮鴻騫。
>
> 郅治須良輔，安危豈至尊。大書方磬竹，一笑正爭墩。
>
> 鵝鸛排詩陣，龍蛇落筆痕。撫時師子美，紀事放梅村。
>
> 六百圓峨月，三年出拔垣。蔓難容草芥，揆已自荃蓀。
>
> 逝水泛泛遠，高雲淰淰屯。客中橫死鬼，投訴向何門。〔註217〕

這是以五言排律的形式寫成的長詩，首六句為第一段，寫今日籌建二二八事件紀念碑，永為祭奠，以告慰亡者在天之靈，平復受難者及其家屬的悲憤。「玉座」句，是化用杜甫〈謁先主廟〉：「苔移玉座春。」言玉座的青苔與恨意頻頻相映相呈，玉座，即神座。〔註218〕淡巴菰，即香菸，據西班牙音譯。時光荏苒四十餘年，當年罹難的人員、家屬受盡冤屈之恨，終有伸張的一日，今日以一嶺櫻花、千家麥飯祭奠，祈求記取殷鑑，永肇和平。

七到十八句為第二段，用倒敘法將時光拉回四十餘年前，陳述當年事件發生後政府的處置，以及軍隊的鎮壓、報復，甚至假搜查之名行搶劫之實。「養巫」句，引用《國語·周語》周厲王養巫弭謗，終遭失敗的故事，〔註219〕批評事件發生之後，政府長期戒嚴，令情治單位監視百姓，使百姓噤若寒蟬，不敢再提，結果欲蓋彌彰，人民自有公斷，動員戡亂結束後，蔣

或叛變的行為，但國民黨和台獨份子都喜歡用「事件」這個字眼，國民黨的目的在減輕此一事變的重要性，並且驅離分離意識，而台獨份子的目的，在藉此名詞減輕當時招致國民黨不得不出兵鎮壓的暴力行為的嚴重性。一九四七年魏德邁將軍的報告中，同樣將此事變稱為「叛變」，原因是：「臺灣經濟日形惡化，而來自大陸的人員行政效率低劣，公眾怨恨，引起一九四七年二月廿八日之叛變。」見該書，頁26～27，頁23。

〔註217〕見《戎庵詩存》次十九，頁607。

〔註218〕見仇兆鰲：《杜詩詳注》，頁1353～1355。下文引此詩句，不另加註。

〔註219〕見左丘明撰，韋昭注：《國語》（台北：漢京，1983年12月），頁9～10

介石在各地的銅像幾乎全遭棄置，〈慢輿〉也記錄道：「銅像迁尊作廁神。」
〔註220〕先前極力營造的尊貴象徵，如今成爲可笑的廁神，極盡嘲諷。「畫餅」
句，批評政府想要彌平民怨，卻畫餅敷恩，都沒做到。當時曾派白崇禧、蔣
經國到台北發表文告，宣布處理的四個原則，包括：恢復地方秩序，除共黨
人員外，不再追究；廢除行政長官公署，改爲省政府；調整人事，盡量先選
用台籍人士。〔註221〕不過這些原則，除了改公署爲省府外，其餘並沒有切
實施行。

　　「牧伯」以下，指行政長官陳儀電請中央增派軍隊鎮壓，結果軍隊軍紀
敗壞，除了鎮壓、報復，還公然作了強盜，連寺廟神像的金牌、墳墓裡的陪
葬物，都敢搶奪，還挨家挨戶的搜查甕瓦，路上劫車變賣，行徑有如猛虎。
「頑童」二句，以兒童、父老不同的表現，呈現禍難的嚴重、民心的背離，
父老深諳世難，所以忍氣吞聲，而頑童不知凶險，故敢於髮指。此後，二二
八事件就有如幽靈，深深的影響臺灣社會，不僅使臺灣人民對政治疏離、不
信任，也造成嚴重的省籍情結，甚至在解嚴之後，成爲政治、選舉操弄的手
段，嚴重影響了臺灣社會的和諧，令人感慨。

　　羅尙年輕時在部隊中掌管情治，瞭解情治人員的手法，因此他判斷這一
事件應是由情治單位一手造成，因爲當時大陸上內戰激烈、中共坐大，臺灣
親日份子仍多，因此，國民黨急欲清除親共、親日人員，使臺灣成爲一個安
全、可以退守的地方，故民家中若藏有馬克斯主義思想、日文書籍，就可能
被視爲親共、親日份子，而遭到禍難。但因光復前知識份子多受日本教育，
所以多藏有日文書籍，因此，當時菁英也有多人罹難。又當時並非全然是清
除親共、親日人員，也有許多官軍如同盜匪，進入民家翻箱倒櫃，檢查甕瓦，
藉機搜刮聚斂，惡形惡狀，令人痛惡。〔註222〕

　　十九到三十二句爲第三段，寫歲時變遷，今日終得平反，但對於平反後
所引發的政治問題，也深表感慨。豬肝，即是「豬官」，二者台語發音相同，

〔註220〕見《戎庵詩存》次廿三，頁711。
〔註221〕見郭廷以：《中華民國史事日誌第四冊》，頁620。三月十七日，白崇禧及蔣
　　　　經國自南京到台北，發表文告，宣布處理的四原則：一、改行政長官公署爲
　　　　省政府，各縣市長提前民選。二、調整人事，警備總司令不由省主席兼任，
　　　　省府委員儘先選用本省人。三、民生工業之公營範圍盡量縮小，現行經濟制
　　　　度與中央法令抵觸者分別修正或廢止。第四、恢復地方秩序，參與此次事變
　　　　及有關人員，除煽動暴動之共產黨外，從寬免究。
〔註222〕這一段話是由訪談整理而成。

故借用來指稱當時的臺灣行政長官陳儀；〔註223〕蔣介石並不認爲陳儀的處理有錯，事件後，還升他爲浙江省主席，後來被湯恩伯以「通匪」罪名逮捕，民國三十九（1950）年六月於台北新店遭到槍決。但羅尚以爲陳儀之所以會被槍決，多少是爲了平息二二八事件造成的民怨。

「礮手」，指彭孟緝、柯遠芬諸人，事變發生之時，彭孟緝任高雄要塞中將司令，下令軍人無差別掃射，導致人民大量傷亡，後被拔擢爲臺灣省警備總司令，四十三年，升上將，卒於九十年。柯遠芬當時爲臺灣省警備總司令部參謀長，以「寧可枉殺九十九個，只要殺死一個眞的就可以」的心態處理此一事件，結果是受到報復而傷亡者不少，以致人心惶惶。〔註224〕羅尚作此詩時，彭氏、柯氏尚在世，任上將職，故稱「礮手尚乘軒」。與「豬肝」句對比，既哀憐庶民的無辜遇難，亦諷刺執政者不能追究兇手的責任，更指責早年統治者守舊，不能容忍異己，常是「順我者昌，逆我者亡」，不論功過，作法非常不當。

「志屈」四句，變化自杜甫〈謁先主廟〉「志屈偃經綸」、「閭閻兒女換，歌舞歲時新」，指內戰失敗、國府遷台之後，人民欲求事件的眞相，畢竟二二八事件永遠是台人的痛，即使已過近半世紀，仍不時被人提起。「萬口」八句，意指公道顯揚，沈冤昭雪，令人雀躍，但要將責任完全推給蔣介石，羅尚卻覺得不恰當，他認爲要天下大治，必須有良臣賢輔的輔佐，並非僅憑總統一人就能立致安危，所以當時在臺灣的軍政要員，如陳儀、柯遠芬、彭孟緝、張慕陶諸人，嚴重誇大了問題，蒙蔽了蔣介石，也要負相當責任。而今日部分人士將罄竹難書的罪惡全部歸到蔣介石名下，恐有違公道，〔註225〕甚至有打擊異己、以利爭權的目的，將會製造更多問題。

〔註223〕民國三十五（1946）年底，民間已有人用「豬官」、「豬標」等侮辱姓名詞來稱呼陳儀及一些不肖官員。見賴澤涵總主筆：《二二八事件研究報告》（台北：時報文化，1994年2月），頁11。

〔註224〕當時尚有張慕陶對事件處置不當。張慕陶當時爲憲兵第四團團長，不僅分化民眾，且四處逮捕人民，藐視上級命令，衍生不少弊端。參見賴澤涵總主筆：《二二八事件研究報告》，頁410～411。

〔註225〕賴澤涵、馬若孟、魏萼：《悲劇性的開端——臺灣二二八事變》，〈中文版作者序〉也說：「我們認爲二二八事變發生的原因很多而且十分複雜。我們指出國民黨籍中華民國政府應爲光復以後他們治理臺灣省政的失敗而負起責任。我們也認爲造成此一悲劇性事件的其他種種因素也非常重要。因此，要挑明指責任何一個人或任何一個團體應爲此一事件負全責，在事實上是不可能的。」見該書，頁8。

　　三十三句到詩末爲第四段，陳述作此詩的意旨。「鸛鵝」四句，〔註226〕羅尚自言欲師法杜甫、仿效吳偉業，故作此詩記錄二二八事件中軍隊逞暴的情形、今日平反的狀況。「六百」四句，對二、三段如此評述的原因作簡要的交代，也深切期待政府、政治人物能妥善處理，讓社會、人民走出悲情，切勿影響國家的發展。羅尚自己曾在總統府擔任參議三年，故而對高層決策的過程、執行上的問題，都有一定的瞭解，也親見族群的對立、國運的開展、政客的操弄，因此憂心忡忡，但又認爲事件已過了四十餘年，優秀人才的心中都有了評斷，因此滿懷期待。草芥，指白色恐怖、族群對立、政客操弄悲情等。

　　「逝水」四句，深慨台籍人士的沈冤今日已得昭雪，而當時冤死的外省籍人士卻投訴無門，不得安息，諷刺政府的處理有政治考量，不是眞心追求眞相。當時旅居臺灣的外省籍公教人員、商賈，在事件發生後、軍隊上岸前，多遭到侵擾、甚至殺害，因此有許多人逃回大陸，而政府並沒有深入追查這部分的受難情形，實是憾事。

　　羅尚一直認爲二二八事件是極悲慘的事，民國八十四（1995）年二二八紀念碑建立，有碑無文，羅尚又作〈二二八紀念碑前作，有碑無文〉云：「海有波濤難語默，世無文字可聲施。」〔註227〕海濤感事，也爲人驚狂嚎啕，難以遏止；傷痛過深，人間文字已不足以形容。哀痛沈鬱而又澎湃，感慨悽愴。

　　立碑之時，李登輝總統代表政府向受難者遺族謝罪，表示「承擔政府所犯的過錯，並道深摯的歉意」。同年七月，總統明令公佈「二二八事件處理及補償條例」，行政院依據該條例設置「財團法人二二八事件紀念基金會」，處理受難者申請補償事宜。又二年（八十六年二月），立碑文，略述事件發生的緣由、經過、及今日的處理情形，期待「自今而後，無分你我，凝爲一體，互助以愛，相待以誠，化仇恨於無形，肇和平於永恆。天佑寶島，萬古長青。」〔註228〕

〔註226〕「鸛鵝排詩陣」，出自蘇軾「詩壇欲斂鸛鵝軍」（〈會客有美堂，周邠長官與數僧同泛湖往北山，湖中聞堂上歡笑聲，以詩見寄，因和二首，時周有服（其二）〉），見蘇軾著，王文誥輯註，孔凡禮點校：《蘇軾詩集》，頁453～454。

〔註227〕見《戎庵詩存》次廿二，頁681。

〔註228〕見財團法人二二八紀念基金會網站，碑文網址：http://www.228.org.tw/promote_monument_detail.php?id=2。

三、萬邦挽弓

除了臺灣政治社會紛亂如麻，國際上也屢聞劫難，尤其是中共治下的中國大陸、中東地區的戰禍不止，令人悲憫。

一九八九年四月，中共前總書記胡耀邦去世，引發學運，群集北京天安門請願，要求開放改革，六月四日，中共出動軍隊、坦克血腥鎮壓天安門學生、北京市民，史稱「六四天安門事件」，引起國際一片譴責。羅尚有感而發，作〈感天安門事〉云：

> 錦帆炎海未歸人，白浪紅桑日日新。
>
> 撒旦此時揮毒手，蒼生何處寄音塵。
>
> 必無桂樹招仙客，誰見蓮花現佛身？
>
> 垂翅可憐鵬不舉，故鄉天外憶峨岷。〔註229〕

首四句一氣直下，將中共的威脅、狠毒、泯滅人性，臺灣的危急、恐懼，一一呈現。炎海未歸，言國民黨敗退到臺灣，無力回大陸；白浪藉指中共，紅桑藉指臺灣，白浪如山，紅桑海淺，則中共對臺灣的威脅、臺灣情勢的危急，日勝一日。中共此時又不顧忌世界的抨擊，以狠毒的手段殘殺手無寸鐵、無力抵抗的學生，更見中共對臺灣動武的決心，令台民心焦。

頸聯語意一轉，承接「毒手」，以「桂樹」喻民主，稱中共既然對人民狠施毒手，必無施行民主的可能。「誰見」句，脫胎自李商隱〈送臻師二首（其二）〉：「何當百億蓮華上，一一蓮華見佛身？」〔註230〕意謂無人可施予援手，渡大陸人民脫離暴政統治的苦海，感慨良深，尤其天安門事件時，臺灣民間雖然熱烈聲援學生，但政府並沒有聲援，羅尚曾說：「六四天安門，聲援已無膽。枰中弱勢棋，所仗金滿廩。」〔註231〕對臺灣政府昧於現實，不重人道精神的作法，就直言嘲諷。末聯既哀故鄉父老生活在暴政下，亦復自哀浪跡天涯，不能回鄉。

除了指控中共如撒旦狠毒，哀憐天安門受難的學生，羅尚也悲憫當時戰雲密佈的中東，如〈日夕篇〉云：

> 願戒兵如火，萬邦仍挽弓。珠槃多不定，鼓角起相攻。
>
> 海沸魚龍劫，天驚日月夢。自哀都未暇，悲憫說中東。〔註232〕

〔註229〕見《戎庵詩存》次十六，頁508～509。詩題原作〈感天安門事疊前韻〉。

〔註230〕見李商隱撰，劉學鍇、余恕誠集解：《李商隱詩歌集解》，頁1933～1934。

〔註231〕見《戎庵詩存》次十七，〈邃加室主撫時感事作五言見懷步韻奉酬〉，頁514。

〔註232〕見《戎庵詩存》次十七，頁526～527。

此詩一層層深入，層次井然，末聯才點出詩意，是既自哀憐，亦復悲憫中東。首聯稱止兵的心願如大火猛烈，但天不從人願，諸邦仍挽弓對峙，一觸即發，情勢緊急。

首聯僅是緊急，頷聯則已是兵戎相見。珠槃，如同敦促和平的玉帛，珠槃雖多仍不能化解干戈，顯然努力維繫和平的談判都已無效，於是鼓角聲起，兵燹禍作。一九九○年八月，伊拉克貪求石油利益，不顧國際反對聲浪，揮軍入侵比鄰的科威特，加以併吞，聯合國安理會迅速通過對伊拉克實施軍事、貿易制裁。結果伊拉克的軍事侵略，反而成為下一波軍事行動的開端。

戰端一起，必定生靈塗炭，頸聯將戰火寫得浩浩漫漫，無邊無際，連大海都沸騰，魚龍全部遭劫，日月彷彿都成了夢中的記憶。

末聯寫臺灣比鄰中共強權，惶恐度日，自哀已是無暇，如上文引〈辛未正月所得詩〉云：「鯨吞弱小科威特，惶恐強權在比鄰。」但見到中東的戰火屢起，也不免悲憫他們。可見羅尚悲天憫人的胸懷，不因自身受到苦難而稍減，反而因此更懂得哀憐有相同遭遇的人。

伊拉克併吞科威特後，以美軍為首的聯合國部隊開始進駐波斯灣，要求伊軍撤出，但伊軍拒絕，於是在一九九一年一月十七日，盟軍開始以大量導彈、炸彈轟炸伊軍，波斯灣戰爭爆發，二月底，盟軍收復科威特，戰事結束。羅尚在詩社聚會時以古體作〈觀戰〉云：

> 犁庭掃穴波斯灣，雷霆海陸攻哈珊。
>
> 不許強權食弱肉，布希高義如齊桓。
>
> 科技戰爭極神化，致遠摧堅盡天下。
>
> 好將玉帛化干戈，通貨積財齊越霸。〔註233〕

前四句氣勢奔騰如雷電，讚美美國總統布希不許強權侵略，恢復科威特，有如齊桓公復衛，〔註234〕道義崇高。後四句雖嘆服科技武器能致遠摧堅，但還是期望化干戈為玉帛，如齊、越通貨積財，〔註235〕能通貨積財，將使人民近

〔註233〕見《戎庵詩存》次十八，詩題原作〈觀戰社課限古〉，頁589。

〔註234〕《史記・齊太公世家》載：「衛文公有狄亂，告急於齊。齊（桓公）率諸侯城楚丘而立衛君。」意謂齊桓公在衛國故地復衛。見司馬遷著，楊家駱主編：《新校本史記三家注》，頁1488。

〔註235〕齊太公通工商之業，便魚鹽之利，而人民多歸齊，齊為大國。齊桓公時，管仲也設輕重魚鹽之利，使桓公九合諸侯，一匡天下。越王句踐用計然貨殖強兵之策，滅吳稱霸。見司馬遷著，楊家駱主編：《新校本史記三家注》，〈齊太公世家〉，頁1480，頁1487，〈貨殖列傳〉，頁3256～3257。

悅遠來，國力厚植，而稱霸天下。

中東戰事期間，國際上還發生了一段令人欽服的事，執政十一年的英國首相佘契爾夫人，因社福稅制引發保守黨內意見不合、人民抗稅，爲促成黨內團結，爭取大選勝利，於一九九〇年十一月廿二日毅然辭職，羅尚作〈佘契爾〉稱美他：

> 政績優於邱吉爾，手段有若俾斯麥。
>
> 蘇聯封贈鐵娘子，號令直達女王室。
>
> 千年一見巾幗人，可比中國之金輪。
>
> 中東風雲正緊急，誰與布希同挽春。〔註236〕

此詩藉由前六句一步步推展開來的爲政功績、強悍作風，推崇佘契爾夫人的聲望地位、能力，以襯托、突出、深化末二句夫人突然去職、不知何人可堪共濟危局的憂心、茫然。

當人間正逢劫難，而手扶社稷的偉才卻突然離去，彷彿黑暗降臨，不見星月，令人倍感失落。然而夫人爲求黨內團結而辭職的風範，將常留人心。

羅尚此期的詩作雖然較少記錄天然災害，但對國家民生的關懷，仍絲毫沒有減少。

〔註236〕見《戎庵詩存》次十七，頁542。

第六章　渾涵汪茫，千彙萬狀
——文學特色述評

　　羅尚將抱負、才情、學問陶鑄於一爐，發而為詩，除了思想深刻、極富時代精神外，情與詞應，詞與情合，相互激射迸發，也具有極高的文學價值。古體最佳，氣勢磅礴，詩境開闊，七古尤高；七律則律切字穩，興諷沈鬱，亦以優美的意象配合典故的運用，創造典雅的美感，即使新事物，如電燈、電扇，也能塑造出優雅典麗的意味，而無寒傖之氣，極富創造力。七絕則時而音韻柔美婉轉，時而聲情激烈，時而自然渾成，時而開闊沈靜，時而矯健深峭，不一而足。本章將著重從這些層面探討羅尚詩作的文學特色及其價值。

第一節　百萬星辰聚碧潭

　　羅尚強調清剛，自云「清剛在我詩」，〔註 1〕詩作中以長篇古風最能呈現此種風格，也最為人稱頌，有天風海濤之聲，歷塊過都之才，壯闊雄健，震聾發瞶，極富創造力。然而他的才情並不因體製而受到限制，短篇古風、律體諸作，甚至在短小的七絕中，也多能呈現清剛雄健的氣魄。本節試從不同體製中作簡要的探討。

一、長篇古體

　　羅尚長篇古體最為人稱頌，氣魄恢弘，才大思深，想像開闊，尤以七言

〔註 1〕〈偶書〉云：「家國已破碎，清剛在我詩。」見《戎庵詩存》次二，頁 53。

長篇古體爲最，在大陸兵馬倥傯間所作的〈花園口〉、〈秋江夜引〉，已呈現雄健開闊、高華慷慨的氣度，沈鬱感慨，令人激賞。來台後，又潛心文史，隨李漁叔精研詩學，而益發精鍊雄偉。

　　民國四十一（1952）年夏，曾克耑以明初高啓〈中秋翫月張校理宅得南字〉韻，〔註2〕寫〈藍毿吟三十韻〉覃韻七古寄台索和，羅尚即作〈岱員篇和頌橘廬並次韻〉，深獲曾氏讚揚，以爲此詩可與李漁叔詩作媲美：

東溟月出靈淵藍，玉山縷縷飛輕嵐。

上清淪謫三十載，瓊樓仙牒思窺探。

我本蟾宮折桂手，紅塵夢好蓬雙鬢。

金河百戰愧未死，頗用儒術相濡涵。

舟壑俱移走遐嶠，海天萬變誰能參。

割地珠還忽周甲，天懲已罰貪夫貪。

漢家文物歷歷在，城名麗正樓赤嵌。

高砂出草事久寢，鬼語漸息聲喃喃。

典墳且喜未夷滅，老儒檢策猶尋蟫。

言念騎鯨闢地人，至今祀饗千萬龕。

斐亭鐘韻揚不絕，桐花芳草傳斯庵。

大廈能支賴大木，連峰千里森梗楠。

上撐冥冥之青天，下陰日月之雙潭。

樓船百萬動戈甲，往往擊水思圖南。

春耕秋穫聞擊壤，南陌采桑勤養蠶。

十年生聚益教訓，計然七術眞無慚。

振衰振敝興禮樂，如響斯應詩偏耽。

治道主靜立人極，妙機已發揮麈談。

此邦況擅山海利，四時抵雀多黃柑。

勝日蘋蘩薦九九，芳時蕉荔修三三。

春臺地氣育太古，中有大塊文章含。

憶昔黃池盜移國，茫茫何處停帆驂。

望門投止苦足繭，啼鳥繞樹情奚堪。

〔註2〕見明・高啓撰，清・金檀輯注：《青邱詩集注》（臺北：臺灣中華，1987 年 6 月），卷八，頁3～4。

　　潛心默運索易象，拔茅征彙吾早諳。

　　東隨煙霧忽至此，七鯤自古多奇男。

　　中興盛業行復睹，同心那計苦與甘。

　　手提義劍逐醜虜，宇宙之亂同時戡。

　　今宵光多淨兵氣，金精倘化恩波覃。

　　舉杯蒼茫顧六合，縱令醉倒非嬉酣。

　　清輝欲贈不盈手，古殿桂影搖毿毿。〔註3〕

岱員，本指海上仙山，岱輿、員嶠，〔註4〕因與「臺灣」的台語發音相近，故又指臺灣，〔註5〕此詩題為岱員，即是此意。可粗分為四段，由月出映照、個人淪謫寫起，述臺灣事物的變遷、對家國的期待，終以個人懷抱、清輝桂影歸結。

　　前十句為首段，「東溟」二句即呈現開闊高深的意象、氣度，開啟下文奔放雄健的氣勢。「我本」六句，有承上啟下的作用，是自述懷抱，說戰勝日本後，本欲以儒術淑世，但國府無力保持，喪失大陸，旋即退守臺灣，變化之快，令人瞠目結舌，難以參透，亦不能克用所學的儒術。「舟壑俱移」，是運用《莊子》的典故，〈大宗師〉云：「夫藏舟於壑，藏山於澤，謂之固矣。然而夜半有力者負之而走，昧者不知也。」〔註6〕指國家敗喪，國土淪亡。

　　「割地珠還走遐嶠」到「中有大塊文章含」為第二段，大力開拓詩意，述家國紛亂，海天萬變，而臺灣依然含藏大塊文章。「割地」以下八句，以錯落有致的安排寫臺灣的變與不變，使文勢起伏，不致枯燥。日本貪婪，掀起大戰，終於遭受天懲戰敗，將臺灣歸還，至於原住民「出草」殺人的不良習俗早已寢息，〔註7〕這是變動的一面。從乙未（1895）年割台，到此詩之作（1952），已近一周甲，而臺灣的文物仍多保存漢家風味，如臺北南城門名麗正門，麗正是唐玄宗開元六年所設置的書院，後更名為集賢殿書院；〔註8〕

〔註3〕見《戎庵詩存》次二，頁17～18。

〔註4〕《列子‧湯問》曰：「渤海之東不知幾億萬里，有大壑焉，實惟無底之谷，其下無底，名曰歸墟。八紘九野之水，天漢之流，莫不注之，而無增無減焉。其中有五山焉：一曰岱輿，二曰員嶠，三曰方壺，四曰瀛洲，五曰蓬萊。」見蕭登福：《列子古注今譯》，頁416～417。

〔註5〕見連橫：《臺灣通史‧開闢紀》，頁2。

〔註6〕見郭慶藩編，王孝魚整理：《莊子集釋》，頁242。

〔註7〕出草，亦指射獵。此處指令人喪膽的殺人習俗。

〔註8〕見歐陽修、宋祁撰，楊家駱主編：《新唐書》，頁1213。

而赤嵌樓雖是荷蘭人所築，但經鄭氏、清人統治，早已爲台南府城的重要象徵；至於漢家圖籍，雖經日本教育、政治的破壞，卻沒有被夷滅，仍然傳承著民族文化，這是不變的一面，也傳達出親切、喜悅的感受。

「言念」以下十句，以大木支撐大廈象徵鄭成功、沈光文對臺灣有開闢、奠基之功，既上撐冥冥青天，又下蔭廣土蒼生，使臺灣的發展不可限量。沈葆楨題延平郡王祠，云：「開萬古得未曾有之奇，洪荒留此山川，作遺民世界。極一生無可如何之遇，缺憾還諸天地，是創格完人。」可見鄭成功對臺灣的貢獻。沈光文，號斯庵，是大陸最早來台定居的文士，在台南善化教導平埔社人，後創立「東吟社」，曾作〈桐花賦〉、〈芳草賦〉，有「臺灣孔子」之稱。〔註9〕斐亭，是清・高拱乾任臺灣巡道時所建，後來唐景崧創立斐亭吟社。「斐亭」二句，巧用名詞，既點出臺灣古典詩文上的重要歷程，也創造一番人文與自然景致相涵融的美麗意象。「圖南」一語出自《莊子》，指大鵬鳥乘風而上，高絕雲氣，背負青天，將逍遙遨翔向南冥。〔註10〕藉指根基深厚，奮力不懈，則能開創宏闊的未來。

「春耕」以下十四句，更寫臺灣地氣育自太古，富有山海之利，期待爲政者生聚教訓。計然七術，指計然獻給越王句踐的貨殖強兵之策，強調：「知鬥則修備，知時則知物，二者形則萬貨之情可得而觀已。……旱則資舟，水則資車，物之理也。……農末俱利，平糶齊物，關市不乏，治國之道也。積著之理，務完物，無息幣。」范蠡雪會稽之恥後，說：「計然之策七，越用其五而得意。」〔註11〕可見計然七術的高明，故勸告執政者要善加學習。「振衰」四句，勸勉上位者應當以民爲本，施行仁義，重視禮樂教化，而不當以個人的慾望好惡行事。「主靜立人極」，是周敦頤〈太極圖說〉提出的，認爲聖人無欲而靜，才能如日月明照，參贊天地化育。〔註12〕「此邦」六句，再次提醒上位者，臺灣有良好的風土，佔盡山海之利，物產豐富，更該善加經營擘畫。抵，打擊的意思，以黃柑擊雀，表示作物豐盛，不愁吃穿，設想

〔註9〕　〈桐花賦〉、〈芳草賦〉皆已亡佚。見龔師顯宗編：《沈光文全集及其研究資料彙編》（台南：台南縣立文化中心，1998年12月），頁566，頁575。

〔註10〕　見郭慶藩編，王孝魚整理：《莊子集釋・逍遙遊》，頁2～14。

〔註11〕　見司馬遷著，楊家駱主編：《新校本史記三家注・貨殖列傳》，頁3256～3257。

〔註12〕　周敦頤說：「聖人定之，以中正仁義而主靜，立人極焉。故聖人與天地合其德，日月合其明，四時合其序，鬼神合其吉凶。」見周敦頤、張載撰：《周張全書》（台北：中文，1979年5月），頁49～50。

奇特有趣。

「憶昔黃池盜移國」到「宇宙之亂同時戡」為第三段，承第二段而來，又與「舟壑俱移走退嶠」相呼應，強調應記取苦痛教訓，化為進步開展的動力。「憶昔」四句，文氣頓挫哀苦，藉夫差爭長黃池而失國，〔註13〕比喻國府失去大陸，有如烏鵲無枝可棲般窘迫。「潛心」八句，抒發懷抱，奔放縱肆，慷慨陳詞，可見羅尚心胸氣度的開闊、志願的非凡。「拔茅征彙」，語出《易經》泰卦初九：「拔茅茹，以其彙，征吉。」〔註14〕意指拔茅草根繫相連，往前進發，比喻志同道合的人才相互汲引，綿延不絕，一心為國。

「今宵光多淨兵氣」到詩末為總結。融合情景，典雅而不失雄健，藉月光消除兵氣，普照人世，期待上位者能如月光普照，恩澤廣施，化育生民，既呈現仁者胸懷，又具有英雄挺拔四顧的氣勢。「清輝」二句化用張九齡〈望月懷遠〉：「不堪盈手贈，還寢夢佳期。」構思精巧，欲贈滿手清輝，而清輝不能盈手，就在失望之餘，反而想起嬋娟千里，彷彿月亮也知道詩人的心意，藉著月中的桂影毿毿，傳達給遠方的友人滿滿的情思。

全詩氣象宏闊，奔騰雄邁，運化書卷極為自然，設想奇巧，巧妙傳達出對執政的諷勉、對生民的期待，情意既深刻又具有普遍性。曾克耑〈觀河篇答漁叔戎庵師弟五疊北海篇均〉曾讚美此詩說：「忽驚雙劍纏雷下，森森鋩鍔青冥嵌。異采紛綸亂我眼，籀諷竟夕聲喃喃。」〔註15〕別具慧眼。

再如〈峨岷篇上頌橘廬〉云：

> 峨嵋三峰插天藍，岷江萬里拖煙嵐。
> 半輪子夜過金頂，澄江落影手可探。
> 憶從烏尤泊釣艇，日斜柳岸絲鬖鬖。
> 停琴掩卷顧八表，山川水月秋相涵。
> 揚馬李蘇俱寂寞，造化超滅疇能參。
> 琅嬛靜瑣足幽討，百城坐擁非饕貪。
> 老屋臨流愛良夜，碧天上下雙璧嵌。
> 馮夷舞罷魚龍靜，持書坐對千呫喃。
> 耳得目遇足聲色，枕經聽水忘捫蟫。

〔註13〕見司馬遷著，楊家駱主編：《新校本史記三家注・仲尼弟子列傳》，頁2200。

〔註14〕見阮元校勘：《十三經注疏・周易正義》（台北：新文豐，1988年7月），頁41～42。

〔註15〕見曾克耑：《頌橘廬叢稿》，內篇卷34，詩存卷18，頁5～6。

霜林黃葉契禪悅，臘欲刊髮棲雲龕。
嗟予此願竟未遂，盧溝烽燧驚眠庵。
讀書擊劍為何事，淺根亦欲爭梓楠。
垂髮服戎下三峽，洞庭洸瀁連湘潭。
金戈鐵馬越百戰，不毛深入瀘水南。
武侯教化目所睹，土司督稼兼督蠶。
此身報國有萬死，數奇猿臂焉用慚。
詎知一夢失覆鹿，稍避醉尉書重耽。
欲同魏衍事無已，閉門索句聆深譚。
喜從儒流得沾溉，獎勉情過千黃柑。
竊聞此道久衰歇，能者百輩才二三。
一樓四海重涵負，仗此氣骨清剛含。
頗知時至境自換，他年倘許追吟驂。
蒼葭水深望不到，投荒五載情奚堪。
蕉陰夜夜夢劍閣，父老消息無從諳。
箕封眞臘被毒螫，遽聞比戶搜丁男。
今夕鄉心知幾處，大月流照殊苦甘。
願踏天鯨渡弱水，黃池群盜崇朝戡。
盡教骨肉得團聚，撫生弔死敷恩覃。
揭來已動龍蛇象，凌空一擊眞雄酣。
杯珓有示自莧始，歸家綠鬢齊毿毿。〔註16〕

峨岷，指四川，是羅尚故鄉。此詩是鄉思之作，亦略述前半生經歷，可粗分為三段，從故鄉山水風光寫起，景致奇幻，一心嚮往，欲就此悠遊一生，卻被烽煙驚嚇，於是從戎報國，最後來到臺灣，雖然欣喜得以追從儒流苦學，仍不忘故鄉，逢此國際動盪之時，仍願躍馬一戰，而還故鄉。

自「峨嵋三峰插天藍」至「臘欲刊髮棲雲龕」為首段，追述在故鄉的少年生活，悠遊山水之間，欣契自然禪心，朗讀詩書，遂發思憶蜀中前賢的幽情，自有無窮佳趣，怡然自得而不減豪邁英風。雖恬淡而實綺麗，平淺而不失清雅，「停琴掩卷顧八表，山川水月秋相涵」，「耳得目遇足聲色，枕經聽水忘捫蟫」，有風華清靡的情致。

〔註16〕見《戎庵詩存》次二，頁18～19。

「嗟予此願竟未遂」到「他年倘許追吟驂」爲第二段，寫爲抒發報國之
志而投筆從戎，親見諸葛武侯的教化遺跡，至台後又重寢饋詩書，欲追摹氣
骨清剛的詩文。此段有二大轉折，「嗟」字語氣一轉，既與前段隔絕，又開啓
下文，但在轉應之間表現得極自然。「武侯」六句，深寓諷刺騷怨，先以諸葛
武侯的教化暗諷，千年前孔明能以德威服南蠻，教化延續至今，土司督稼督
蠶，俱以規矩行事，使民生安康，而後世竟無可與倫比的執政者，令人深嘆。
再以李廣故事明諷，李廣猿臂數奇，屢有戰功，卻不得封賞，還曾被廢爲庶
人，在霸陵夜行時，遭到酒醉的軍尉喝止，重新起用後，仍不能封侯，且落
得引刀自剄，境遇悲慘。〔註 17〕羅尙以此表明個人並非無才幹，既有李廣的
不幸當前，個人的際遇也就沒有什麼好慚愧的了，也藉此諷刺上位者不知拔
擢賢才。「詎知」二字語氣又一轉，抗戰勝利，恢復國土，竟如蕉鹿夢境，國
土隨即喪亡，〔註 18〕來台後，自知行伍間難以安身立命，於是深入詩書的世
界，既能避開醉尉的無禮，又能舊夢重溫，亦諷刺當時部隊的素質不高。「欲
同」十句，則感謝曾克耑等儒流的沾漑獎勉，欲以詩文爲終身志業，追摹前
賢。「無己」，是陳師道，魏衍，是他的門人。

「蒼葭水深望不到」到詩末爲第三段，由「望不到」、「情奚堪」再作轉
折，綰合個人際遇、鄉心、家國情懷，總結全詩。藉「蒼葭水深」，比喻海
水溟闊，不能望見遠在香江的曾克耑，故難以追隨。〔註 19〕眺望遠方，既不
能追隨賢者陶冶心志、鑄就理想，就會興起鄉心慨嘆，而大海隔絕，苦無父
老消息，而使憂思沈痛在內心翻滾，若與首段參看，更生萬端感慨。

「箕封眞臘」，指南北韓、越南，當時兩地皆因共黨侵擾而烽煙不斷，
故稱「被毒螫」；既然遠在南北韓、越南，斷無可能聽聞「比戶搜丁男」，然
而又「遙聞」，似乎仍可聽見遠處傳來軍隊挨家挨戶搜抓丁男的聲音，顯然
已不只是臆測，而是投射出羅尙的心理、親身經驗。他親歷兵燹，深知戰亂
中軍紀渙散的部隊如何補充兵員，故以「遙聞」暗暗表達怨憤，也深深同情
遭到強行征役而流落他方的人，感同身受。

〔註 17〕 見司馬遷著，楊家駱主編：《新校本史記三家注・李將軍列傳》，頁 2871～2876。
〔註 18〕 《列子・周穆王》曰：「鄭人有薪於野者，遇駭鹿，御而擊之，斃之。恐人見
　　　　之也，遽而藏諸隍中，覆之以蕉，不勝其喜。俄而遺其所藏之處，遂以爲夢
　　　　焉。」見蕭登福：《列子古注今譯》，頁 294。
〔註 19〕 《詩經》《秦風・蒹葭》：「蒹葭蒼蒼，白露爲霜，所謂伊人，在水一方。」鄭
　　　　玄箋以爲伊人，指賢人。見阮元校勘：《十三經注疏・毛詩正義》，頁 241。

「願踏」八句則順著烽煙漫起、鄉心勃發，再一轉折，願重披戰袍，戡定禍亂，使分離的骨肉得以團聚，哀苦的蒼生得以撫慰。矯健勁拔，氣勢凌空。自葛始，典故出自《尚書・商書》，〈仲虺之誥〉載：「葛伯仇餉，初征自葛。」湯伐夏桀，先從征伐葛國開始，因為葛君出遊，見人民在田中餉祭，就無端殺戮，故湯討伐葛君的無道，爾後，四境生民都殷切期待湯的征伐。〔註20〕

全詩英風颯爽，鄉心濃郁，情意真摯，在有意無意間控訴了上位者的愚魯顢頇，意味深長；語言平淺而清雅健堀，轉應、用典都很自然；加以襟抱非凡，雖遭受不平的對待，仍心念蒼生、家國，突顯了崇高的品格。曾克耑〈窮溟篇答戎庵六疊北海篇均〉評云：「一滴曹溪足法乳，孤光耀我炎海南。……大哉斯文九等味，聲音和若霜滋柑。蟠胸蓄蘊極千億，下筆飄忽才二三。彈譏侯王詼詭寓，籀諷騷雅怨憤含。用思綿邈到聖處，屈莊馬杜應偕驂。……奇文偉抱久心許，妖腰亂領看手戡。」〔註21〕評價、期待俱高。

羅尚的長古不僅開闊雄邁，愁心浩蕩，也能賦予奇情壯采，扣人心弦，如〈梅花謠〉云：

> 天寒歲晚梅花開，舊時明月尋梅來。
> 梅邊吹笛盡三弄，珮環踏月梅魂回。
> 西湖瑟瑟孤山翠，肝膽清新無夢寐。
> 載月松陵一舸歸，小紅如玉梅花醉。
> 只恨南來昨夜風，仙雲彩鳳各西東。
> 星沈海底當窗見，未有靈犀一點通。
> 定定天涯意多失，海桑志在爭顏色。
> 玉奴終是負東昏，不惜傾城又傾國。
> 千樹垂垂飄古香，林逋配食水仙王。
> 鶴子梅妻自好在，二南桃李同芬芳。
> 笙簫上界徐徐下，百隊雲車走風馬。
> 小妹存兄萼綠華，執手相看淚盈把。
> 為說九疑深復深，湘江水絕蒼梧崩。
> 精靈化作萬朱鳥，翔霄噦集梅花林。

〔註20〕見阮元校勘：《十三經注疏・尚書正義》，頁111。
〔註21〕見曾克耑：《頌橘盧叢稿》，內篇卷34，詩存卷18，頁6～7。

一切有為如電露，梅花林是逃名處。

金粟如來杜口時，百萬人天去參悟。

大月掛在珊瑚枝，西方美人來何時。

花影如潮怒而起，守花玄鶴驚高飛。

弱水蓬萊張海市，海神只許坡仙至。

回頭變滅隨東風，再難寄與相思字。

故家遙在玻瓈江，梅花如雪月如霜。

梅香送客一千里，岑參杜甫下瞿塘。

今年花發去年樹，明月自來還自去。

梅樹千年月萬年，抱月長終無返顧。

揚州何遜老何曾，春風詞筆新發硎。

鄧尉羅浮能念我，金杯邀月澆花靈。

人間同望春來早，嶺南塞北東鯤島。

有梅有月有詩人，梅月詩人同壽考。

倚天長劍寒九州，梅花開滿天山頭。

天山群玉瑤池水，曾是追風八馬遊。

可憐動地歌黃竹，尚告祥刑安九服。

綺窗延眺不重來，授君空有長生籙。

古今之變誰能通，能究天人太史公。

堯囚舜放杜宇怨，商紂英明時則窮。

秦皇漢武出其類，唐宗宋祖拔其萃。

各苦蒼生數百春，梅花著雨傷春淚。

玉髓香瘢點壽陽，玉龍哀曲姜堯章。

香銷月落海清淺，長恨不及長謠長。〔註22〕

此詩運用比興、象徵手法，構成繁富美麗的藝術意境，深受李義山的影響。

以梅花為題，大多書寫梅花的意態，寄託個人的精神品格，但此詩卻多書寫家國滄桑，暗諷時事，長恨綿綿無絕。可粗分為兩大段，「天寒歲晚梅花開」到「再難寄與相思字」為首段，語言精麗，而深寓諷刺，「故家遙在玻瓈江」到詩末為第二段，語言較為健爽，多抒發鄉心、蒼生的哀痛。每四句一換韻，起結皆化用姜夔〈暗香〉、〈疏影〉詞句，詩中亦多化用前人述梅花的

〔註22〕見《戍庵詩存》次十七，頁551～552。

詩句，然而華采紛呈，卻自有個人的精神意態。

「天寒」八句爲一小段，在梅花、明月相映之下，笛聲悠揚飄逸，展開一份溫柔婉麗、清新幽靜的情調，而思念故國的情懷、堅貞的志節也在其中展現。「舊時」三句，連用三典故，一是〈暗香〉「舊時月色，算幾番照我，梅邊吹笛」，一是〈疏影〉「想珮環月夜歸來，化作此花幽獨」，以及桓伊爲王徽之（子猷）即興吹奏「梅花三弄」的故事，〔註23〕而音節婉轉，造境幽麗，彷彿明月的來尋，笛聲的悠揚，使梅花的魂魄重回，在寒風中昂然傲立，堅貞的精神表露無遺。並就此轉而描繪故國恬靜的生活，而以姜夔過垂虹橋爲喻，彷彿連梅花也一同沈醉。姜夔曾拜訪范成大，回吳興時，雪夜過垂虹橋，第一次作〈除夜自石湖歸苕溪〉，第二次與小紅一起低唱吹簫，作〈過垂虹〉，有「曲終過盡松陵路，回首煙波十四橋」句，情境極富美感。〔註24〕羅尚以此比喻早年生活的恬靜美好，令人沈醉。

「只恨」八句爲一小段，氣韻轉爲哀傷沈痛，先藉大風一起，離散仙雲彩鳳，比喻家國動亂，骨肉流離，再以星辰海底比喻國家敗喪，兩岸隔絕，而使分離的骨肉消息難通。這是化用李商隱的「昨夜星辰昨夜風，畫樓西畔桂堂東。身無彩鳳雙飛翼，心有靈犀一點通」，〔註25〕而關懷更廣，哀悽更甚。「定定」二句，同樣化用李商隱詩句，〈憶梅〉云：「定定住天涯，依依向物華。」〔註26〕並化用海淺桑紅的典故，〔註27〕意指蔣介石、國民黨退守

〔註23〕《世說新語・任誕》載王子猷出都，尚在渚下。舊聞桓子野善吹笛，而不相識。遇桓於岸上過，王在船中，客有識之者云：「是桓子野。」王便令人與相聞云：「聞君善吹笛，試爲我一奏。」桓時已貴顯，素聞王名，即便回下車，踞胡牀，爲作三調。弄畢，便上車去。客主不交一言。見余嘉錫：《世說新語箋疏》，頁761。桓伊的即興演奏曲，即是著名的笛曲「梅花三弄」。

〔註24〕姜夔雪夜過垂虹，第一次是獨自一人，作〈除夜自石湖歸苕溪〉：「笠澤茫茫雁影微，玉峯重疊護雲衣。長橋寂寞春寒夜，只有詩人一舸歸。」第二次與小紅一起，作〈過垂虹〉：「自作新詞韻最嬌，小紅低唱我吹簫。曲終過盡松陵路，回首煙波十四橋。」見姜夔著，夏承燾校輯：《白石詩詞集》，頁41，頁108，頁47，頁195。

〔註25〕語出〈無題二首〉。見李商隱撰，劉學鍇、余恕誠集解：《李商隱詩歌集解》，頁389。

〔註26〕見李商隱撰，劉學鍇、余恕誠集解：《李商隱詩歌集解》，頁1263。

〔註27〕《神仙傳》卷三〈王遠〉載麻姑見王遠，云：「接待以來，已見東海三爲桑田。向到蓬萊，水又淺于往者會時略半也。豈將復還爲陵陸乎？」方平（王遠字）笑曰：「聖人皆言，海中復揚塵也。」見葛洪撰：《神仙傳》，收入於《景印文淵閣四庫全書》第1059冊，頁270。羅尚屢用此事來指臺灣所受到的侵逼危險。

臺灣，惆悵萬分，意態蕭索，而中共仍不放棄統一，意圖武力併吞臺灣。「玉奴」二句，則是東坡「玉奴終不負東昏」句的翻案，東坡以爲潘妃自縊，不負東昏侯的寵愛，但《南史・齊本紀》載潘妃奢華放恣事甚詳，間接導致國家覆亡，〔註28〕故羅尚認爲玉奴終是辜負東昏侯。並藉此諷刺蔣宋美齡，貪權愛財，不惜傾城傾國，不僅辜負蔣介石，也辜負了人民的期待。

「千樹」以下十六句爲一小段，聯繫當時的局勢與個人隱居的心志。先以「千樹垂垂飄古香」象徵林和靖的高德，林氏「清節映世」，故得與水仙並祀，〔註29〕與梅、桃、李同芬芳，藉此表明國破家亡後個人企慕歸隱的心志。再想像九疑山仙女萼綠華遠來探視，〔註30〕而興起家國崩壞，軍民流離的苦痛。「存」，問候之意。「九疑深復深，湘江水絕蒼梧崩」，呼應上文的「傾城傾國」，這是化用李白的〈遠別離〉。〔註31〕「精靈」二句，比喻大陸諸多軍民逃難流離到臺灣。「一切」四句，連續化用兩個佛教典故，一是《金剛經》文末的偈語：「一切有爲法，如夢幻泡影，如露亦如電，應作如是觀。」〔註32〕一是世尊靈山說法，只拈花微笑而不言語，與會天人莫不苦思參悟。〔註33〕暗諷國家敗亡迅速，退守臺灣後，又施行白色恐怖，國家大事皆不可言說，只能暗自體味參悟。因此在如此惡劣的政治氣氛下，更令

〔註28〕語出〈次韻楊公濟奉議梅花十首其四〉。見蘇軾著，王文誥輯註，孔凡禮點校：《蘇軾詩集》，頁 1737。《南史・王茂傳》載東昏妃潘氏玉兒有國色，武帝將留之，王茂曰：「亡齊者此物，恐貽外議。」帝乃出之。軍主田安啓求爲婦，玉兒義不受辱，乃自縊。見李延壽撰，楊家駱主編：《新校本南史》，頁 1352，頁 153～155。

〔註29〕「錢塘有水仙王廟，林和靖祠堂近之。東坡先生以爲和靖清節映世，遂移神像配食水仙王云。」見黃庭堅撰，任淵，史容，史溫注：《山谷詩內集注》（台北：學海，1979 年 10 月），〈劉邦直送早梅水仙花四首（其四）〉注，頁 850～852。當時人稱林和靖隱居自在，鶴子梅妻。

〔註30〕南朝梁陶弘景《眞誥・運象篇》：「萼綠華者，自云是南山人，不知是何山也。女子，年可二十上下，青衣，顏色絕整，以（晉穆帝）升平三年十一月十日夜降羊權。自此往來，一月之中，輒六過來耳。云本姓楊，贈權詩一篇，並致爲浣布手巾一枚，金玉條脫各一枚。條脫似指環而大，異常精好。神女語權：『君慎勿泄我，泄我則彼此獲罪。』訪問此人，云是九疑山中得道女羅郁也。」見陶弘景：《眞誥》（北京：中華，1985 年），頁 1。

〔註31〕李白〈遠別離〉云：「堯幽囚，舜野死，九疑聯綿皆相似，重瞳孤墳竟何是。帝子泣兮綠雲間，隨風波兮去無還。慟哭兮遠望，見蒼梧之深山。蒼梧山崩湘水絕，竹上之淚乃可滅。」見李白著，瞿蛻園等校注《李白集校注》，頁 191。

〔註32〕見徐興無注譯，《新譯金剛經》，頁 133。

〔註33〕見宋・釋道原編著：《景德傳燈錄》，頁 17。

人想要歸隱，不問世事，「梅花林是逃名處」，呼應林和靖的隱居。

「大月」八句爲一小段，述軍民的鄉心離愁浩蕩，而難以歸家，呼應上文「星沈海底當窗見，未有靈犀一點通」。「西方」四句，意指政府期待各國的援助，以恢復國土，然而期盼總是落空，徒使來台軍民的鄉心離愁如花影，幻成怒潮澎湃，連守花玄鶴都驚嚇高飛。〔註34〕「弱水」四句，是再一次的幻想與打擊，彷彿眾人的期盼成眞，故鄉突兀在眼前，但其實這只是海市蜃樓，一下子就隨風消逝得無影無蹤，更令人心痛。

「故家」十六句，追述家鄉動人的景致，苦於不能再返故家，唯有梅、月相伴，稍感欣慰。語言清麗流暢，其中梅、月、詩人相互輝映，情意殷切，有如老友，充滿詩意，深得張若虛〈春江花月夜〉的神髓。何遜，是南朝梁詩人，羅尚藉來自喻，以春風詞筆寫花月之景，如新發於硎，游刃有餘，躊躇滿志。此處化用〈暗香〉：「何遜而今漸老，都忘卻春風詞筆。但怪得竹外疏花，香冷入瑤席。」鄧尉、羅浮，都是山名，遍植梅樹，故借代爲梅花。

「倚天」八句，藉穆天子西遊瑤水，拜訪西王母之事，並化用李商隱〈瑤池〉詩意，〔註35〕一面哀憐蒼生的不幸，勉勵執政者詳審謹愼，爲國家的長治久安而努力，也暗指蔣介石已過世，空有長生籙，掌握數十年國家權柄，終究不免一死，可見侯王追求長生與權柄，只是苦了蒼生。「倚天」句，化用龔定庵的「氣寒西北何人劍，聲滿東南幾處簫」，〔註36〕呼應「海桑志在爭顏色」，隱有臺灣時時處於中共威脅中的意思。

「古今」十二句，總結全文。「古今」八句議論，化用于右任〈讀史〉，〔註37〕將古今之變歸結於「各苦蒼生數百春，梅花著雨傷春淚」，語極哀豔

〔註34〕 龔定庵〈夢中作四截句（其二）〉云：「叱起海紅簾底月，四廂花影怒於潮。」見龔自珍著，王佩諍校：《龔自珍全集》，第九輯，丁亥，頁497。

〔註35〕 《穆天子傳》卷三載西王母在瑤池爲周穆王謠，曰：「白雲在天，山陵自出。道里悠遠，山川間之。將子無死，尚能復來？」卷五載周穆王在到黃竹的路上，「遇北風雨雪，有凍人」，遂作〈黃竹〉三章以哀其民。收入於《景印文淵閣四庫全書》第1042冊，頁254，頁260。李商隱結合其意作〈瑤池〉：「瑤池阿母綺窗開，黃竹歌聲動地哀。八駿日行三萬里，穆王何事不重來。」雖然主旨是諷刺求仙無益，縱遇仙人，仍不免於死。但聞〈黃竹〉歌聲動地，則見生民之哀。

〔註36〕 語出〈秋心三首〉。見龔自珍著，王佩諍校：《龔自珍全集》，第九輯，丙戌，頁479。

〔註37〕 于右任〈讀史三首（其一）〉云：「風虎雲龍亦偶然，欺人青史話連篇。中原代有英雄出，各苦生民數十年。」見于右任著：《于右任先生詩集》（台北：

沈痛。以為歷史多經美化，如今日所見的先秦事蹟，或許「堯幽囚，舜野死」才是真實的政治歷史演進。〔註 38〕而秦漢以來，不論是秦始皇、漢武帝，還是唐太宗、宋太祖，在逐鹿中原、爭奪帝位的過程中，總使得蒼生艱苦，而在坐上帝位後，總執持家天下、甚至「朕即天下」的想法宰制天下生民，以國家名義而殘害人民權益的事不知凡幾，就連將要撒手而去時，帝位的傳承，國家未來的走向，都不能不受到他們的操控，而且，即使在號稱民主的今日，仍無法掃除宰制天下的思想餘毒，生民自然是時常生活在艱苦中，令人悲慨。故詩末以「長恨不及長謠長」作結，白居易的〈長恨歌〉雖云：「天長地久有時盡，此恨綿綿無絕期。」但終究只是男女不能長相左右、情愛不能永恆的遺恨，豈能與禍難頻仍、廣大生民不能安居樂業的怨悱相提並論？〔註 39〕

　　全詩關懷層面廣闊，沈鬱頓挫，述幾十年來家國動盪，局勢惡劣，簡而義賅；眼見軍民流離，生民苦痛，而對上位者飽含諷怨；鄉心濃郁、浩蕩，以一人之心而涵蓋百萬軍民，情意極具普遍性。語言精麗典雅，善於鎔裁典故，不論是情愛、自傷、諷刺、哲思的故實，都能融化成個人清健的精神意態，如風雲卷舒，氣韻流暢自然，沒有兒女話語。故蘇文擢評云：「奇情壯采，抗手李杜。」〔註 40〕又說：「七古則如天仙化人。空靈矯健。高者抗手太白矣。夫學杜可純以人力。學李則三分天授。惟先生兼之。」〔註 41〕評價極高。

　　羅尚的長篇七古氣勢澎湃，長篇五古雖然稍遜一籌，但仍具氣勢，如〈壬戌七月既望東坡泛赤壁九百年作〉云：

　　　　坡公泛赤壁，今夕九百年。余適寄滄海，四顧臨茫然。

　　　　悲風送遺響，如聞明月篇。尚想洞簫怨，而為英雄憐。

　　　　周郎比孟德，不知誰更賢。人事急代謝，相繆仍江山。

　　　國史館，1978 年 7 月），頁 86。

〔註38〕《史記·武帝本紀》正義引《括地志》云：「竹書云：『昔堯德衰，為舜所囚。』」見司馬遷著，楊家駱主編：《新校本史記三家注》，頁 31。舜野死，謂舜征有苗，死於蒼梧之野。

〔註39〕「玉髓」二句，係化用吳文英〈高陽台〉（落梅）：「壽陽空理愁鸞，問誰調玉髓，暗補香瘢？」及姜夔〈疏影〉「還教一片隨波去，又卻怨玉龍哀曲。」

〔註40〕語見〈寄懷戎庵詩老台北〉自注。見蘇文擢《邃加室遺稿》（香港：鳴社，1998年 5 月），頁 117。

〔註41〕見蘇文擢：《邃加室遺稿》，〈與戎庵先生論詩書〉，頁 261。

公去不少留，遨遊挾飛仙。遂令大江水，長逝無回還。

剩此一輪月，萬古空中懸。照公復照我，神遊浮天淵。

驚濤裂高岸，亂石多崩邊。雄姿英發者，譚笑持機權。

而今問安在，銅雀生荒煙。分香賣組屨，登望西陵田。

惟公賦不朽，光氣聯星纏。金聲而玉振，貫陸未足先。

一杯遠相酹，有誄無管絃。世路大夢耳，天時涼好眠。

我輩猶多情，明月缺又圓。所願流離人，陸海同嬋娟。〔註42〕

此篇屬於歌行體，羅尚認為歌行體的字句之法，「間於律體與古體之間，甚至有可用律句之處。……入手唯一法門，是用古文奪胎換骨」，又說：「今日以古文奪胎換骨，變為古體詩字句法，不失為因時制宜。」〔註43〕故此篇以東坡的名作〈赤壁賦〉、〈念奴嬌〉（赤壁懷古）、〈水調歌頭〉（明月幾時有）為材料，加入個人的流離際遇、感慨，奪胎換骨而成。

以抑揚錯綜的筆法，由東坡貶居黃州，泛舟赤壁寫起，羅尚寄居滄海，景況相似，無窮感慨遂奔發而出，故擷取悲風遺響，簫聲「如怨如慕，如泣如訴」的情懷，既憐英雄豪傑，亦復自憐，而有茫然悲戚之感，與「人事急代謝」、「驚濤裂高岸，亂石多崩邊」、「而今問安在，銅雀生荒煙」，「世路大夢耳」諸句相呼應。再由明月萬古高懸，復照自己，抒發彷如與東坡一同挾飛仙神遊天淵的情懷，多情而不朽，高亢而渾圓，超越古今，千載一時，雄闊無邊。連常缺不滿的月，都如同感受到自己的情意而再次圓滿。結語「所願流離人，陸海同嬋娟」，有仁愛惋惻之思。

張夢機教授說：「羅詩類雲鵬，搏扶氣上擊。」〔註44〕很能說明羅尚長古的雄放肆大。劉熙載《藝概》云：「善古詩必屬雅材。俗意俗字俗調，苟犯其一，皆古之棄也。」〔註45〕羅尚特以古體見長，全無儕俗之氣，時人屢屢稱譽，顯見雅材。而他的詩歌內容則多能結合個人際遇、鄉心惆悵、家國滄桑，抒發襟抱，關懷蒼生，寫出多數生民的企盼，並譏刺上位者的舉措及施政不當，合於國風小雅詩人的義旨，加以志氣雄放，典故嫻熟，變化自然，遂顯得激昂慷慨，感慨萬端，異采紛呈，意味深長。

〔註42〕見《戎庵詩存》次九，頁414～415。

〔註43〕見羅尚：《古典詩形式說》（自印本），頁71。

〔註44〕見張夢機：《西鄉詩稿》，〈芳園雅集〉，頁29。

〔註45〕見劉熙載：《藝概·詩概》，頁71。

二、短篇古體

　　雖然羅尚的長古氣勢最富雄壯氣象，但他的短古也時有清健之語，甚至沈雄怨慨，別有一番風味，如〈觀葉大使寫竹〉云：

> 漢使還朝謝凡俗，濡染大筆寫修竹。
> 梁園風日瀟湘雲，噦噦青鸞鳴嶰谷。
> 神態各殊隨意成，高節挺出詩骨清。
> 胸次枒椏有萬本，吐述聊爾抒性情。
> 禺山家世知名久，海內一時矚南斗。
> 小阮於今鬢已絲，物望中興折衝手。
> 水擊三千願豈虛，劇憐吹浪走長魚。
> 椰瓢蒻笠觀滄海，時就琅玕讀道書。〔註46〕

葉公超的外交工作表現搶眼，但在駐美大使任內，因蒙古加入聯合國一事，未極力促請美國反對，被蔣介石緊急召回，改任行政院政務委員，從此沈浸書畫中，不再參預政事，而與羅尚結為詩畫友。

　　此詩前八句寫葉公繪竹，竹枝竹葉的姿態宛如風中搖曳，彷彿青鸞高鳴，〔註47〕「高節」句，寫竹如寫人，清新挺拔；胸次萬本，胸懷廣闊，識見清雅，品格剛毅。後八句以極精簡的詞句綜括葉公的家世、成就、志願與落寞，筆力驚人，直透紙背。葉公是廣東番禺人，書香傳家；南斗，是長壽象徵。「小阮」二句，以竹林七賢中的阮咸稱喻葉公，性情真純，〔註48〕且外交功高，葉公曾簽訂保衛臺灣安全最重要的兩個條約，中日和約、中美共同防禦條約，功績昭著，雖然年華老大，仍是眾望所歸。「水擊」二句，勁健哀憐，寫葉公的報國志願，猶如大鵬欲擊水高飛，〔註49〕可惜凌雲萬丈的才幹終究虛負，遭到罷黜，暗諷蔣介石過度干預，決定錯誤，點出「漢使還朝」的真相。「椰瓢」句，寫葉公雖遭罷黜，仍關心時政，猶有報國之心。然而報國無門，只能「時就琅玕讀道書」，末句將葉公落寞的形影描繪得極清晰深刻，呼應了「謝凡俗」，也指出「謝凡俗」的真實景況。

〔註46〕見《戎庵詩存》次三，頁112。
〔註47〕相傳黃帝使泠綸至解谷（嶰谷）取竹以作樂，聲音如鳳鳴，為黃鐘之宮，是音律之本。見班固撰，顏師古注：《新校本漢書·律曆志》，頁959。
〔註48〕《世說新語·賞譽》載山公舉阮咸為吏部郎，目曰：「清真寡欲，萬物不能移也。」見余嘉錫：《世說新語箋疏》，頁424。
〔註49〕見郭慶藩編，王孝魚整理：《莊子集釋·逍遙遊》，頁2。

　　寫人的難處在於要寫出被描繪者的性情，此詩的好就在這裡，前半段寫畫如見葉公性情，後半段又以極形像之語，綜括了葉公的志願、落寞而不屈服的情態，清俊中自有一股不可磨滅的君子強健氣息。

　　羅尚在短古中也流露故園之思，滄桑之感，而有勁拔的氣勢，尤其在開放探親後，好友蘇文擢教授問起還鄉的時日，更興起強烈感慨，如〈東鯷篇苔寄塵庵問〉云：

> 今宵月明誰倚樓，無箭無篷無空侯。
> 東鯷萬里極蕭瑟，怒潮花影搖簾鉤。
> 雁聲何年到戒外，六鼇霜骨堆成丘。
> 故山大好不歸去，壯歲旅泊今白頭。
> 蓬萊清淺釣竿畔，商音滿耳紅桑秋。
> 天吳節制千百億，魚蝦蛤蚌黿鼉虯。
> 神劍飛來斬弱水，珠宮貝殿煙雲愁。
> 晴空不復現翠阜，夜壑曾見遷藏舟。
> 嗟今助桀不助堯，作東道主難運籌。
> 數之所成理弗奪，吾乃葛亮非譙周。
> 砌蛩沸夜落復起，江東冷眼孫仲謀。
> 問訊戒祖近安好，遙遙寄此遮情謳。〔註50〕

東鯷，漢時對臺灣的稱呼。〔註51〕前八句為一小段，因見月而興起鄉愁，而感無邊蕭瑟。「怒潮花影搖簾鉤」，可見鄉愁的浩蕩。空侯，即箜篌。「雁聲」二句，以比興之法寫等待的心理，等待與家鄉互通音訊的時間極為長久，連曾經負載神山的六鼇，骨頭都已成霜且堆成丘，〔註52〕可見鄉愁累積得巨

〔註50〕見《戎庵詩存》次廿二，頁692。

〔註51〕見班固撰，顏師古注：《新校本漢書‧地理志》，頁1669。范曄撰：《新校本後漢書‧東夷傳》，頁2822。連橫：《臺灣通史‧開闢紀》即以為東鯷是臺灣，見《臺灣通史》，頁2。

〔註52〕李白〈登高丘而望遠〉云：「登高丘，望遠海。六鼇骨已霜，三山流安在？」見李白著，瞿蛻園等校注：《李白集校注》，頁281～282。《列子‧湯問》：「渤海之東，不知幾億萬里，有大壑焉，實惟無底之谷，其下無底，名曰歸墟。八絃九野之水，天漢之流，莫不注之，而無增無減焉。其中有五山焉：一曰岱輿，二曰員嶠，三曰方壺，四曰瀛洲，五曰蓬萊。其山高下周旋三萬里，其頂平處九千里，山之中間，相去七萬里，以為鄰居焉。其上臺觀皆金玉，其上禽獸皆純縞。珠玕之樹皆叢生，華實皆有滋味，食之皆不老不死。所居之人，皆仙聖之種，一日一夕，飛相往來者，不可數焉。而五山之根，無所

大、沈痛。戒外，指九州之外的臺灣。「故山」二句，則直以個人容貌的變化表達離鄉的長久，而不欲還鄉。植怨頗深，至有恨意。羅尚曾云，當時父母已雙亡，再無探親理由，也因身體不佳，需要長期療養，於是決意不回鄉。若從「故鄉大好」來看，恐亦有離鄉甚久，家鄉變化甚大，已非年少時的記憶，故欲將故鄉的美好記憶長留心中，不願回鄉，以免有所破壞。

「蓬萊」八句，由「蕭瑟」而來，寫政府不僅無力恢復，且不圖振作，早年仍可憑恃海峽天險，近年來中共武力大增，能以飛彈侵擾脅迫，致使臺灣形勢危急。「神劍飛來斬弱水」，有異軍突起、晴空霹靂之勢。「晴空」二句，有怨怒之聲，置於「珠宮」句後，是刻意用倒置法，使文氣更為陡峭勁拔。「晴空」、「夜壑」二句，也是自相倒置。

「嗟」字使氣勢頓挫，感嘆時勢衰敗，各國不與中共抗衡，只願作東道主，使臺灣的外交空間益形逼仄狹窄，難以運籌突破。「數之」二句明志，即使天數如此，仍願如孔明積極備戰，抗拒中共，不欲為譙周獻投降之策。〔註53〕隨即借孫權諷刺上位者不積極整軍經武，徒使臺灣日漸危急。孫權在赤壁之戰中，堅持抗拒曹操，數年後，當曹操引兵相侵，又親率軍隊布陣，使曹操讚嘆：「生子當如孫仲謀。」隨即退兵。〔註54〕「江東」句，即意謂臺灣當時人物，俱不如孫權，若孫權遇見他們，必定冷眼以對。「問訊」二句，回應蘇文擢，做為結束。「遮情」，本是佛教語，此意謂微辭婉晦，隱義藏用。〔註55〕

全詩雄健蒼茫，寓詞託諷，蕭瑟愁怨，雖然心念故鄉，但對生活數十年的臺灣，更有憂患之感。

除了諷刺之作外，羅尚在觀賞大海景致時，也能體現與天地合一的壯闊，毫無塵俗之感，如〈三貂角海濱〉云：

連著，常隨潮波，上下往還，不得暫峙焉。仙聖毒之，訴之於帝。帝恐流於西極，失群仙聖之居，乃命禺彊，使巨鼇十五，舉首而戴之，迭為三番，六萬歲一交焉。五山始峙而不動。而龍伯之國有大人，舉足不盈數步，而暨五山之所，一釣而連六鼇。合負而趣歸其國，灼其骨以數焉。於是岱輿、員嶠二山，流於北極，沈於大海，仙聖之播遷者巨億計。」見蕭登福：《列子古注今譯》，頁416～417。

〔註53〕見陳壽撰，裴松之注，楊家駱主編：《新校本三國志》，頁1029～1031。

〔註54〕見陳壽撰，裴松之注，楊家駱主編：《新校本三國志》，頁1117～1119。

〔註55〕劉勰在《文心雕龍・徵聖》中以為杜預《春秋左氏傳序》提出的五例是微辭婉晦，隱義藏用。五例是：隱而顯，志而晦，婉而成章，盡而不污，懲惡而勸善。見劉勰著，周振甫注釋：《文心雕龍注釋》，頁17～22。

驚濤打危厓，我在厓上坐。濤急雲悠閒，看雲枕石臥。

左側丹楓林，右畔竹萬个。怡然發浩歌，我歌山海和。

始覺九州外，世界如許大。願如鷗浴波，已厭蟻旋磨。

天外佳音來，一陣秋風過。仙乎仙乎仙，何物是寒餓。〔註56〕

此詩得山海之助，前半段筆意奇崛，雄壯浩瀚，寧靜而又流動激盪。藉驚濤拍擊危崖的氣勢，突顯人的安穩悠閒，波濤拍擊得越激烈，越能顯出崖上人雄闊安穩的氣度，寧定自在的心靈，神思邈遠，如同浮雲悠閒，怡然浩歌，山林海濤俱來相和。「始覺」以下，氣勢減弱，甚是可惜。

羅尚的短古雖然不若長古的澎湃開宕，但仍能維持一貫的氣勢勁健，有相當功力。

三、律　體

在古體中容易表現雄邁的氣概，但要在律體中表現並不容易，而羅尚憑著兀傲眞摯的性情、豐厚的學養，一樣表現得極好，如〈正月十七對月〉云：

春月大於盤，初更出碧山。流光千里共，旅泊萬家看。

今夜非前夜，高寒對廣寒。陰晴原不定，哀樂正無端。

天上嗔靈藥，人間怨玉關。泣珠能漲海，聞笛久憑欄。

對影青蓮舞，還鄉蜀道難。君門開十二，飛夢入長安。〔註57〕

這是一首五言排律，在排律中，幾乎所有的字句都要對仗，對仗會限制雄健氣勢的奔騰開宕，因此要在排律表現雄勁更為困難。此詩前四句先由月光流照千里，人間共看，呈現開闊的氣象，由「旅泊」引出哀樂無端的鄉心愁怨。「流光」以下十二句，全用對句。「高寒對廣寒」，可見愁心沈重，寒意浸人，氣勢雄渾。「無端」以下，愁怨飛遄急切，氣勢一句高過一句。「天上」六句，連用數典說明流落的孤寂、鄉心離愁的濃厚、還鄉的困難。「天上嗔靈藥」，承「廣寒」而來，脫胎自李商隱〈常娥〉名句：「常娥應悔偷靈藥，碧海青天夜夜心。」與「人間」句，寫故鄉遙遠，分離相思之苦，一寫天上，一寫人間。「泣珠」二句，〔註58〕一寫海上，一寫陸地，寄寓流落孤寂的苦悶。珠淚

〔註56〕見《戎庵詩存》次十，頁439。

〔註57〕見《戎庵詩存》次六，頁285。

〔註58〕南海外有鮫人，水居如魚，不廢織績，其眼能泣珠。見張華撰，范寧校證：《博物志校證·異人》卷二，頁24。

漲海，憑欄聞笛，寫思鄉的愁苦，企盼回鄉。「對影」二句，結合李白的〈月下獨酌〉、〈蜀道難〉詩意，直言離鄉的愁悶、歸鄉之路的迢遙艱難。又羅尚是蜀人，用「蜀道難」一詞，頗能符合身分。末二句有自慰之意，既然對月、憑欄聞笛、對酒、遠眺，都讓旅泊的人愁苦，不如就寢，夢魂還能飛回，以見父老。如此期待，顯然是在哀怨纏綿中，聊以自慰。

全詩無一愁字，而愁緒滿紙，得力於典故嫻熟，聲情的掌握極佳，在結合各典故中顯現出創造力，使愁緒能隨典故飛遊而出，奔洩千里。

七律有源自杜詩的沈鬱頓挫傳統，羅尚也深得其中三昧，並有雄壯的氣韻，如〈春夜候門漫與又一篇〉云：

> 廣明蘭若一聲鐘，月照文山萬萬重。
>
> 未得長風歸大舸，誰教獨鶴守孤松？
>
> 花開頓覺春能老，人遠還思夢可逢。
>
> 不定珠槃嗤碌碌，更無餘地鬥機鋒。〔註59〕

作此詩時，女兒正就讀淡水高中，故夜間候門。首聯藉著佛寺鐘聲的飄盪、月光的普照、山勢的萬萬重，開展出雄壯厚重的氣勢。「萬萬重」，將夜色下候門人鬱積的情意開宕出來，引發下文。頷聯進一步開宕，以問句託諷：是誰造成今日的情景，需要在此地安家卜居，如同孤鶴守著孤松，而未能乘長風回家鄉？結合骨肉之情、鄉心，蘊藏深沈的諷怨，學自李義山。以鶴、松自喻，自有高標品格之意，與下文庸碌珠槃爭鬥機鋒形成強烈對比。

「頷聯」承未歸、獨守之意而轉，由花開而頓覺時節變換迅速，使人垂垂老去，而思夢中相逢。表面上是聊以自慰，但其實哀怨更深。「春」字，語意雙關，既指春天，又指青春。「末聯」總結詩意，進一步諷刺上位者庸庸碌碌，爭權奪利，但仍勸勉上位者，當以國家為重，要使百姓安居樂業，若再失去臺灣，就沒有其他地方可以安居、可以爭鬥了。「珠槃」，藉指上位者。

此詩沈雄婉諷，風飄絕遠，深得龔定庵惻悱遒上的神氣。又如〈冬夜漫興〉，羅尚自云氣韻學自龔定庵：

> 去去商山採紫芝，已為黃石立神祠。
>
> 身丁海水群飛日，眼見桐心半死時。
>
> 日月行天能作健，江湖滿地寄相思。
>
> 仙家亦是無聊極，柯爛猶爭打劫棋。

〔註59〕見《戎庵詩存》次十八，頁560～561。

〈冬夜漫興後篇〉云：

> 朔氣蕭森識歲闌，故山猿鶴望歸鞍。
> 相期國壽人長壽，此夕星寒月更寒。
> 悄向青萍成默祝，又生紅藥與誰看。
> 京華北斗兼天遠，弱羽衝鋒事至難。〔註60〕

健筆凌雲，哀音纏綿。第一首前四句寫國家淪喪、政府南遷、中共侵逼的危急，後四句寫臺灣政治、選舉亂象百出，彷彿政客全不顧念人民。首聯藉漢代立朝，留侯張良爲黃石公立祠事，〔註61〕代指國家敗喪，中共已據大陸，應當如四皓歸隱商山，已經呈現對國事無力之感。頷聯以海水群飛、桐心半死，述親身遭遇國家的巨大動盪、危急，深慨沈痛。頸聯語意一轉，以日月行天婉轉譏諷上位者的安然，經歷巨變，到了臺灣，仍是掌握權勢，只有人民滿地江湖，離情苦思，生活悽苦。末聯更轉而諷刺選舉的亂象，臺灣每次選舉，總上演攻訐謾罵、哭聲震天、賄賂的戲碼，故批評說這是窮極無聊的爭權手段，〔註62〕完全不顧念蒼生的艱辛、國家的未來。既無力，又無奈。

第二首直抒期望，而興寄沈痛。首聯因蕭森朔氣而興起歲暮鄉心。頷聯、頸聯連續採用先揚後抑的方法，使情意的升沈跌宕更爲強烈。「相期國壽人長壽」，是在哀傷中仍抱存河清人壽的美好企盼，若能河清人壽，就能回鄉；「國壽」一詞，突顯出對國家的關懷。然而雖有企盼，現實卻是「此夕星寒月更寒」，星月之寒象徵國家的現況寒意逼人，寒盡人心，語氣勁健而情意頓挫悽惻。「悄向青萍成默祝」，語意又一轉，雖然國勢如星月寒冷，但仍不願放棄，而向青萍寶劍祈求，寶劍有靈，將能撥亂反正，安定天下，讓人回鄉。但眼見橋邊紅藥又生，期望凋零，衝擊極大。「又生」句化用姜夔〈揚州慢〉：「念橋邊紅藥，年年知爲誰生。」〔註63〕有黍離之悲。末聯反用蘇軾〈次韻答子由〉：「平生弱羽寄衝風，此去歸飛識所從。」〔註64〕意謂要能弱羽衝風，歸飛回鄉，恐怕是難上加難，諷諭深刻。

〔註60〕見《戎庵詩存》次十九，頁627～628。兩組詩共八首，每組各四首。〈冬夜漫興〉序云：「時第二屆立委改選甚囂塵上。」

〔註61〕見司馬遷著，楊家駱主編：《新校本史記三家注・留侯世家》，頁2048。

〔註62〕《戎庵詩存》次七，〈選戰社課〉中有很精彩的描述，頁358。

〔註63〕見姜夔著，夏承燾校輯：《白石詩詞集》，頁124。

〔註64〕見蘇軾著，王文誥輯註，孔凡禮點校：《蘇軾詩集》，頁1056。《史記・韓安國傳》：「衝風之末，力不能漂鴻毛。」見司馬遷著，楊家駱主編：《新校本史記三家注》，頁2861。

這組詩規摹杜甫〈秋興八首〉，深得其義，兼有李義山的婉麗，並富時代精神。蘇文擢評云：「寄沈痛於婉諷之中，抒見聞於耳目之外，其婉麗出義山，高華自遺山，時有揮斥八極者，定庵之律也！其整體之沈鬱頓挫，非深於杜者，誰能為之。」〔註65〕堪稱卓識。

七絕一體，僅二十八字，不易表現闊大豪邁的精神，而羅尚則能融合李義山的深沈、龔定庵的孤峭、杜牧之的豪縱、王漁洋的神韻，上追太白、龍標，自成一家。如〈夜半至碧潭橋上〉云：

　　溪上千家夢正酣，纖塵不動只飛嵐。

　　諸天亦覺無多事，百萬星辰聚碧潭。〔註66〕

此詩豪邁沈靜的精神意態在最後一句脫然而出，前三句以輕巧靈動作為襯托，而「正」、「飛」二字的聲調正醞釀一股闊大的豪情，蓄勢待發，「諸天」一詞漸露端倪，「無多事」則仍收束，「聚碧潭」即氣力萬鈞，將「百萬星辰」渾厚闊大的氣勢完全凝聚迸發，寫寧靜而賦予熱鬧雄闊的意象，既光輝耀眼，又具沈靜自然的神韻，構思極為奇幻，創造力驚人。

又如〈陽明館午睡〉，章法與〈夜半至碧潭橋上〉相似：

　　清風拂檻意能遙，重感丹邱折柬招。

　　消受萬松園夢綠，最高山館臥秋濤。〔註67〕

前二句倒置因果，本是先有朋友折柬相招，才有今日清風相拂，神舒意遙，現在倒置，不僅可以表現神舒意遙，更能突出感謝之意。丹邱，是元代墨竹名家柯九思，柯九思號丹丘生，有《丹邱集》行世，此藉以指能畫墨竹的朋友。三、四句承首句意遙而來，寫得極好，場景闊大舒爽，秋氣松濤浩瀚，更映襯出山間的寧靜、內心的安適，「消受」、「臥」二語，最能顯出這樣的感受，並將夢境、現實完全融合起來，令人不知夢裡夢外。再者，羅尚故鄉松樹漫山遍野，此情此景，不無身在故鄉，濡慕安適的情味。

姜夔〈平甫見招不欲往〉云：「人生難得秋前雨，乞我虛堂自在眠。」〔註68〕羅尚此詩不僅逍遙直率與他相似，更有來之安之，宏闊沈靜的氣象，絕非王漁洋的神韻所能規範。

〔註65〕見《戎庵詩存》次二十，〈答香港寄塵庵論予冬夜漫興前後八首〉詩序，頁635。
〔註66〕見《戎庵詩存》次六，頁271。
〔註67〕見《戎庵詩存》次三，頁96。
〔註68〕見姜夔著，夏承燾校輯：《白石詩詞集》，頁45。

又如〈寫竹〉，有清拔孤峭之氣：

> 海日昏黃海氣寒，長鯨拔浪助狂瀾。
>
> 我思昔日連鼇手，寫取修篁作釣竿。〔註69〕

首二句藉長鯨拔扈，海上狂瀾驟至，象徵中共的威脅。三、四句展現清剛不懼的英雄本色，巧用巨人一釣六鼇的故事，〔註70〕欲寫修竹作釣竿，釣取長鯨，力挽狂瀾，頗見奇思。

又如〈看花絕句和韻〉，龔定庵詩的氣韻更爲濃厚、明顯：

> 輦土名山議壙坏，忍教香色化飛灰。
>
> 落紅自是多情種，要向春風得意回。〔註71〕

化用《紅樓夢》黛玉葬花的故事及龔定庵〈己亥雜詩〉名句：「落紅不是無情物，化作春泥更護花。」輦土名山，見花朵飄零而不忍，於是興起葬花的想法，本是哀憐花朵，只是花朵丰采仍是盡化成飛灰，語意婉轉哀憐。但轉念一想，落紅多情，豈會就此消逝無蹤？春風一起，自會再次得意躊躇，笑向人來，三、四句的峭拔意態，彷彿也在春風中燦爛的綻放。

李義山〈送臻師二首（其二）〉云：「苦海迷途去未因，東方過此幾微塵。何當百億蓮華上，一一蓮華見佛身？」〔註72〕有深沈慨嘆、祝福的意味。羅尚〈三千詞〉汲取了他的深沈，並化爲豪宕定靜：

> 三千世界等微塵，吩咐蓮花現佛身。
>
> 雲表泥中標淨植，人天眷屬結星辰。

〈寒宵吟〉亦是：

> 才情左海小難容，曾聽三生一杵鍾。
>
> 百億蓮花同現佛，動如風雨定如龍。〔註73〕

佛教以蓮花作爲象徵。三千世界濁穢，等同微塵，然而就在濁穢之中，蓮花潔淨，出淤泥而不染，如同佛陀在人間度盡苦厄，終於成佛。佛陀、蓮花，各以身教，在雲表泥中高標淨植，使人天有所依循而成就，如高掛中天的星辰。

〔註69〕見《戎庵詩存》次二，頁53。

〔註70〕見《列子·湯問》：「龍伯之國有大人，舉足不盈數步，而暨五（仙）山之所，一釣而連六鼇。」見蕭登福：《列子古注今譯》，頁416～417。

〔註71〕見《戎庵詩存》次二，頁26。

〔註72〕見李商隱撰，劉學鍇、余恕誠集解：《李商隱詩歌集解》，頁1933～1934。

〔註73〕見《戎庵詩存》次四，頁190～191。次廿二，頁700～701。

　　〈三千詞〉既讚揚了佛陀、蓮花，亦有自勉自勵之意，並對三千世界眾生有所期待，聲情豪壯健朗。〈寒宵吟〉則由「難容」脫出、鐘聲滌淨，達到動靜一如精神境界，既豪宕如風雨，又靜如龍定。彷如黃帝施奏咸池之樂，〔註74〕令人默默蕩蕩，體悟玄理，與道冥合，弘大萬變而不失定靜。

　　蘇文擢〈寄懷戎庵台北〉云：「君是峨嵋月，清輝靜處高。謳吟動河漢，道緊揭波濤。」〔註75〕清靜之處仍如河漢波濤，拔浪高春，連天而來，若用來評價羅尚的七絕，甚為適切。羅尚論詩以為七絕一體：「在定庵之孤峭，漁洋之神韻，義山之深沈，牧之之豪縱，劉禹錫之感慨，而總結於太白、龍標渾厚闊大。」〔註76〕既說明他的學習過程，又頗能道出他的絕句特色，富有才情，涵融前賢，而自成一家。他屢屢強調讀書的重要，相信這必定是從實踐中得來的寶貴經驗，不是虛妄的話語。

第二節　絳雪功深五百年

　　羅尚詩風雖以清剛勁健著稱，內容以懷邦念舊為主，但其實風格多樣，題材多元，不論是抒懷、贈答、翻案詩，還是書寫風物、民情、家國時局、個人愁怨，都能以真摯的情意統攝。至於詩中所表現的各種風格，包括清逸、平易、婉麗、諷怨、惆悵、童趣、幽默，也是如此。他自云：「懷邦念舊本人情，不朽文章出至誠。」〔註77〕可見他對詩作情意真誠與否的重視，而以此貫穿諸作。

　　羅尚詩作中尚有相當多描繪現代事物的作品，如〈電燈〉、〈電扇〉，或創造優美的意象，或運用典故，塑造出典雅的風格，展現非凡的創造力，本節將一併探討。

一、情意真摯

　　羅尚稟性淳厚，有回天轉地的志向，投身軍旅後，從未回鄉，親經家國喪亂，感慨萬千，故寫志抒情，懷邦的詩句俯拾即是，飽含滄桑之感，即使贈答詩中，仍多有此意。趙翼〈題遺山詩〉云：「國家不幸詩家幸，賦到滄桑

〔註74〕見郭慶藩編，王孝魚整理：《莊子集釋》，頁501～510。
〔註75〕見蘇文擢：《邃加室詩文續稿》（香港：作者自印，1984年9月），頁75。
〔註76〕見〈與陳文銓書〉。
〔註77〕見《戎庵詩存》次十七，〈憶湘潭舊遊寄似白石詩社〉，頁527。

句便工。」〔註78〕若用來評價羅尚詩，同樣能深得意味。如〈聞角三疊天韻〉
云：

> 下臨無地上無天，錐處囊中蓋有年。
>
> 我與邦家同命運，誰能詩酒即神仙。
>
> 月移花影聞吹角，風捲沙塵憶戍邊。
>
> 綠滿淡江秋水暖，予懷浩渺寄蠻陬。〔註79〕

此詩作於民國六十八（1979）年，任國民黨台北市黨部幹事之時。首聯反用
毛遂自薦的話語，毛遂見平原君說：「使遂早得處囊中，乃脫穎而出，非特其
末立見而已。」〔註80〕如今羅尚錐處囊中，卻不得脫穎而出、深受重用，又
不得回鄉，慨嘆、諷怨自深。「無地」，是一詩之眼。頷聯承「無地」開展，
將個人的流離與邦國的敗喪聯繫起來，與「覆巢之下無完卵」相當，使情境
闊大、哀痛加深。哀痛既深，便欲以詩酒自慰，彷彿詩酒可令人忘卻愁苦，
使神靈飄逸猶如神仙，是寄悲慨於曠達之外，寓淪亡於詩酒之中，筆力雄邁
激昂。

　　頸聯由「命運」承轉而來，彷彿詩酒不僅無力助人羽化登仙，且令人愁
懷更深，憶起當年役戍吹角連營，沙塵漫天的慷慨激昂。二句雄渾悲壯，渺
茫無邊，是此詩最佳之處。末聯總結流離不得安頓的沈痛。「綠滿」句先收斂
氣勢，再由「予懷」句蕩開，雖然綠滿淡江，秋水溫暖，南國的景致宜人，
但終非故土，遂使情懷如秋水浩渺，落寞惆悵，怨慨非常。

　　此詩抒發情懷，一吐為快，字裡行間，別有所寄。大陸詩人徐續在〈台
北贈停雲詩社羅尚社長〉曾稱讚羅尚云：「一代劍芒餘慷慨，幾人詞筆與綢
繆。」〔註81〕從此詩來看，他的評價是很深刻的。

　　羅尚的家國之思沈痛，往往結合個人的身世之感來抒發，故感受特別深
刻，情意更是濃烈，且興感萬端，字字真誠，如〈畫蘭〉云：

> 幽花長在有情天，亙古風華尚儼然。
>
> 曾記青龍明月夜，咸陽道上送銅仙。〔註82〕

〔註78〕見元好問著，清・施國祁箋：《元遺山詩集箋注》，頁781。

〔註79〕見《戎庵詩存》次七，頁320。

〔註80〕見司馬遷著，楊家駱主編：《新校本史記三家注・平原君虞卿列傳》，頁2366。
　　　　毛遂陪同平原君前往楚國，楚趙的合縱之盟才得以成功。

〔註81〕見《嶺雅》，第30期，2001年10月，頁16。

〔註82〕見《戎庵詩存》次三，頁73。

晉明帝青龍年間，欲將漢武帝在長安甘露宮所作的金銅仙人遷往洛陽，當時承露盤斷折，金銅仙人哀傷哭泣，情景淒涼。〔註83〕李賀爲作〈金銅仙人辭漢歌〉，設想月下遷徙的景況，云：「空將漢月出宮門，憶君清淚如鉛水。衰蘭送客咸陽道，天若有情天亦老。」〔註84〕羅尚化用此意作〈畫蘭〉。一、二句以蘭花幽獨象徵自己，長在有情天，風華儼然，則深情誠摯，亙古不改。三、四句承「有情」而憶念「送銅仙」之時，正意謂國土敗喪，國祚更迭，令人愁恨不止。再回頭對照一、二句，「有情」的含意就更顯深刻，亙古不變的深情，亦亙古承受了黍離之悲、別離之痛。憂思令人老，但蘭花幽獨，有情而不老，可見風華儼然乃是勉力維持，悲苦更甚。〈殘荷〉云：「人事有情因有恨。」〔註85〕正因爲有情、有深切的期待，故而恨意浩蕩。又如〈秋柳絕句〉云：

> 寒鴉萬點水邊村，散盡青煙見板門。
>
> 逝水年華人漸老，南方猶有未招魂。

〈夜起〉云：

> 朔氣微微到海陬，星芒垂地不曾收。
>
> 寒宵百萬還鄉夢，都上西行明月舟。

〈春日吟〉云：

> 柳梢風定雨初開，燈滿黃昏月滿臺。
>
> 淚濕春衫又元夕，紅桑生海不歸來。

〈顧曲詞〉云：

> 流人顧曲含悲辛，彼姝能唱鍾山春。
>
> 畫梁乳燕豈省事，王氣三百銷胡塵。
>
> 提琴豎笛嗷嘈起，風景不殊來夢裏。
>
> 百束紅綃贈雪兒，座中淚下如鉛水。

甚至連社課時作的〈驟寒〉，都是同樣情意，出自心肺：

> 煮雪歌詩逞有才，北風笳鼓助清哀。

〔註83〕《晉書‧五行上》載：「魏明帝青龍中，盛修宮室，西取長安金狄（金銅人），承露槃折，聲聞數十里，金狄泣，於是因留霸城。」見房玄齡等撰，楊家駱主編：《新校本晉書》，頁810。晉明帝遷金人的時間約在青龍五年（春三月改元景初），景初元年之時。

〔註84〕見李賀：《李長吉文集》（台北：學生，1971年8月），頁43。

〔註85〕見《戎庵詩存》次十八，頁588。

英年鐵馬黃河事，都向寒宵入夢來。〔註86〕

不論是寫柳、夜起、節候，甚至社課，都展現出濃厚的家國、身世哀痛。語言雅致而平易，用典自然，情意誠摯，沒有一點造作，又能以舒緩哀惋的聲調，傳達出一種羅尚特有的，融有雄渾之氣的惘惘情懷。

對父母、家人的掛念，也是一生難解的情意，如〈結褵詞〉云：

跂望停雲念老親，生兒萬里委兵塵。

未成無定河邊骨，翻作零丁海上人。

苦志敢忘持寸草，慈暉何計報三春。

今朝娶婦遙相告，明禮知書足匹倫。〔註87〕

羅尚與夫人王房惠女士在民國五十八（1969）年聖誕節結婚。〈結褵詞〉共三首，這是第一首。老一輩的人認為婚姻是終身大事，故結婚時雖然不能由父母見證，仍然不忘父母，在萬里之外作詩，首先遙遙相告，尊崇之意盡在其中。

前四句一氣直下，而意義多層。首聯寫憶念父母，並自責未盡一絲一毫的孝養，空委兵塵。頷聯是流水對，警醒沈痛，表示百戰未死，本可回鄉，使父母稍解憂懷，然而風雲翻覆不定，反而使遊子更遠去他鄉，零丁海上，心知父母擔憂，卻不能相通音訊，以暫解父母的掛念，自責更深。此處化用陳陶〈隴西行〉名句：「可憐無定河邊骨，猶是春閨夢裡人。」無定河是雙關語。頸聯由零丁海上翻出，意指不敢忘懷父母之恩，而無力回報。此詩至此，可說是句句憶念，句句自責。末聯遙以娶妻相告，夫人明禮知書，可堪慰藉，憶念之意仍然濃厚。

全詩以「念」為詩眼，句句憶念，既寫自己對父母的憶念，亦隱隱指出父母對自己的掛心，只在末聯稍稍以結褵的喜悅來慰藉父母，並慰藉自己。以個人家庭的悲哀，點出了國家的喪亂、時代的悲哀，情意哀痛真誠，微詞婉諷，意涵深刻，稱得上是沈鬱頓挫。又如作於菲律賓的〈寄內〉云：

三千擊水念南遊，潭碧山青望轉愁。

良夜開帷拾倦眼，觀星唯是覓牽牛。〔註88〕

羅尚曾任駐菲律賓大使秘書，故暫離夫人而南遊，盡力報效國家。雖然日常

〔註86〕見《戎庵詩存》次二，頁60～61。次六，頁249。次二，頁45。次六，頁309。次十七，頁543。

〔註87〕見《戎庵詩存》次五，頁217。

〔註88〕見《戎庵詩存》次六，頁240。

公務繁忙，但到了夜晚卸下公務，孤寂一人，仍不免頓興思念，於是觀星望斗，將隔海相思寄託在牽牛、織女星上。疲累已極，仍拾持倦眼，可見思念的深沈。

懷邦念舊是羅尚的淳厚稟性，也是他詩歌的一大主題。對於相扶持的師友，更是濃厚地反映出來，如〈花延年先生周年祭〉云：

　　夢裏秋山哭杜鵑，西雲寺側竹林邊。

　　一棺埋玉人千古，雙劍纏雷事廿年。

　　經國莫由如李泌，及門何敢望彭宣。

　　詩騷墜緒飛蓬盡，分得曹溪半勺禪。〔註89〕

花延年先生，即李漁叔，是羅尚的授業師，埋骨台北西雲寺。首聯點出祭意，頷聯由當前之景，聯想一同賦詩的景況。雙劍纏雷，是曾克耑對李漁叔與羅尚的稱譽。〔註90〕頸聯藉唐代李泌稱譽李氏，並自謙不如彭宣。李泌事玄宗，輔佐肅宗、代宗、德宗，貢獻諸多經國大略，「謀事近忠，自全近智，又佐代宗收兩京」，功績甚高。〔註91〕彭宣是西漢張禹門生，張禹有戴崇、彭宣二弟子著名當世，但彭宣恭儉有法度，任大司空，受封長平侯，見王莽秉政專權，於是告老歸國，節操高於戴崇。〔註92〕末聯承「雙劍纏雷」作總結。李漁叔在世時，即作〈戎庵夢機來視疾作二首（其二）〉云：「當時一出冠同曹，活水曹溪半勺分。」〔註93〕肯定羅尚與張夢機教授得到他的真傳。後來羅尚常以「曹溪半勺」、「雙劍纏雷」入詩，〔註94〕雖不無自負之意，但其實也是深深感念李漁叔、曾克耑的獎掖。

〔註89〕　見《戎庵詩存》次六，頁 243。此詩作於民國六十二（1973）年。

〔註90〕　此事在民國四十二（1953）年，臺灣詩人和曾克耑詩，曾氏以〈觀河篇答漁叔戎庵師弟〉賦答，以「忽驚雙劍纏雷下」稱讚李漁叔與羅尚詩，當時曾氏並不知羅尚在李氏門下。

〔註91〕　見歐陽修、宋祁撰，楊家駱主編：《新校本新唐書・李泌傳》，頁 4631～4639。

〔註92〕　見班固撰，顏師古注，楊家駱主編：《新校本漢書》，頁 3052，頁 3349。李商隱〈華州周大夫宴席〉云：「若共門人推禮分，戴崇爭得及彭宣？」見李商隱撰，劉學鍇、余恕誠集解：《李商隱詩歌集解》，頁 383。

〔註93〕　見李漁叔《花延年室詩》卷九，錄於張夢機：《思齋說詩・花延年室遺詩跋》，頁 63。

〔註94〕　如〈感逝篇〉云：「曹溪半勺雙分後，楚雨岷雲各自道。」〈湘潭李先生仙逝二十年招魂詞〉云：「拈花分座禮如來，雙劍纏雷下宋臺。」〈嶺雅遺音中讀頌橘廬荅漁叔七律因感四十年前酬唱舊事作詩寄夢機〉云：「雙劍纏雷跡未陳，妖腰亂領與時新。」見《戎庵詩存》次六，頁 265。次十九，頁 597。次廿四，頁 718。

李氏〈戎庵夢機來視疾作二首（其一）〉云：「他日茶毗非我願，仍煩一碣表青林。」〔註95〕有託付遺言的意味。後來李氏逝世，羅尚與張夢機教授、學術界共同籌畫建碑，完成他的心願。〈學術界爲漁叔先生建詩人之碑具名者黃永武教授等卅人予被排名弟六〉云：

> 刻劃貞瑉表鄴侯，江山文藻各千秋。
>
> 一樓鐘遠仙凡聽，不盡乾坤到十洲。〔註96〕

鄴侯，本是李泌，藉指李漁叔。「一樓」句，化用李氏〈壬子雜詩〉：「晚鐘力盡斜陽外。」〔註97〕化用李氏自己的詩句來稱讚他的詩歌有如江山之美，將流傳千秋，仙凡盡聞，既顯示尊崇，且多一分親切熟稔。〈花延年室詩卷弟九〉亦云：「晚鐘力盡斜陽外，華表雲屯古寺邊。……殘膏剩馥多沾匄，鄴里潭州並世賢。」〔註98〕「華表雲屯」句，表示尊崇、眷念之意，對仗工穩，雄摯芳惻，正好沖淡李氏「晚鐘」句「明燭煎心」的病中悽苦。〔註99〕鄴里，指曾克耑，潭州，指李氏。〈瓊華詩〉云：「敢從漲海高詩派，思向香江認祖庭。」自注云：「余詩若非昔年香港曾頌橘感發，斷不能有今日，所以欲認祖庭也。」〔註100〕對曾氏、李氏的尊崇、感激，溢於言表。

再如同門張夢機教授，雖與他年紀相差近二十歲，但情如弟兄，過從深密，〈讀藥樓近詩〉云：「旁人謬舉爲龍象，與子相逢亦弟兄。……一花二葉傳心印，半勺曹溪萬里聲。」〈酬夢機兄〉云：「活水潭州半勺分，爲鵝爲鸛各成軍。……是我未除遊俠障，與君同受戒香薰。」〔註101〕不卑不亢，誠摯溫厚，溢於言表。又如〈夢機仁青見過食湯圓〉云：

> 儷體清詩並罕儔，高軒來過賃居樓。
>
> 山中今夜蕭蕭雨，灑作人間淡淡秋。〔註102〕

以「蕭蕭雨」象徵張夢機教授、張師仁青來訪的情意。瀟瀟雨灑落人間，化

〔註95〕見李漁叔《花延年室詩》卷九，錄於張夢機：《思齋說詩·花延年室遺詩跋》，頁 63。

〔註96〕見《戎庵詩存》次七，頁 332。

〔註97〕見李漁叔《花延年室詩》卷九，錄於張夢機：《思齋說詩·花延年室遺詩跋》，頁 64。

〔註98〕見《戎庵詩存》次十九，頁 619。

〔註99〕明燭煎心，是張夢機教授的評語。見張夢機：《思齋說詩·花延年室遺詩跋》，頁 59。

〔註100〕見《戎庵詩存》次九，頁 407。

〔註101〕見《戎庵詩存》次二十，頁 631。次九，頁 418。

〔註102〕見《戎庵詩存》次五，頁 210。

作淡淡秋涼，象徵情意的清爽宜人。正如「君子之交，其淡如水」，這「淡」字並非淡薄疏遠之意，而是深刻有味，只有深刻有味，才能表現得淡而不疏，才能長長久久，長在人心。「灑作人間淡淡秋」，直有風華清靡之致。

羅尚待友眞誠，故時能以平淡語寫深情，如〈歸試院傳舍清理圖書〉云：

> 未至荊關便發聲，烏龍相識急相迎。
>
> 紅蕉翦盡芭蕉好，昨夜文山一夢清。
>
> 重來疑是自天涯，可惜勞塵便是家。
>
> 往日同僚情最厚，燈前話舊切西瓜。〔註103〕

烏龍，是小狗名。首二句便由輕快活潑的字句呈現歡欣，未及門便發聲，烏龍急急相迎，都突顯出親愛相熟。尤其從小狗的急忙相迎寫來，別有一番風趣。末二句進一步寫傳舍園景宛如昨夜夢中的文山，清新一片。今日的景象，彷彿昨夜已夢見，設想相當深刻，若無切身之感，難以言喻，可見思念之深，以及期待今日歸來的喜悅。

第二首先指出以塵勞爲家的無奈，隨後則以「燈前話舊切西瓜」對比出昔日同僚的深情厚誼，一詩的精神意態盡在於此。

寫深情，若典麗晦澀，則有朦朧造作之感，情誼不能如花朵綻放開來；若過於粗俗，則全無美感，失去古典詩的意味。此詩話語雖然平淺，但眞能點出自然而深厚的情誼，亦無富貴氣，直是平常人家的生活情態，故親切有味。

又如〈塗潭訪友〉云：

> 秋草沿溪路，山莊老友居。已無千里志，猶賸數櫥書。
>
> 命僕炊新黍，呼兒網大魚。酒酣同舞劍，黃葉落庭除。〔註104〕

首聯寫老友居處，沿溪而上，一路秋草相伴，可見臨溪山居，居處僻靜。頷聯則登堂入室，眼見朋友人老蒼涼，寥落不得志，但仍堅持品格，以書終老而意氣洋洋，顯然並非庸俗之士，令人動容。「已無千里志，只餘數櫥書」，寥寥十字，已概括出老友的精神意態，語言非常凝練。

頸聯寫老友殷殷款待的盛情，脫胎自杜甫名作〈贈衛八處士〉：「問答未及已，驅兒羅酒漿。夜雨翦春韭，新炊間黃粱。」「網大魚」，頗能切合居處，

〔註103〕見《戎庵詩存》次四，頁187。
〔註104〕見《戎庵詩存》次十三，頁483。

可見羅尚能習得杜詩精神，變化運用，並非空學糟粕。末聯承「千里志」而來，寫二人情意，總結全詩。酒酣舞劍，可見並非真的忘懷千里之志，「已無」乃是不得已的壓抑，其間的哀苦抑鬱，在酒酣舞劍中才得以稍稍抒解。然而劍氣奕奕，彷彿黃葉也感染了這份蕭瑟寥落，紛紛落於庭除，更加深了寥落意味。末句藉黃葉凋落表達情意，含蓄而有餘韻。

此詩情意誠摯醇厚而濃烈，以平淡淺易的語言表達，含蓄深刻，益加動人。雖然是五律，但筆法習自老杜五古，概括力極強，間有沈雄慷慨之音，使寥落之感更為濃厚。

二、題材多元

羅尚關心時事，飽讀詩書，待人誠摯，行跡廣闊，時以詩歌記錄，因此詩歌內容廣泛。在他筆下，無論弔古傷時，談政治得失，說理翻案，酬答，記趣、寫山川風物，詠物，寫繪事，多能創造雅致的意境，善用故實，以抒發個人懷抱，煥發個人精神，斐然成章。如〈海上望月〉云：

峨眉山月清光好，送人直到蓬萊島。

蓬萊望月憶峨眉，撫世懷鄉人潦倒。

高寒微意託坡仙，幾時千里同嬋娟？

銀漢無情分兩界，金精嬗律彌三千。

浩歌殊愧謝希逸，美人萬里音塵絕。

橫空白露下沾衣，川路漫長不可越。

蟾窟雲房幽復幽，桂叢蘭徑愁復愁。

高詠藍毷二三子，為誰酒涕思南樓？

一輪墜海潮聲起，餘景流金滿天水。

歸背銀釭枕手眠，萬一佳期來夢裏。〔註105〕

全詩的意旨在於「撫世懷鄉人潦倒」，四句一韻。首四句簡要概括一生的重要發展，離鄉從戎，征戰四方，最後落腳臺灣，筆法似杜甫〈詠懷古跡五首〉：「一去紫臺連朔漠，獨留青冢向黃昏。」聲情哀婉。又化用李白〈峨眉山月歌送蜀僧晏入中京〉語意。〔註106〕峨眉山月是故鄉月，清光美好，大有年

〔註105〕見《戎庵詩存》次二，頁62。

〔註106〕〈峨眉山月歌送蜀僧晏入中京〉：「我在巴東三峽時，西看明月憶峨眉。月出峨眉照滄海，與人萬里長相隨。黃鶴樓前月華白，此中忽見峨眉客。峨眉山月還送君，風吹西到長安陌。」見李白著，瞿蛻園等校注：《李白集校注》，頁568。

少不知愁滋味之感，「送人直到」則一路相伴，遠離家鄉，愁緒不斷滋生。蓬萊又望月，思鄉愁緒隨即噴發，不可扼抑。

「高寒」四句，呈現情緒的抑揚，先由潦倒而抑鬱，而生疑問，果真千里共嬋娟？真可因清光而將浩瀚的鄉思訴予家鄉父老？再由銀漢無情分隔兩界、月光遍照三千界的對比，而揚起希望，自我安慰，然而這樣的希望其實極微渺，仍籠罩在抑鬱不得的苦悶中。反詰句用得非常警策，「幾時」二字使情意曲折頓挫，矯健絕倫。

「浩歌」四句，情意又再次頓挫，藉謝莊〈月賦〉寫音塵隔絕的鄉心悲苦，即使夜深長望明月，白露濕盡人衣，終究無法回鄉。〈月賦〉云：「美人邁兮音塵闕，隔千里兮共明月。臨風歎兮將焉歇，川路長兮不可越。」又說：「月既沒兮露欲晞，歲方晏兮無與歸。佳期可以還，微霜霑人衣！」〔註107〕川路，語意雙關，本指水陸路程，又指四川回鄉之路。羅尚是四川人，文中語言正適合，故能直接援引〈月賦〉字句。

末八句，皆由「川路漫長不可越」開啟。「蟾窟」二句，是「漫長」的轉筆，寓情於景，故幽渺愁深，一如鄉心沈刻。「高詠」二句，藉台港諸詩人高詠望月藍黿韻之事，〔註108〕寫不能再登武昌南樓，懷思昔時的清景風流，暗寓國土淪喪的悲愁。南樓，又名玩月樓，庾亮曾在武昌（今湖北鄂城縣）秋夜登南樓高詠，蔚為佳話。〔註109〕李白〈陪宋中丞武昌夜飲懷古〉云：「清景南樓夜，風流在武昌。庾公愛秋月，乘興坐胡床。」卻是在今武昌，名稱相同，但地方不同。〔註110〕末四句寫法較平熟，月落滄海，潮聲震盪，不能傳情，只能期待夢中還鄉。

全詩情意悽苦，與勁健之氣相激盪，而有茫然不可知的悵恨，是羅尚撫世懷鄉的基調。又如〈乙卯正月雜詠〉寫春蘭發花：「一種細香盈几席，美人飄泊在天涯。」〈春晚〉：「小劫又曾經病苦，今生還欲究天人。深仇已逝

〔註107〕見蕭統編，李善注：《文選》，頁 332。謝莊，字希逸，作〈月賦〉寫月下之情，並融合悠渺朦朧的月色，平淡而實精鍊，晶瑩剔透，空明澄虛。

〔註108〕此事在民國四十二（1953）年，香港曾克嵩以〈藍黿吟三十韻〉覃韻七古寄台索和，臺灣詩人和詩不少。

〔註109〕庾太尉（亮）在武昌，秋夜氣佳景清，使吏殷浩、王胡之徒登南樓理詠。音調始遒，聞函道中有屐聲甚屬，定是庾公。俄而率左右十許人步來，諸賢欲起避之。公徐云：「諸君少住，老子於此處興復不淺！」因便據胡牀，與諸人詠謔，竟坐甚得任樂。見余嘉錫：《世說新語箋疏・容止》，頁 618。

〔註110〕見李白著，瞿蛻園等校注：《李白集校注》，頁 1307。

長江水，亂領休揚碧海塵。」〈新秋〉：「對壘爭蠻觸，相猜眾鷺鷗。一為滄
海客，眞負故山秋。」〈清水鰲西吟社午日弔鄭延平〉：「誰知前代英雄恨，
猶痛今朝父老心。」〈延平郡王廟〉：「遺老頻煩歸國計，纖兒無復大王風。
潮高鹿耳循環漲，地廣牛皮舉步窮。多少錦袍紅燭吏，去來酬唱似飛蓬。」
〈秋堂詞〉：「一杯自飲飄零酒，殘局傍觀急劫棋。雲鎖劍潭龍睡穩，月迷關
渡客來遲。」〔註111〕不論弔古傷時，還是節候雜詠，都可見羅尚鄉關之思、
家國之痛，間雜諷怨的抒懷本色。

又如〈紀夢〉，則借用寓言、歷史故事，以說理的方式諷刺執政者：

> 昨夢之帝庭，一究人世事。金冊錫西秦，詢帝胡長醉。
>
> 帝曰豈其然，公或未之思。昔者六諸侯，繕兵國不治。
>
> 鹿馬譁望夷，築城無噍類。亭長入咸陽，天道寧不義。
>
> 為禍唯一私，獲福奚用智。歸語牧民者，自訟無怨懟。〔註112〕

一開頭先借用張衡〈西京賦〉天帝金策賜秦的寓言，張衡云：「昔者大帝說
秦繆公而覲之，饗以鈞天廣樂。帝有醉焉，乃為金策，賜用此土。」〔註113〕
金策賜秦，喻大陸為中共所得。「胡長醉」，質詢語氣強烈，不留餘地。「帝
曰」以下十句，為天帝的回答，直指六國的為政者自私，整頓軍備，相互攻
擊，而不妥善治國，才為秦所滅，而劉邦入咸陽滅秦，也是基於同一道理。
秦國以為禍患來自蠻夷匈奴，故北築長城，南擊蠻夷，卻不知整頓吏治，安
養人民，終於禍起蕭牆，趙高亂政，指鹿為馬，〔註114〕使秦國滅亡。諷刺
國民黨在大陸的覆敗，執政者的私心也是重要原因。末二句才直接點出意
旨，執政者喪失大陸，應當深切反省，不該怨天尤人，如此才有未來，批判
極為尖銳深刻。

羅尚對執政者的批判從不留情，因為事關國家發展、蒼生幸福，容不得
半點私情含糊。此詩作於民國五十四（1965）年，美國即將停止對臺經援前。
蔣介石政權常將失敗歸罪於他人，因此羅尚對政府的批判特別強烈，也期望

〔註111〕見《戎庵詩存》次六，頁252。次十五，頁504。次十六，頁510。次二，頁
　　　　14。次二，頁28。次二十，頁640。

〔註112〕見《戎庵詩存》次四，頁150。

〔註113〕見蕭統編，李善注：《文選》，頁31。

〔註114〕趙高欲為亂，恐群臣不聽，乃先設驗，持鹿獻於二世，曰：「馬也。」二世笑
　　　　曰：「丞相誤邪？謂鹿為馬。」問左右，左右或默，或言馬以阿順趙高。或言
　　　　鹿，高因陰中諸言鹿者以法。後群臣皆畏高。見司馬遷著，楊家駱主編，《新
　　　　校本史記三家注·秦始皇本紀》，頁273。

政府能開展新局。

在抒懷中，羅尚也抒發了一些不能施展懷抱的牢騷，如〈明月在叢篁〉云：

> 昨夜歸空房，搴帷啓東窗。清輝媚君子，明月在叢篁。
>
> 今夜叢篁間，仍是昨宵月。待得人歸房，不知自身缺。〔註115〕

用前後對比的方式含蓄點出個人的缺憾，文字簡淨，情韻纏綿。前四句娓娓道來，「清輝」二句，有乍見清輝相迎的喜悅，情致極清雅、美麗、親切，明月、君子，相得益彰。今夜歸房，本期待再見叢篁明月，卻見月缺，感慨惆悵，油然而生。藉著明月的缺憾含蓄點出個人不能施展懷抱的怨意，但明月的堅持，不以個人爲念的品格，卻也突顯出君子的崇高，可見羅尚的怨意並不是從個人不得志而來，而是從不能施展懷抱，利益蒼生而來。又如〈碧海〉云：

> 八月芙蓉發，寒山駐綵霞。霏霏催曙雨，灼灼艷秋花。
>
> 世久無顏色，人誰識物華。成都分一本，光燄滿天涯。〔註116〕

前四句將木芙蓉寫得極美，姿彩、風神都卓立於眾花，象徵君子的才德特立於眾人。木芙蓉，八月始開，稍耐寒，又稱拒霜花，秋季百花凋落，仍能見到它的英姿挺立。首聯寫木芙蓉一綻放，猶如綵霞依棲停駐，予寒山生命，爲大地增輝。想像絢爛奇美。

頷聯極爲清麗，從側面描繪木芙蓉的風貌，給人更大的想像空間。霏霏，本指雲起貌或雨雪紛飛，此借指花香飛越。香氣清遠，彷彿催促著曙雨細細清灑；滋潤了一早綻放的花朵，又添珠露綴飾，益顯清麗鮮明，群花皆在其下。

頸聯語意一轉，感慨頓生，露出怨意，但因爲蓋上一層絕美的木芙蓉無人賞識的感慨，故仍顯得朦朧含蓄。成都，素有芙蓉城之稱，由成都分來一本，光燄滿臺灣。此語亦隱含自負之意，羅尚是蜀人，才德兼備，渡海來台，詩名著稱海內外，猶如光燄滿天涯。由此可見，即使不得重用，不能施展抱負，他依然惕勵奮發，不因此懷憂喪志。

此詩句句詠物，句句寫人，絢爛奇美，立風標於花木，寓諷怨於清和，是上乘的詠物之作。

〔註115〕見《戎庵詩存》次三，頁102。
〔註116〕見《戎庵詩存》次四，頁157。

生活安定後，在繁忙公務外，羅尚有時也出遊，寫下不少臺灣山川風物，如〈貓羅溪上放歌〉云：

> 貓羅溪水聲琅琅，貓羅溪上檳榔香。停車一放看山眼，九十九峰塗夕陽。人之所欲在百數，天地造物云有常。不爲堯桀作成敗，難與淵跖齊彭殤。番家故事甚怪誕，見百峰者爲帝王。國家久矣付民主，元首往往親農桑。青紅紫翠繪春色，阡陌亦種花千行。村謳互答樂盛世，耕夫牧子相徜徉。松風謖謖拂蕨草，竹籟半嶺流幽簧。此情此景似故里，如幻如夢羈他鄉。結廬乞地得方丈，便與猿鹿同行藏。世間有累住不得，前程鳥道盤崇崗。登車疾駛趕站口，幾回回望雲深長。別矣貓羅溪，願爾終古聲琅琅。再見貓羅溪，重來細嚼雙冬之檳榔，飽啖九十九炎山中野蜜糖。〔註117〕

貓羅溪，九十九峰火燄山，在台中前往日月潭的路上。此詩作於民國六十八（1979）年的日月潭之旅途中，旅遊歡樂、山景自然，盡在語氣中。

前十二句爲首段，先寫景，後議論，寫景疊用「貓羅溪」一詞，吐露竹枝詞的自然風味。再由九十九峰興起議論，直引《荀子・天論》所云：「天行有常，不爲堯存，不爲桀亡。應之以治則吉，應之以亂則凶。」〔註118〕指出天地造化有其常軌，不當祈求天地來解決人世的事，應當施行典章禮義，重視根本，才能成就治世。

再者，將好人、壞人的歲壽長短等同看待，恐怕一般人都難以接受，所以應當重視人情物理，有王羲之〈蘭亭集序〉：「一死生爲虛誕，齊彭殤爲妄作。」之意。因此欲求能見百峰的人以爲帝王，好使農桑順利，顯然是拘泥於天數命定之說，不重視人的努力、人情物理，自然是怪異的了。對照之下，今日施行民主已久，元首往往重視農桑，甚至親自操持農事，行禮如儀一番，以爲表率，就是重視根本、人情物理的道理，顯然較祈求靈異實際得多。淵跖，指顏淵，盜跖，泛指好人、壞人。

「青紅紫翠」十句爲次段，由「農桑」開展，筆調自然，宛如一幅農村圖畫，親切有味。雖然農村景致引起鄉思，但並不濃烈，淡淡而來，淡淡而去，隨即沒入歸隱自然的願望裡，可見農村景致的宜人。

「世間」以下爲末段，雖然有累住不得，但情味濃厚，尤其「別矣」數

〔註117〕見《戎庵詩存》次七，頁325～326。
〔註118〕見梁啓雄：《荀子簡釋》，頁220。

句，運用疊出、散文化的字句表現此地的特色、特產，如泉湧般自然奔流，更顯得親切自然而有味，又無粗俗鄙俚之感，真有餘霞成綺的姿態，相當成功。

又如〈烏沙溪山地人聚落〉，情韻也類似：

> 溪山十里舊樓臺，前度依稀夢裡來。
>
> 一俯仰間千劫換，再經行處百花開。
>
> 從知化外無爭奪，任意天工與剪裁。
>
> 猿嘯鳥啼招我隱，塵中有累悵然回。〔註119〕

頷聯、頸聯對仗雖不工穩，但卻警醒清妙，有沖淡之味，對聚落的風土民情讚嘆備至，是此詩佳勝處。又如〈和紅竝樓宿日月潭韻〉云：

> 白鹿愛番民，與此一泓水。雕牆出煙嵐，點綴中興美。
>
> 日夕杉竹林，蜩螿奏宮徵。塔頂捫寒星，我亦穿雲起。〔註120〕

首聯寫日月潭的發現傳說，清簡有情。傳說邵族祖先為了追捕白鹿，才發現這一美麗的湖泊。此詩抹去血腥的獵捕，化成白鹿的愛護，有了愛護，才引導了邵族祖先發現日月潭，可見羅尚對美麗境界的創造力與有情。

「雕牆出煙嵐」，將日月潭寫得雲嵐飄飛，清涼無限，自然沖淡，宛如仙境。「日夕」二句，以杉林、竹林中，蟬聲如宮徵，日夕不停，更添清幽。「塔頂」二句，則呈現挺拔開宕而沈著的情調。

以五古上聲韻寫自然景致，聲情容易沈著穩健，羅尚此詩亦如此，並見溫厚自然的風格，與高明的創造力。

羅尚寫出了臺灣的山川風物，也寫出了時下漠視文教的風尚，如〈買書吟〉云：

> 全家縮食買書心，不救文衰起陸沈。〔註121〕

全家縮食買書，可見他對追求學問的堅持，然而個人的努力，仍不能挽回時代風尚的頹靡，若長此以往，國家社會的發展必然大受影響，故語意間極為沈痛。又如〈再疊慶育大使六十自壽〉云：

> 心花常要酒澆之，樂境深防俗士知。〔註122〕

〔註119〕見《戎庵詩存》次二十，頁645。
〔註120〕見《戎庵詩存》次九，頁416。
〔註121〕見《戎庵詩存》次十二，頁459。
〔註122〕見《戎庵詩存》次四，頁153。此詩題原是〈再疊前韻〉，題意不明，故參酌前韻詩題〈次韻慶育大使六十自壽〉，另立詩題，使題意顯明。

用語清麗雅致，既有濃濃的文學詩意，又深含人生哲理，更可稱頌的是，無一絲一毫悲涼傷感的氣息，情調高雅優美而誠摯，含蓄雋永，眞可細細品味。若無豐富的人生閱歷、豐厚的學養、高雅的性情，是絕對寫不出的。只此二語，便可媲美奧瑪珈音的《魯拜集》（The Rubaiyat Of Omar Khayyam）。〔註123〕

　　羅尚贈答詩相當多，除去客套應酬之語，或寫人情事態，或寫時局感懷，或寫個人身世，都本著誠摯抒懷，如〈秋夜花嶼讀書堂茗話歸寓有作呈孟希先生〉云：

> 年年愁水復愁風，地震山崩意料中。
>
> 且與後賢論翰墨，未知來者幾英雄。
>
> 自因神鬼求宣室，皆競腰支向楚宮。
>
> 宋玉之徒名世處，蒼梧白芷怨無窮。〔註124〕

以愁怨起結，除了對天災地變的發愁外，對後賢來者難以承繼前人的文教風範，也深感愁鬱。由後賢的無以爲繼一轉，執政者、上位者也是一樣，才華如賈誼，竟因神鬼之事才得與漢文深談；上有所好，下必甚焉，楚靈王好細腰，於是國中士民競相瘦身，以求君王的歡心。〔註125〕羅尚藉二典故將批判的矛頭直接指向當時的執政者，若非執政者不重視文教、品格操守，也不至於使後來者士風不振，疏於翰墨，略無見識。而國家的未來，在這種風氣的帶動下，自然難以讓人安心。感慨諷怨，深入骨髓。又如〈次韻答道瞻加京

〔註123〕奧瑪珈音（1050～1122，一說生於1025～1033之間，相當於北宋時代），或譯爲「奧瑪‧開儼」，是波斯著名的詩人、天文學家、數學家，曾領導考訂波斯曆法，比現代公用的陽曆還要準確。一生留下750首「魯拜」，後集爲《魯拜集》一書，「魯拜」是波斯的四行詩體。奧瑪珈音有「波斯李白」之稱，在縱酒狂歌的表象之下，洞徹生命的虛幻無常，以絕美的純詩，將人生「淡漠的悲哀」表達得淋漓盡致。其詩作融匯了科學家的觀點與詩人的靈感，結合而爲文學藝術上的輝煌傑作。參見奧瑪珈音原著，費氏結樓（Edward Fitzgerald, 1809～1883）英譯，黃克孫衍譯：《魯拜集》（台北：書林，1989年6月）黃克孫序。

〔註124〕見《戎庵詩存》次四，頁198～199。

〔註125〕《墨子‧兼愛中》云：「昔者楚靈王好士細要，故靈王之臣皆以一飯爲節，脅息然後帶，扶牆然後起。比期年，朝有黧黑之色。」見孫詒讓：《定本墨子閒詁》（台北：世界，1980年11月），頁66。《韓非子‧二柄》云：「楚靈王好細腰，而國中多餓人。」見邵增樺註譯：《韓非子今註今譯》（台北：臺灣商務，1992年5月），頁179。

渥太華〉云：

> 世路只今誰老馬，人生從古似飛鴻。〔註126〕

對國家發展、社會風尚、個人身世皆有無限感慨，又能寫出范道瞻外交使節生涯的漂泊不定感，相當深刻，語氣勁健。又如〈次韻和道瞻華盛頓見懷〉：「世情非有亦非空，七十年間曉夢中。東望暮雲西望日，南飛烏鵲北飛鴻。」〔註127〕情意亦相近。再如〈答香港蘇文擢先生寄詩卷〉云：「藏身信有針鋒廣，斫海遙看劍氣橫。」〈孔凡章詩伯惠乙亥迎春曲次韻奉和〉：「未見滄波漂木柹，還登翠巘看櫻花。東君喜怒春濃淡，玄武恩仇福邇遐。」〔註128〕對政治軍事上猶如鷸蚌相持的兩岸，多感無奈，甚至諷刺中共表面上稱臺灣人民為同胞，卻不以德惠動人，反大張軍備，且在外交上多所打壓，對兩岸都是極大的傷害。

羅尚的說理詩也相當優秀，多能秉持情義，從人情世態提出令人拍案信服的看法。除了本文第四章第三節「縱橫誰信始儒家」論述過的篇章外，仍有不少佳作，如〈春宵坐雨〉云：

> 何曾鱗羽有升沉，未必無心是佛心。
>
> 兜率海山春雨夜，人天相共一鐙深。〔註129〕

不以無心為佛心，並非從理論推知，而是從個人的實踐推知。此詩首二句以個人的心志駁斥佛心是無心的看法。鱗羽無升沉，表明不以個人得志與否為念。不求得志，則可拋開諸多羈絆，安心逍遙，但這只是個人的自在罷了，不是佛心，佛心不應如此消極。三、四句隨即化說理為情景，以雨夜鐙深表達佛心的意義。佛家講求慈悲，濟度眾生，若天地如雨夜漫漫，晦暗不明，佛心將是長明的燈火，指引人天。若沒有燈火指引，安定人天的心，人天將如何安度？佛心的慈悲濟度，於此呈顯。

此詩雖是說理，但經過比興錘鍊，呈現出奇文偉抱，寄託深遠，尤其三、四句，將深刻的哲理、浩瀚的慈悲、崇高的品格、闊大的情景鎔鑄一體，雄偉沈著，悲憫堅定，將難以傳達的佛心用極適切的形象描繪出來，不愧大家手筆。

〔註126〕見《戎庵詩存》次二，頁60。
〔註127〕見《戎庵詩存》次二十，頁632。
〔註128〕見《戎庵詩存》次十四，頁488。次廿二，頁677。
〔註129〕見《戎庵詩存》次六，頁301。

三、風格多樣化

羅尚詩歌雖以豪放雄邁見長，但風格多元，不拘一格。從他學習的廣泛深刻，便可見端倪。〔註130〕在他筆下，高古、典雅、沈著、清遠、諷怨、婉麗、深峭、童趣、幽默，都一一流露，自然眞摯。如〈秋老〉云：

> 山圍暝色入潭深，有意尋秋無處尋。
>
> 唯有老僧知此意，清鐘一杵出寒林。
>
> 秋老山深霧雨多，夕陽難得上藤蘿。
>
> 潺潺只有寒溪水，助我樓頭一放歌。〔註131〕

第一首的情味全由老僧、清鐘點出，清亮的鐘聲傳出秋意，與老僧的溫暖情意交融，彷如寂寥空闊的山林，完全沈浸在老僧親切的鐘聲中，顯得清爽安寧。原本尋秋不得的落寞愁悶，也隨著老僧的鐘聲一掃而空，翻爲清朗開闊，情味高古。

第二首的章法與前首相同，前二句鬱積的沈悶僻苦在第三句轉變，第四句完全抖落。雨霧多，難見夕陽，但仍壓抑不住昂揚的氣息，寒涼的溪水潺潺，來助人樓頭放歌。精神抖擻，歌聲豪拓，顯得磊落清奇。

又如〈閑情〉，將豪俊、典雅鎔鑄於一詩：

> 豈有陳王八斗才，郵筒穿海索詩來。
>
> 微波定解通辭未，一片春雲著意裁。〔註132〕

前二句幽默豪俊。穿海索詩，幾有豪強意味，令收信者驚愕，但以陳王曹植的八斗高才反襯，尤其「豈有」二字，就讓人知道這驚愕其實是個玩笑幽默。語妙如珠，令人會心一笑。後二句將豪俊化爲典雅，「一片春雲著意裁」，優美雅致，不辜負情意，眞使餘霞成綺，情韻無窮。

又如〈感興〉，沈靜深細而自然：

> 梯崖登孤亭，斜日明潭水。隱約聞龍吟，嶺上松風起。
>
> 溪山未必佳，心地自清美。二十七年間，旦暮每來此。
>
> 喫茶剝花生，細味造物理。〔註133〕

前四句以寫景爲主，而情景交融，「斜日明潭水」、「嶺上松風起」，有無限風

〔註130〕參見本文第三章第二節中的「學詩淵源」。

〔註131〕見《戎庵詩存》次六，頁248。

〔註132〕見《戎庵詩存》次六，頁285～286。

〔註133〕見《戎庵詩存》次六，頁270。

華。後六句說理，但令人沈靜，而無枯燥的流弊。以清美的心地細味自然造物，頗有「心遠地自偏」的閒雅自得。「喫茶剝花生，細味造物理」，樸拙的字句，更顯得自然無礙。整首詩深得陶詩風味。

又如〈古寺〉，勁健飄逸：

> 古寺尋詩到，高僧杖錫歸。暮鐘楓葉落，秋雨菊花肥。
>
> 世界新塵垢，雲山舊衲衣。有緣留一宿，相約莫忘機。〔註134〕

首聯寫緣分的巧妙，高僧來去飄逸，相逢真得有緣。頷聯精警，顯示造化自然，生生不息。「秋雨」句，從韓退之〈山石〉名句「芭蕉葉大栀子肥」化出，韓詩的「肥」是形容詞，此詩中的「肥」字是形容詞作動詞用。在秋雨的滋潤下，菊花愈發滋長碩大肥美，顯得清新自然。末聯暗用永嘉玄覺禪師的故事，他讀《維摩詰經》，發明心地，後來參謁六祖惠能，得到印可，一宿而辭，時人稱「一宿覺」。〔註135〕用此故實，使詩情更顯得自然飄逸，略無拘執。

又如以古體寫成的〈海山〉，以清邁之氣涵融老氣橫秋之感：

> 海山佳氣櫻花開，香車往返如環迴。
>
> 餘生到此歷九死，看花秉燭須傳杯。
>
> 三更露下溼衣袂，清風送月來相陪。
>
> 五城樓閣射燈火，遊人醉矣歌康哉。〔註136〕

此詩由「餘生」、「三更」二句流露秋老清冷，甚至蒼涼的氣息，而由「看花」、「清風」二句以清邁歡樂來涵融，加以首聯、末聯的康樂佳氣，使全詩在熱鬧氣氛中仍保有一分清靜。

又如〈煮茶〉，呈現幽閑沈著的情調：

> 長廊撥火聽瓶笙，喚起盧全共此情。
>
> 一刻幽閑深有味，松風起處月華明。
>
> 石鼎能教水火爭，此時微笑憶彌明。
>
> 蓬萊左股沈沈夜，凍頂烏龍緩緩烹。〔註137〕

第一首句句皆緊扣幽閑，「深有味」顯出幽閑深處的沈著寧靜，觸處生鮮，此時聽聞好風搖松，悠然見月明，典雅清新，自然流露，又含蓄蘊藉，餘韻無窮，得神韻風味。

〔註134〕見《戎庵詩存》次十，頁436。
〔註135〕見李中華注譯：《新譯六祖壇經》，頁164～166。
〔註136〕見《戎庵詩存》次四，又題〈櫻花〉，頁177。
〔註137〕見《戎庵詩存》次九，頁405～406。

第二首以道士軒轅彌明與進士劉師服、侯喜以石鼎聯句的故事起頭，彌明有「謬當鼎鼐間，妄使水火爭」之句。〔註138〕羅尚因煮茶，憶起彌明的仁愛，因而會心一笑。「沈沈」、「緩緩」二疊字用得巧妙，將幽閑沈著的情調完全烘托出來。

又如〈紅梅〉，兼有龔定庵孤峭、李義山的深沈婉麗：

　　小謫人間貌獨妍，前身應是蕊珠仙。

　　碧桃紅杏何能比，絳雪功深五百年。〔註139〕

蕊珠，是天上仙宮名稱；絳雪，原是道家丹藥，此藉指勤苦修行的成果，二詞妍麗。由寒冬中的紅梅形貌仍然妍麗而興起感慨，彷彿它的前身是天上蕊珠宮的仙女。那春天的碧桃紅杏，質性柔弱，未到冬天就全數凋落，怎能相比，紅梅可是積累了五百年的勤苦修行啊！「獨」、「何能比」相呼應，已見苦心孤詣，「絳雪功深五百年」，呈顯堅貞勤苦，自有深沈峭拔的勁力。全詩感慨萬端，興寄蕭遠，筆力不凡。

又如〈春日吟〉：「不負微禽啼血苦，春魂返在杜鵑花。」〔註140〕亦有龔定庵的峭拔風神。又如〈殘櫻〉，呈現惘惘深情：

　　年華不耐雨風催，已是胡僧話劫灰。

　　似有深情三兩樹，還留半面爲來遲。〔註141〕

以劫灰喻風雨摧殘的猛烈。風雨摧殘過後，只餘三兩殘櫻留待遲來的人。一種失意迷惘，不知所以的情懷完全籠罩。又如〈歌場口號〉，有劉禹錫的惆悵感慨：

　　養花天是落花天，猶占高枝亦可憐。

　　一種詞人惆悵處，不須重遇李龜年。〔註142〕

此詩點化杜甫名作〈江南逢李龜年〉，而淒涼流落之意更甚。全詩意旨在首句，以下三句皆由此鋪衍。前二句借花朵的開放凋零，象徵歌場名伶的移易變換，相當警醒。養花天猶是落花天，使高枝欣喜的姿彩全失去顏色，盛衰感慨，黯然欲絕。三、四句呈現「只是當時已惘然」的情調，惆悵感慨，不須重遇李龜年，此時就已深深迷惘。沈鬱頓挫，感慨自深。

〔註138〕見韓愈著，錢仲聯集釋：《韓昌黎詩繫年集釋》，〈石鼎聯句〉並序，頁849～852。

〔註139〕見《戎庵詩存》次二，頁48。

〔註140〕見《戎庵詩存》次八，頁364。

〔註141〕見《戎庵詩存》次二，頁56。

〔註142〕見《戎庵詩存》次四，頁185。

又如〈秋晚〉，寄沈痛於婉諷之中，抒見聞於耳目之外：

> 誰家吹笛怨南征，露下星飛與和聲。
>
> 今夜惘然非昨夜，此生胡敢望他生。
>
> 瑤池設酒人何在，滄海亡珠月自明。
>
> 亙古離憂消不得，楚歌行樂庾蘭成。〔註143〕

前四句氣勢雄勁，如劍氣衝霄，危峰矗天，當面崛起，不可扼抑。深融李義山的婉麗、龔定庵的惻悱遒上，聲情怨怒沈烈。「怨」爲全詩詩眼，得星辰飛與和聲，更顯得秋心如海如潮，下啓「惘然」、「胡敢」，一片沈痛、失意、迷惘，瀰漫籠罩。頷聯點化李義山〈馬嵬二首〉：「海外徒聞更九州，他生未卜此生休。」〔註144〕此生尚未完結，已感痛楚難以承繼，胡敢再想來生。哀痛恐懼，震攝人心。頸聯高華，禾黍之悲、蒼涼流落之感，更增諷怨。末聯由「楚歌行樂」慰解，反襯離憂怨怒的難消無解。整體沈鬱頓挫，深得杜詩精髓。

又如〈紅豆詞〉，寓深怨沈痛於綺麗之中：

> 太上忘情久，人間聚首遲。啼紅誰托贈，入骨苦相思。
>
> 嶺外春來早，閨中夢見疑。采時鸚鵡喚，生處小鬟知。
>
> 倚樹憐光景，攀條怨別離。夕陽烘影幻，流水漾珠移。
>
> 得手看盈把，歸途始展眉。燈前開玉合，紙上斷烏絲。
>
> 寫至金壺盡，分從翠袖私。明朝侑函札，腸斷海之湄。〔註145〕

首二句指明哀音怨意纏綿不休的緣由，忘情，其實是無情，太上無情，使人間無數男女、家庭破碎分離，難得聚首，音訊全無。第三句以下，借小女子採寄紅豆，一步步烘托分離的思念，先寫採紅豆的苦心孤寂，「得手看盈把，歸途始展眉」，把女子內心細微的變化刻畫得極深入；再寫燈前打開玉盒，裝入紅豆、髮絲，不斷琢磨，時間不斷推移，最後又分衣袖裝入，深情婉轉，委曲淋漓。末二句極爲沈痛，全詩壓抑、假裝的情意全部爆發，明知寄了是石沈大海，明知再如何細密的採集也是枉然，卻仍然採集、仍然寄出，內心的煎熬、掙扎，鬱積的痛苦，令人酸楚。

以女子形象述情，用語不免綺麗，但此詩並不陷於柔弱，風骨內含，纏綿深摯，諷刺深刻，隱有王龍標的風神。在兩岸隔絕的時代，此詩實有現實

〔註143〕見《戎庵詩存》次六，頁 313。

〔註144〕見李商隱撰，劉學鍇、余恕誠集解：《李商隱詩歌集解》，頁 307。

〔註145〕見《戎庵詩存》次四，頁 134。

意義，而非僅是鋪衍情詞。

又如〈獨夜〉，悲慨中見堅貞高節：

> 一笛中宵起，關山入望哀。飄零終不悔，瀟落恨無才。
>
> 菊老香尤烈，楓凋露暗催。孤情寄征雁，天遠雁難回。〔註146〕

由飄零聞笛而生無限悲慨，但飄零終不悔，可見堅貞，尤其「菊老香尤烈」，
更突顯高節，愈老愈堅貞芬芳，不向劣境低頭。

羅尚詩中還有童心洋溢，童趣盎然的作品，如〈倒牙謠〉云：

> 丙辰歲不盡，尚得十五日。明朝逢倒牙，童心復洋溢。
>
> 憶昔在家園，農功事已畢。冬至所殺豬，炕房懸一一。
>
> 香嘴與尾根，定是與我吃。論籮裝核桃，論袋吊板栗。
>
> 紅蔗埋土中，黃柑甜似蜜。雪後田結冰，敲取刺手裂。
>
> 歸家向火盆，齒戰久瑟瑟。瑣屑孩提事，一逝不再得。
>
> 呼天呼父母，誰有縮地術。奈何古天府，今墮泥犁獄。
>
> 遊子思鄉心，神明可對質。〔註147〕

倒牙，即是尾牙。「憶昔在家園」以下至「齒戰久瑟瑟」，全都回憶孩提時的
生活，語言直率樸拙，如孩童語。「冬至」八句，幾乎把孩童望美食而心動
流涎，每天數數期待的可愛模樣寫了出來，尤其「定是與我吃」一語，童稚
率真，歡欣飛揚，亦見父母的疼愛。「雪後」四句，孩童頑皮好玩的模樣如
在目前，「齒戰」句，令人發笑。「瑣屑」以下，回到現實，如夢如幻的童年
一逝不返，遊子他鄉，徒留無限憾恨。

若不看結尾數語，全詩便洋溢著童趣。結尾數語，使全詩沾染家國之痛，
今昔滄桑之感，遊子之悲。又如〈閑情〉，童趣欣喜：

> 阿爺不要看詩書，奪去牙籤活蠹魚。
>
> 掌上嬌憨憐月上，香山居士樂何如。〔註148〕

此詩作於民國六十六（1977）年，女兒三歲時。首二句童言童行，寫活了小
女兒的嬌憨模樣。月上，白居易說是維摩詰居士的女兒。白居易病中，正好
出嫁的女兒自太原歸來相伴，令他十分欣喜，比為月上。〔註149〕羅尚則將女

〔註146〕見《戎庵詩存》次十一，頁447。

〔註147〕見《戎庵詩存》次六，頁282。

〔註148〕見《戎庵詩存》次六，頁285～286。

〔註149〕見白居易：《白居易集》，〈病中看經贈諸道侶〉自注云：「維摩詰有女，名月
上也。」頁837。

兒比喻為月上，掌上嬌憨的模樣，惹人愛憐，尤勝白居易的欣悅。

又如〈新店溪中玩水口號〉中云：

> 沙水之際盛蝦蟹，捕捉尚憶兒童時。
>
> 即今老大欲試手，嗔怪叱禁勞賢妻。〔註150〕

溪中捕抓蝦蟹，「老夫聊發少年狂」的神采幾乎突現，若非夫人叱禁，年少時水中抓魚的舉動必定紛紛出爐，構成一幅有趣的畫面。

又如〈義齒和香港蘇公脫牙用昌黎落齒十八韻〉，幽默真率，令人莞爾：

> 貪食龍虎鬥，齒脫植義齒。港台多易牙，大嚼勢難已。
>
> 民以食為天，三餐日未止。至道惟養生，乏食則可恥。
>
> 不以死死生，不以生生死。吾思莊周言，命運操諸己。
>
> 吾年四十時，牙痛嚙冰水，五十落一二，填補與排比。
>
> 六十鑲四五，還同未脫似。如今近七十，滿口義齒矣。
>
> 又換髖關節，此事尤可紀。骨尚非我有，胡不動食指。
>
> 哀樂久相忘，得失那可恃。真率得痛快，效顰聊復爾。
>
> 二鳥鳴相酬，亦不繫聽視。百事皆作偽，沾沾正自喜。
>
> 假牙勝真牙，晶瑩編貝美。甘蔗落花生，嘴饞少年子。〔註151〕

從港台多烹飪好手，使人貪食寫起，「民以食為天」至「胡不動食指」，像是強聒的大話，用語越強烈，論說越玄渺、切身、極端，就越是有趣，如引《莊子‧知北遊》云：「不以生生死，不以死死生。」〔註152〕這跟貪食、養生有什麼重要關係呢？然而越往下看，越是清楚明白，「骨尚非我有，胡不動食指」，將意義全盤托出，原來是說：貪食也是率真的一面，不可為了養生，就閉鎖率真貪食的性情。這一段話相當有趣，為了證明大動食指是對的，竟從前人名言、自己切身遭遇，迂迴論述了半天，真令人噴飯。「哀樂」以下更妙，掃除哀樂、得失的束縛，全然展現真率快意。偽，指人為所成，不是虛偽。「假牙」四句，沾沾自喜、大動食指的神情，宛如在目，真令人捧腹。

此詩藉義齒寫命運操於個人，應當真率生活，詩中雖直用哲理語言，卻更增趣味，毫無生硬造作之感。流動暢達，輕鬆幽默，妙趣橫生，可見羅尚

〔註150〕見《戎庵詩存》次六，頁249。

〔註151〕見《戎庵詩存》次十八，頁561～562。

〔註152〕見郭慶藩編，王孝魚整理，《莊子集釋》，頁763。此謂：不為了「生」，而生出「死」這件事，不為了「死」，而停止「生」。「死」、「生」各成一體，絕無相待、對待。

高才，詩風多元，不拘一格。

四、現代事物的描寫

　　羅尚對現代事物的描寫，不僅止於家國社會，對於一些新事物的描繪歌詠，也有極高明之處，展現特出的創造力。如〈電燈〉云：

> 黃昏入望縣千點，熱極生光假細絲。
>
> 紫紫紅紅城不夜，風風雨雨鎮相宜。
>
> 華堂煥綵燒蓮瓣，市肆售人計燭支。
>
> 從此寒釭無意味，那須洞壁效傖兒。〔註153〕

首聯先指出電燈的特性、效用。「黃昏」句化用秦少游〈滿庭芳〉：「高城望斷，燈火已黃昏。」宛如千點懸空，而無一絲傷感，顯得平靜自然，頷聯承此而來，巧用疊字，意象優美開闊，聲情愜意宛轉，彷彿連風雨都平和典雅了起來，令人舒適。此聯撐起全詩，風味自遠。

　　頸聯承第二句而來，分寫華堂、一般人家的使用，也是不夜城的細部描寫。「華堂」句以蓮瓣比喻各色燈泡，燈泡點亮，猶如火點蓮瓣，煥發光彩，用語雅麗，意象優美。「市肆」句，指出市肆販售的情形，暗指人人都買得起，末句承此而來。末聯意指電燈煥發光彩，人人可買，油燈、蠟燭都相形失色，窮苦人家也不須再如匡衡穿壁借光讀書。〔註154〕

　　全詩創造優美的意象，兼融古典與現代的美感，巧用疊字、典故，使整體雅致，無傖俗氣息，允為佳作。又如〈電扇〉云：

> 公然鼓動和平氣，爽意能生拂面風。
>
> 形狀真成蘋末起，聲威少假大王雄。
>
> 秋來不免傷高擱，暑盛方能建厥功。
>
> 方寸地盤堪插足，周旋運轉便無窮。〔註155〕

首聯直寫電扇的特性，文字在雅俗之間。「公然鼓動」，語氣幽默。第三句承此而來，寫電扇的形狀。蘋末，既巧構形似，又巧用典故，指風扇扇葉的形狀，如同青蘋，宋玉〈風賦〉云：「風生於地，起於青蘋之末。」〔註156〕

〔註153〕見《戎庵詩存》次四，頁141。

〔註154〕《西京雜記》卷二載：「匡衡字稚圭，勤學而無燭，鄰舍有燭而不逮，衡乃穿壁引其光，以書映光而讀之。」見曹海東注譯：《新譯西京雜記》（台北：三民，1995年8月），頁81。

〔註155〕見《戎庵詩存》次四，頁141。

〔註156〕見蕭統編，李善注，《文選》，頁319～321。大王雄的典故亦出於此，不再重複。

第四句承「爽意」而來，寫電扇鼓動的聲音，大王雄，也是〈風賦〉的典故，宋玉諷刺楚襄王，「快哉」爽意的風是為他而起，是大王雄風。此處則無諷意，比喻電扇的聲音是假借了大王的聲威，語甚幽默。

頸聯依鼓動風氣而轉，寫電扇的使用時間，語氣先抑後揚，筆法襲自陶淵明〈閒情賦〉「十喻」的哀樂對比。末聯仍以特性歸結，只需方寸之地，便能周旋運轉，建立厥功。

全詩有濃厚的颯爽風味，描繪電扇的特性，能得神氣，彷彿電扇有了生命，能生生不息。語氣抑揚有致，用典在有意無意之間，甚為巧妙，文字淺白而不失雅致，間有雄健之氣，是極成功的詠物之作。

羅尚詠電器諸作多巧妙，時見新意，能得風神，如〈詠電〉云：「妙造豈惟新世界，化工能與變春秋。」〈電鈴〉云：「推敲月下俱非計，踞坐關前獨竭誠。」〈電梯〉云：「但請迁尊先入隧，自然安穩似行舟。淮南雞犬能同載，斗室衣冠盡勝流。」〔註 157〕翻用典故，自鑄新詞，時而愜意，時而昂揚，富有時代精神，不愧大家手筆。

再如〈雲中看雲口號〉，寫飛機上看雲的新時代新感受：

　　大雲迢遞高於山，巒頭簇擁相勾連。

　　孤峰挺拔不見頂，群峰錯落春筍攢。

　　厚雲屯積如堆棉，平雲不動如鋪氈。

　　流雲輕巧飄如煙，孤雲無伴誠可憐。

　　雲縫下視海絢碧，方方塊塊真如田。

　　雲中迄未聞雞犬，雲上別有一重天。

　　知是忉利是兜率，不勝寒處誰能攀。〔註158〕

前八句純寫雲上雲層的千姿百態，先寫春天而起的雲，如高峰挺拔，簇擁勾連，一望無盡，又如雨後春筍，不斷出現，瞬息萬變，氣象萬千。再寫平面的雲，屯積如堆棉，平坦不動如鋪氈，輕巧流動如煙，還有失群無伴的孤雲，惹人憐惜。這八句描繪新穎，是搭乘飛機才有的新視野。

「雲縫」二句寫下視海面，點出看雲的地點不是在山上，而是在大海上空的雲裡。「雲中」四句，化用淮南王成仙，雞犬隨而登天的故事。〔註 159〕

〔註157〕諸詩俱見《戎庵詩存》次四，頁 141～142。

〔註158〕見《戎庵詩存》次六，頁 226。

〔註159〕《論衡‧道虛》載：「儒書言：淮南王學道，招會天下有道之人。傾一國之尊，下道術之士，是以道術之士，並會淮南，奇方異術，莫不爭出。王遂得道，

雲上不聞雞鳴犬吠，難道雲上還別有一重天？眞是高寒難攀，令人望雲興嘆。詩句在此嘎然而止，彷彿聽聞陣陣驚嘆聲，留下無限想像空間。

此詩筆墨酣暢淋漓，沒有艱深字句、冷僻典故，而氣勢縱橫，一氣呵成，情味盎然，難能可貴。

又如〈新加坡聖淘沙觀音樂水舞放歌〉，以曼妙新穎的水舞入古典詩，題材極爲新鮮：

> 噴泉百道千態起舞交響樂，騰挪閃轉變換太靈活。樂則有聲無人雷鼓震動海立雲飛揚，泉內碧光雷射電腦畫毋迺太奇絕。或如千軍萬馬銜枚奔走赴戰場，或如疾風驟雨撼山拔木鬼神哭。或如銀河倒瀉百萬星辰驚亂飛，或如龍虎挐攖鸞翔鳳薈繞金闕。觀者如山色沮喪，幽靈古怪沒復出。匠心巧藝思偃師，采風季札嘆筆拙。虯髯功業垂東南，回首長安類轉燭。酒一杯，歌一曲。何當重到聖淘沙，香格里拉定三宿。非幻非眞幻即眞，假名中道嘿然覺。大千一息八十返，未見人世有胡越，只是佛說不可說。〔註160〕

此詩筆法學習自杜甫〈觀公孫大娘弟子舞劍器行〉。前半句子長至十三、十五字，形式上彷彿呈現出水舞水勢的突兀高聳，瞬息萬變，令人驚嘆，呼吸幾乎都要停止。筆力萬鈞，奔騰不息，氣勢驚人，即如前人，也幾乎不可見。

前四句即呈現水舞的騰挪閃變，雖然分寫噴泉、音樂、雷射光線的變化，但其中又宛如涵蓋全部，兩個「太」字，可見驚異讚嘆的神情，「或如」四句，極盡水舞的變化，音樂、噴泉、雷射光全都涵融一體，一氣直下，不可分割。水勢在雷射、音樂閃變中，時而突兀震撼，如龍虎相鬥，天地震撼，時而如鳳凰翔舞，輕盈曼妙，時而如銀河倒瀉，百萬星辰、煙火亂飛，幽靈古怪，突然而來，忽然而止，筆法之妙，有如七寶樓台，變幻起滅，令人神移目眩，應接不暇。

「觀者」四句，是對水舞的簡要評價。偃師，是周穆王時的工匠，曾造假人俳優，歌舞合律應節，千變萬化，惟意所適，一如眞人，獻給周穆王觀賞，王驚嘆，以爲與造化同功。〔註161〕季札采風，是羅尚自喻，季札曾到魯

舉家升天。畜產皆仙，犬吠於天上，雞鳴於雲中。此言仙藥有餘，犬雞食之，并隨王而升天也。」見王充撰，劉盼遂集解：《論衡集解》（台北：世界，1990年11月），頁147。

〔註160〕見《戎庵詩存》次廿三，頁705。電腦動畫，「電」原作「雷」，是筆者校對不精之過。

〔註161〕見蕭登福：《列子古注今譯‧湯問》，頁495。

國觀聞周樂，從中評賞各國風俗。〔註162〕「觀者」句，已自注借杜聖〈觀公孫大娘弟子舞劍器行〉詩句。

　　「虬髯」以下，寫對人世的嘆息，與個人的體悟，誠摯高遠，不似人間。「虬髯」二句慨嘆新加坡穩定發展，如水舞等奇妙的施設層出不窮，而大陸、臺灣卻不安定。定三宿，反用典故，《後漢書》云：「浮屠不三宿桑下，不欲久生恩愛，精之至也。」〔註163〕定要三宿香格里拉，顯得戀戀不捨。「大千」句，自注借坡仙〈送楊傑〉詩句。以「不可說」頓止，留下無限慨嘆。

　　此詩藉描寫新穎的水舞而感時撫世，既有瀏灑頓挫的氣勢節奏，又有豪宕感激的動人力量，而前半段熱鬧歡愉的渲染與後半段誠摯悲慨的遙相對照，更增添了抒情效果，是一首七言歌行傑作。

　　羅尚詩歌以氣勢雄健、情意眞摯統攝，題材豐富，不拘一格，即使是現代新穎的事物，也能涵融古典風貌，賦予典雅、優美、闊大的情韻，展現驚人的創造力，難能可貴。

第三節　珠館能增曄曄輝

　　技巧不是文學的主要內涵，但技巧運用得當與否，卻攸關內涵的表達，影響作品的優劣。若能善用技巧，將使內涵深刻、文章增輝。羅尚詩歌的優異，得力於技巧不少，尤其章法結構的掌握，用典的自然渾成，聲情的諧美，佳句的創造，因此本節將從這幾方面探討其詩歌的技巧。

一、章法結構

　　羅尚對杜詩有深刻的體會，並展現在作品上，他說：「杜詩實際，規畫出律詩二條件。其一，有變化，有波瀾。其二，前後相承應，氣脈貫通。律詩以變化爲波瀾，變化在中間兩聯。」又說：「（第三聯）有開、縱是律詩的高格調。所謂中間兩聯的變化，便是爲開、縱而設。」〔註164〕正可藉此檢視他自己的作品。如〈和漁叔先生省中見燕韻〉云：

　　　　浮海休嗟覿面稀，天涯尋主佩知微。
　　　　畫梁曾識翩翩影，珠館能增曄曄輝。

〔註162〕見楊伯峻撰，《春秋左傳注》襄公二十九年，頁1161～1166。
〔註163〕見范曄撰，楊家駱主編：《新校本後漢書‧郎顗襄楷列傳》，頁1082。
〔註164〕見《古典詩形式說》，頁23，頁26。

結廬樓臺原暫住，聽鶯鄉國幾時歸。

銜芹好築棲香壘，莫向人前炫舞衣。

回首鄉關悵淼漫，盧家文杏見來難。

爭香已混花間蝶，顧影寧慚枳上鸞。

細馬未應馱夢去，高鷹猶自決雲看。

巢成不信風波定，休向炎州詡宴安。〔註165〕

此詩作於民國四十一（1952）年，李漁叔先作〈省中初見燕子〉，羅尚說：
「當時港台和者不少，結果秦孝儀認爲他們對時局悲觀，不擁護中央，於是
主導管制，多位香港詩人從此不得再入臺灣，如曾克耑，連李老師都受到秦
孝儀壓制。」而他自己此作因寄諷怨於婉麗之中，音情諧美宛轉，不僅未被
發現，還得到青睞，羅尚說：「可見國民黨不學無術。」〔註166〕大概是批評
國民黨中主持文教事務的人文教素質低落。

　　第一首首聯分寫人、燕，人浮海而思念，燕因思念來尋，彷彿人、燕的
感情深切，暗指國土淪喪之悲。頷聯綺麗工穩，承「尋主」而來，明寫燕，
暗寫人，浮海前的家居有畫樑，浮海後的家居是珠館，「翩翩影」對「曄曄
輝」，表面寫燕子的尊貴，實際在突顯主人的情義，若非主人有情，豈會因
爲見燕而覺得蓬蓽生輝？頸聯承「浮海」而來，哀傷之意一與頷聯的歡喜相
對照，頓生波瀾；明寫人、暗寫燕，是思念的進一開展，前四句是人、燕間
的思念，這裡是人、燕對鄉國的思念，暗指家國殘破，再無歸去的時候。末
聯承「浮海」、「幾時歸」而來，人、燕雙結，既然不能歸去，就當小心謹愼
構築行窩，莫要向人前炫麗，有擔憂、諫勸之意。

〔註165〕見《戎庵詩存》次二，頁 16～17。李漁叔〈省中初見燕子〉云：「炎洲爲客
　　　　見來稀，乍喜銜泥出翠微。江海羽儀仍秀整，樓臺風日有光輝。如聞絮語依
　　　　依近，賸抱危心惘惘歸。莫是雕梁舊時侶，含情休更問烏衣。」「紅桑極目海
　　　　漫漫，重碇危檣去路難。還向寥空避鷹隼，偶容清禁侶鵷鸞。芳池雨密開簾
　　　　待，華館風高罷扇看。轉眼時平春社近，舊巢重傍上林安。」見《花延年室
　　　　詩》（台北：文史哲，1972 年 3 月），頁 80。
〔註166〕這是訪談記錄。《戎庵詩存》次十四，〈歸燕詞〉序中也提及此事，頁 490。
　　　　李漁叔〈省中初見燕子〉其一云：「炎洲爲客見來稀，乍喜銜泥出翠微。江海
　　　　羽儀仍秀整，樓臺風日有光輝。如聞絮語依依近，賸抱危心惘惘歸。莫是雕
　　　　梁舊時侶，含情休更問烏衣。」其二云：「紅桑極目海漫漫，重碇危檣去路難。
　　　　還向寥空避鷹隼，偶容清禁侶鵷鸞。芳池雨密開簾待，華館風高罷扇看。轉
　　　　眼時平春社近，舊巢重傍上林安。」見李漁叔：《花延年室詩》（台北：文史
　　　　哲，1972 年 3 月），頁 80。

　　第二首述國民黨不能回鄉的惆悵，及中共的侵逼，臺灣情勢的危險，勸諫執政者不要掉以輕心，結構與第一首相似。首聯人、燕分寫，國民黨難回大陸，燕難見舊家畫樑。頷聯明寫燕，暗諷國民黨，在此地爭權奪利，不知有無羞慚、愧對前賢之心？諷刺入骨。頸聯承頷聯的「爭香」、「寧慚」而開縱，與首聯「悵」、「難」呼應，以比喻諷刺國民黨，亦寫出燕的危險。既然爭香、不知慚愧反省，想回大陸的願望就顯然難以達成，以細馬難以馱夢作喻。高鷹決雲下看，暗示中共的威脅不止，令人寒慄，有驚濤裂岸之勢。末聯雙寫，雖然築好新巢，但風波不定，莫要輕忽，有勸戒之意。

　　二詩的章法結構謹嚴，寫燕如寫人，寫人又含燕，結合得相當緊密，既有婉麗的文辭，又託興深遠，含諷不盡，深得義山筆法。其中前後承應，氣脈貫通，波瀾崛起，抑揚頓挫，頗能實踐羅尚自己的論點，蘊含杜甫的精神，不失爲上乘傑作。蘇文擢說羅尚的七律：「似從義山之穠麗沈摯，以上追草堂。」〔註167〕見識是相當卓越深刻的。

　　又如〈人日寫竹〉云：

　　　人日同雲失萬山，撐持破敗寫琅玕。

　　　深杯不醉難爲客，細雨無聲但覺寒。

　　　水擊轉憐滄海淺，夢歸初遂弟兄歡。

　　　誰知汗漫人間世，許我從容控碧鸞。〔註168〕

人日是正月初七。首聯分寫人、竹，在雲層一色的籠罩下，雄峙的萬山都失去了蹤影，連停雲望鄉都不能了，只好寫竹撐持破敗、孤寂的愁懷。頷聯主要寫人，承首句而來，善用虛詞，「難爲」、「但覺」的轉折使破敗、孤寂的愁緒益加深刻；無聲，可見竹非眞竹，而是畫竹。頸聯仍是寫人，寄沈痛於雄壯歡樂之中，幻想竹化爲鸞鳥、大鵬、或龍，可以擊水飛渡滄海，載人回到故家，與兄弟歡聚，「夢歸」營造出歡樂的氣氛，這是從反面襯托，使情緒更爲開縱沈痛。末聯人、竹雙結，豪宕沈著中仍隱有一股沈烈的孤寂愁緒飄盪，越是表現得從容自持，寓含的孤寂就越是強烈。

　　此詩結構與〈和漁叔先生省中見燕韻〉相似，但以人爲主，竹爲輔，緊扣人的孤寂變化，想像飛越，典故化用於無形，豪宕、孤寂相互涵融，鄉關之思浩蕩，允爲佳作。

〔註167〕見蘇文擢：《邃加室遺稿》（香港：鳴社，1998 年 5 月），〈與戎庵先生論詩書〉，頁 261～262。

〔註168〕見《戎庵詩存》次四，頁 128。

　　羅尚的七律開縱變化，波瀾翻覆，前後相承應，氣脈貫通，張夢機教授以爲「整峻」，又在〈跋戎庵選集〉中說：「近體諸作，又皆律切字穩，寓詞託諷，雅見才情。」〔註169〕從以上三作，即可見梗概。至於他的古體，氣勢排奡，章法儼然，如〈冬夜文山玩月〉云：

　　　冬月潔於冰。文山高萬層。大步上崚嶒。抱月捫星星。
　　　月中千娉婷。霓裳舞未停。纖歌韻流鈴。供奉嫦娥聽。
　　　瑤池靈藥靈。使汝得飛昇。蟾宮猶帝庭。一呼九門應。
　　　俯視金粟陵。哀此小寧馨。驪山煙霧凝。湯殿苔生屏。
　　　憑肩私誓曾。雙星來證盟。誰知空鍊形。海闊天冥冥。
　　　露冷風泠泠。吾知汝零丁。撞鐘持寸筳。螳臂當車能。
　　　溢水難返瓶。胡不掩雲扃。臥待收兩京。爲汝歌中興。
　　　吾筆新發硎。〔註170〕

前十二句爲首段，一氣流轉，由玩月而聯想月中情景，「霓裳舞未停」是伏筆，爲以下的唐明皇、楊貴妃故事預作安排。「瑤池」二句，是下文「空鍊形」的伏筆，零丁孤寂的緣由。「蟾宮」二句，在冥冥中暗將嫦娥、楊妃形象結合。

　　「俯視金粟陵」至「溢水難返瓶」爲第二段，俯視明皇泰陵，〔註171〕情調即刻變爲淒涼哀傷。當年「在天願作比翼鳥，在地願爲連理枝」的誓言還在心頭，已是一在天上，一在九泉，驪山宮殿也早已湮沒荒涼，令人不勝欷歔。空鍊形，呼應靈藥飛昇，只鍊形，不修心，故得受孤苦伶仃的苦果。海闊天冥冥，是以茫闊無際的海天對照孤單，益增孤苦。「零丁」，顯示了天上的孤寒難耐，也寓含個人的怨悱悽惻，有自憐意味。

　　末四句爲第三段，承「撞鐘」三句而來，將告別月宮，明知不可能而又發豪語，顯然慰解的意味大過於期盼。

　　此詩從玩月聯想，將嫦娥與楊貴妃的形象結合，天上人間相映，寓含家國破敗、個人孤獨零丁的沈痛，也不無諷刺蔣宋美齡的意味，託興深遠，氣韻貫通，辭意暢達。句句押韻，顯得飛快急促，奔騰雄放。

　　又如〈夕望〉云：

〔註169〕見張夢機：《藥樓文稿・詩阡拾穗》，頁40。〈跋戎庵選集〉，見《楚騷吟刊》，
　　　　42期，頁99。
〔註170〕見《戎庵詩存》次十一，頁451。
〔註171〕明皇泰陵在奉先縣（今陝西蒲城縣）金粟山，故又稱金粟陵。

新月遙上文山東，山僧打起無常鐘。

鐘聲搖蕩碧潭水，一藤支我芳桂叢。

生物莫道不長久，真空之中有妙有。

如此溪山開闢來，春蘭秋月同不朽。

人者歸人天歸天，東周蹤跡餘野煙。

左海乍驚龍穴露，瑤池猶盼白雲還。

始信祈招可以反，靈鬼靈簫羽陵館。

爲郎梳洗看黃河，笳聲劍氣東南滿。

夕望長嗟杜少陵，人間辛苦佛伶俜。

國家不幸詩家幸，牛刀在手新發硎。

江湖詩集刻陳起，一代哀思悉在此。

人間上表謝昇平，通明殿上君臣喜。

吾家昭諫說雷塘，紅樓綠柳年年芳。

登高望遠何所見，飛鳥沒入煙蒼蒼。〔註172〕

全詩由「無常」貫串、起結，而以「妙有」點綴其間。前八句爲首段，寫文山景致，無常與妙有涵融，鐘聲、碧潭水、春蘭秋月，此時此刻相互涵融而不朽，但又變動不居，隨時幻滅，刹那，永恆，永恆，刹那。

「人者」八句爲第二段，以家國動盪爲題材。人間無常，變換不斷，生命終歸消逝，朝代興廢不止，故蒼生辛苦，哀音纏綿；真空妙有，仙人長久，看盡滄海桑田，人間流離，故佛心孤苦、孤危。

「夕望」以下爲第三段，以詩人詩賦爲題材。人間辛苦、國家不幸、羅隱說雷塘，俱是無常；詩家新賦滄桑、綠草年年芳、歡喜通明殿，都如妙有。而無常、妙有，又涵融在蒼茫煙靄之中，與「鐘聲搖蕩碧潭水」相呼應，意味無盡。

此詩空靈矯健，氣脈貫串，寓人生苦短、國家破敗、蒼生不幸於夕陽景致中，託興深遠，抑揚有致。又如〈己未三春經橫貫公路放歌〉，有李白〈蜀道難〉的神氣：

禹鑿江河洪水平，天功必假人力成。五丁開闢石牛道，或者難與橫貫公路相抗衡。盤崖上至三千五百尺，合歡山頂引手可以捫寒星。俯視長松縱壑萬樹矗萬仞，風雷洗刷龍無鱗。東去天祥直下大禹嶺，

〔註172〕見《戎庵詩存》次廿二，頁693。

　　大雲屯積輕雲絲絲片片爭飛昇。碧落神木二千載，對之如對古之人。
　　雲中多有峻青宅，知無瘴毒空氣清。西寶削壁不見頂，天祥好是梅
　　一林。奇絕太魯閣，群峰峭拔而崚增。九曲洞連燕子口，如經九地
　　聞煙聲。車過長春祠，已至花蓮太平洋之濱。西來抵梨山，異境眼
　　一新。千山環拱朝巨靈，可是海嶽之丈人。亭榭壯闊設賓館，朱紅
　　殿閣嚴重扃。崇階玉砌可登覽，如聞仙樂吹鳳笙。總幃風動若有憶，
　　晚煙生樹非西陵。衝車來往若流水，梨花高下堆白銀。快哉茲遊當
　　三春，豁我抑塞意一申。作詩告爾懶惰者，摒擋行李速啓程，失之
　　交臂悔恨生。〔註173〕

橫貫公路是舉世聞名的艱難工程，風景壯秀奇麗，可惜近來因天災不斷，少
部分路段已經放棄修復，此詩真可令橫貫公路的風華傳世。

　　首四句讚嘆橫貫公路的開闢宛若天功，有如禹鑿江河，勝過五丁開闢蜀
道。「盤崖」句至「梨花高下堆白銀」，描繪橫貫公路的景象，先寫在合歡山
頂、太魯閣沿途車行所見，「梨山」句以下，語句整齊，可見已經到達休憩住
宿的地點。末五句以個人感受勸告懶惰者作爲結束。

　　主要詩意在第二段，故描繪偏長。整段情隨境轉，語句也隨之變換，時
而雄偉奇險，豪恣壯麗，如群山突聳，海潮澎湃，幻成樓閣玲瓏，花開爛漫；
時而古雅愜意，自然清爽，如呼吸通於無始，與古人沈著相對，兼具古典與
現代的氣息。若非現代交通運輸系統發達、車輛良好，絕不可能如此舒適，
全無〈蜀道難〉中的悲號長嘆，愁苦危殆。蘇文擢說：「七古則如天仙化人。
空靈矯健。高者抗手太白矣。夫學杜可純以人力。學李則三分天授。惟先生
兼之。」〔註174〕不無道理，亦可見羅尚才氣之高與用力之深。

二、用典自然渾成

　　運用典故，可以在精簡的文字中含有繁複深刻的意義，或比喻，或象徵，
或趣味，都能增加詩歌的美感，提高藝術價值，尤其在專制恐怖時代，用典
還能使意義隱微，避免被羅織入罪，是很重要的技巧。羅尚強調讀書，要多
方學習，與此有很大關係。

　　羅尚善用典故，本文分爲四類，簡要說明：

〔註173〕見《戎庵詩存》次七，頁324。
〔註174〕見蘇文擢：《邃加室遺稿》，〈與戎庵先生論詩書〉，頁261。

（一）明 用

詩中明白徵引故實，或清楚指出人物，可稱爲明用，是最簡單普遍的用典方式。羅尙明用典故時，多能配合情境，渾然一體，如〈畫蘭〉云：

　　那待胡僧識劫灰，山丘曾是楚蘭臺。

　　至今風動幽花笑，疑是襄王宋玉來。〔註175〕

這是用宋玉〈風賦〉的典故，宋玉伴隨楚襄王在蘭臺之宮，楚王臨風而樂，宋玉故意將風分別成大王的雄風、庶人的雌風，諷刺楚王，冀望楚王關懷民生，力圖振作。〔註176〕

然而楚襄王終究沒有力圖振作，不須待胡僧來識劫灰，曾經是蘭臺所在的山丘早已是荒涼一片，空蕩無物。至今微風拂動，蘭花搖曳，有如微笑，都令人懷疑是楚襄王、宋玉重來高談大王雄風、庶人雌風。

此詩藉〈風賦〉寫蘭，暗喻國破家亡的悲哀，也隱隱諷刺、勸諫了執政者，「疑」字吐露了濃濃的惘惘情懷，相當深刻。

又如〈璠璵〉中云：

　　風雲慘澹觀今古，猿鳥頑冥昧簡書。

　　徐福得仙終不反，李斯多智果何如。〔註177〕

前二句反用李商隱〈籌筆驛〉：「猿鳥猶疑畏簡書，風雲常爲護儲胥。」後二句明用徐福、李斯的典故。可見一首詩中的用典方式多樣，不會侷限。

簡書是軍中的文書命令，《詩經・小雅・出車》云：「王事多難，不遑啓居。豈不懷歸，畏此簡書。」〔註178〕軍人畏簡書是正常，而義山以猿鳥畏簡書，使孔明命令益形森嚴，至今猶畏，更是奇特，加上風雲的囤聚護衛，不僅表達了個人對孔明的推崇、肅然起敬，並「使人凜然復見孔明風烈」。〔註179〕此處反用義山之語，含蓄諷刺了當年軍隊的鬆散，簡書命令無力貫徹，致使國家破敗。

「徐福」句，明用秦始皇派遣徐福往東海求仙的故實。秦始皇二十八年，「齊人徐市等上書，言海中有三神山，名曰蓬萊、方丈、瀛洲，僊人居之。請

〔註175〕見《戎庵詩存》次三，頁73。

〔註176〕見蕭統編，李善注：《文選》，頁319～321。

〔註177〕見《戎庵詩存》次九，頁401。

〔註178〕見阮元校勘：《十三經注疏・毛詩正義》，頁239。

〔註179〕范溫《潛溪詩眼》語。見郭紹虞：《宋詩話輯佚》（台北：文泉閣，1972年4月），頁405。

得齋戒，與童男女求之。於是遣徐市發童男女數千人，入海求僊人」。〔註180〕
徐市就是徐福，他帶領童男、童女、百工出海，尋得一座島後，就此定居，
不再返回。

「李斯」句，明用李斯故實，李斯多智，促使秦國一統天下，爲相三十
餘年，但因錯殺扶蘇而立昏君胡亥，終遭殺戮，太史公曰：「能明其畫，因時
推秦，遂得意於海內，斯爲謀首。」李斯被殺害之前，曾在獄中說：「昔者桀
殺關龍逢，紂殺王子比干，吳王夫差殺伍子胥。此三臣者，豈不忠哉，然而
不免於死，身死而所忠者非也。今吾智不及三子，而二世之無道過於桀、紂、
夫差，吾以忠死，宜矣。」〔註181〕忠心、多智，終不免於死。

此二句諷刺執政者的作法，好求無用之事，而不納忠言，致使國家破
敗，令人失望、沈痛。

（二）暗　用

暗用法是用典的最高技巧，自然渾成，了無痕跡，只有博雅多聞之士才
能窺見玄機。羅尚是化用書卷的高手，深於此道，如〈雨夜偶成〉中云：

沈思日月回憂患，自古江湖屬隱淪。〔註182〕

二句暗用李商隱〈安定城樓〉詩意：「永憶江湖歸白髮，欲迴天地入扁舟。」
期望實現靖亂淑世的抱負，而後了遂初衷，歸隱江湖，從此無憂無慮，無拘
無束。這是羅尚一生志業所在，可惜虛負凌雲高才，只能如同義山聊以自慰。

又如〈凡章鄉詩老示甲戌迎春十律次韻奉和〉中云：

依依拂水江潭柳，灼灼成林洞口桃。〔註183〕

二句彷如描繪春天的秀麗風光，景致怡人。前句是暗用桓溫的典故，《世說新
語・言語》載：「桓公北伐經金城，見前爲琅邪時種柳，皆已十圍，慨然曰：
『木猶如此，人何以堪！』攀枝執條，泫然流淚。」琅邪是金城（今南京）
前名，後來庾信誤以爲金城在漢南，採入〈枯樹賦〉，云：「昔年移柳，依依
漢南。今看搖落，悽愴江潭。樹猶如此，人何以堪。」〔註184〕

〔註180〕見司馬遷著，楊家駱主編：《新校本史記三家注・秦始皇本紀》，頁247。

〔註181〕見司馬遷著，楊家駱主編：《新校本史記三家注・太史公自序》，頁3315。〈李
　　　　斯列傳〉，頁2560。

〔註182〕見《戎庵詩存》次廿二，頁681。

〔註183〕見《戎庵詩存》次廿一，頁656。

〔註184〕見余嘉錫：《世說新語箋疏》，（台北：華正，1993年10月），頁114～116。
　　　　張溥輯：《漢魏六朝百三名家集・庾開府集》（台北：文津，1979年8月）頁
　　　　4744。

後句是暗用陶淵明〈桃花源記〉的故事，桃花源中人先世爲避秦時亂，所以避居到此，不復外出，洞外桃花灼灼成林，無人知曉，後來有漁人逐水而來，離去後，再也無人問津。

羅尙用此二典，諷刺政府既無力反攻大陸，徒使人思鄉心切，望景傷情，又不用心建設臺灣，不能吸引人心歸附，引導大陸走向自由開放。將諷刺入骨的意味深藏在優美的春光中，筆法卓越，用意深刻。

又如〈秋夜偶成〉云：

> 紫蓋東南事太遲，復生毛遂欲何爲。
>
> 本來世事殊難料，可料黃金有盡時。〔註185〕

此詩有怨意。首二句是反用，後二句是暗用。「紫蓋」句用陳化之語，陳化奉孫權的命令出使魏國，魏文帝因酒酣，嘲問曰：「吳、魏峙立，誰將平一海內者乎？」化對曰：「《易》稱帝出乎震，加聞先哲知命，舊說紫蓋黃旗，運在東南。」〔註186〕「事太遲」意謂，現在要實現預言，是不可能的，諷刺國民黨的統一大陸是春秋大夢。「復生」句用毛遂事，他陪同平原君出使楚國，簽訂合縱，使楚王出兵救趙。〔註187〕「欲何爲」意謂再生毛遂，也無能爲力，委婉表達自己不能施展抱負的怨意。

後二句暗用燕昭王築黃金臺，置千金於臺上，以求天下賢士的典故，〔註188〕昭王又師事郭隗，爲他改築宮殿，使賢士爭相來到，爲昭王謀畫。〔註189〕可見若眞有心招攬賢士，便無黃金多寡的問題。而此云世事難料，黃金有盡，顯然是慨嘆時不我與，諷刺政府不是眞心招攬人才。

（三）反　用

運事用典，反用意義，稱爲反用，與「翻案法」類似。若運用恰當，將使詩意更爲警峭。上文已簡要說明反用二例，此處再舉二例來看，如〈柳〉云：

> 一一斑騅送遠人，好風吹淨障泥塵。

〔註185〕見《戎庵詩存》次廿二，頁689。

〔註186〕見陳壽撰，裴松之注，楊家駱主編：《新校本三國志‧吳書‧吳主傳二》，孫權黃武四年下第二注，頁1132。

〔註187〕見司馬遷著，楊家駱主編：《新校本史記三家注‧平原君虞卿列傳》，頁2366～2368。

〔註188〕《文選‧（鮑照）放歌行》引《上谷郡圖經》云。見蕭統編，李善注：《文選》，頁733。

〔註189〕見司馬遷著，楊家駱主編：《新校本史記三家注‧燕召公世家》，頁1558。

隋隄有限青無限，不到天涯不是春。〔註190〕

首二句暗用李商隱〈隋宮〉：「乘興南遊不戒嚴，九重誰省諫書函。春風舉國裁宮錦，半作障泥半作帆。」〔註191〕——斑騅相送，可見無人勸諫，朝中多有奉承之輩；好風吹淨障泥塵，可見遊興正高，國家大事皆置之不理。

後二句反用李商隱另一首〈隋宮〉句意：「玉璽不緣歸日角，錦帆應是到天涯。」〔註192〕日角，指額骨突出飽滿如日，古代以爲是帝王之相，此借指唐高祖李淵。玉璽歸於李淵，所以隋煬帝也不能遊遍天涯了。羅尚反用此意，以爲隋隄雖然有限，但春光無限，只有到達天涯，春天才能長在，國祚、權力才能長存。隋隄，指隋煬帝開鑿的運河、堤岸。青，本指楊柳的青綠，借代爲春光。「春」，本指春天，象徵國祚、國君的權力。以「有」、「無」對舉轉折，開拓詩意，使後句的諷刺更有力，更奇警峭拔。

此詩寄興深遠，諷刺蔣介石用人、治理大陸均告失當，故敗退臺灣，然而又在臺灣掌握權力，施行專制獨裁，直到老死，不須負責，宛如春天長存。

又如〈苦雨〉中云：

儵忽如謀酬混沌，相將鑿竅有奇勛。〔註193〕

《莊子‧應帝王》云：「南海之帝爲儵，北海之帝爲忽，中央之帝爲渾沌。儵與忽時相與遇於渾沌之地，渾沌待之甚善。儵與忽謀報渾沌之德，曰：『人皆有七竅以視聽食息，此獨无有，嘗試鑿之。』日鑿一竅，七日而渾沌死。」〔註194〕渾沌，亦作混沌，是清濁未分，自然合和的狀態。儵、忽鑿竅七日，渾沌破滅，結果就死了。

羅尚反用意義，天地晦暗，陰雨連日，故希望儵、忽鑿破烏雲，使春陽明照，天地晴朗，利益民生。語氣勁拔，並增趣味。

（四）活　用

用典使事，靈活變化，自出己意，並與典故內涵融爲一體，稱爲活用。王安石曾云：「詩家病使事太多，蓋皆取其與題合者類之，如此乃是編事，雖工何益？若能自出己意，借事以相發明，情態畢出，則用事雖多，亦何所

〔註190〕見《戎庵詩存》次三，頁71。
〔註191〕見李商隱撰，劉學鍇、余恕誠集解：《李商隱詩歌集解》，頁1392。
〔註192〕見李商隱撰，劉學鍇、余恕誠集解：《李商隱詩歌集解》，頁1395。
〔註193〕見《戎庵詩存》次三，頁88。
〔註194〕見郭慶藩編，王孝魚整理，《莊子集釋》，頁309。

妨？」〔註195〕正是強調用典時要能自出己意，呈現個人的精神意態。

羅尚深明此道，時常活用典故，如〈紅梅絕句〉云：

驛使今無到隴頭，錦帆人遠鳳麟洲。

朱霞幾點江南影，託付雙魚寄得不？〔註196〕

運化陸凱〈贈范曄詩〉詩意：「折梅逢驛使，寄與隴頭人。江南無所有，聊贈一枝春。」〔註197〕鳳麟洲，是傳說中的海上仙山，〔註198〕借指臺灣。首二句表示自己今日遠在臺灣，沒有驛使可到隴頭，暗暗點出國家的殘破、開放探親前的兩岸隔絕不通。後二句用折梅相寄的思念之意創造新詞、新情景，以疑問句表達，使情意曲折含蓄。不知有無友人如陸凱，能將朱霞幾點映照的江南絕美景致寄來？思念慨嘆，憂傷悱惻，溢於言表。

又如〈八月十五夜對月〉云：

韓退之曰天無河，蘇子瞻云轉銀漢。

今月曾經照二公，月週人遙世百換。

自我西下峨嵋峰，短簫長劍誇從戎。

九州行盡入滄海，年年望月蓬山中。

悲歡圓缺本如此，有情人共嬋娟美。

惟有姮娥悔恨多，寂寞長生等長死。〔註199〕

首四句藉著韓退之、蘇東坡對月的感懷，帶入個人的感傷，以證千古以來，人情世態盡皆如此，「興感之由，若合一契」（王羲之〈蘭亭集序〉語），臨月嗟悼，難以寬解。

首句引韓退之〈八月十五夜贈張功曹〉云：「纖雲四卷天無河，清風吹空月舒波。」但要表述的情意不在此，而是在詩末幾句：「一年明月今宵多，人生由命非由他。有酒不飲奈明何。」抑鬱、無奈，不堪深論。第二句引蘇軾〈中秋月〉云：「暮雲收盡溢清寒，銀漢無聲轉玉盤。此生此夜不長好，明月明年何處看。」情意著重在後二句。第四句暗用《世說新語・夙慧》的典故，晉明帝幼年時，元帝曾當群臣面問他：「汝意謂長安何如日遠？」明

〔註195〕見胡仔：《苕溪漁隱叢話（後集）》，引《蔡寬夫詩話》，頁179。

〔註196〕見《戎庵詩存》次四，頁163。

〔註197〕見逯欽立輯校：《先秦漢魏晉南北朝詩・宋詩》，頁1204。

〔註198〕見東方朔：《海內十洲記》。此書收入《文淵閣四庫全書》第1042冊，頁274，頁276。

〔註199〕見《戎庵詩存》次六，頁293。

帝回答：「日近。」因爲「舉目見日，不見長安」。〔註200〕指國家破碎，只能見到月，不能見到人，故孤獨寂寞。

中間四句寫個人的身世感傷，果然是「月邇人遙世百換」，孤寂沈痛。「悲歡」二句，引蘇軾〈水調歌頭〉辭意：「人有悲歡離合，月有陰晴圓缺，此事古難全。但願人長久，千里共嬋娟。」欲從理智上自我寬解，然而理智的寬解其實只是一種壓抑，終究無法消除深沈的傷痛，傷痛隨即在末二句奔肆而出。這裡化用李商隱〈常娥〉詩意：「常娥應悔偷靈藥，碧海青天夜夜心。」人月雙寫，一面指嫦娥千古孤寂，一面指自己行入滄海後，不能再見到家人，年年孤寂對月，寂寞長生，等同長死，語甚痛切。

此詩將前人的經驗、數首詩詞的意涵完全融入個人的身世感慨、今古興亡的悲嘆中，自然渾成，不見造作，自是妙手。

三、聲情相諧

絕句以韻味取勝，風神搖曳爲美，劉熙載說：「絕句於六義多取風、興，故視他體尤以委曲、含蓄、自然爲尚。」〔註201〕是不錯的。而其中五言，因每句字數少，不易表達音韻的婉轉，也較難有舒緩之態，七言則較五言爲舒緩，較有表達音韻婉轉的空間，這從姜夔的實踐中可以得知，可見七絕體制最能表達音韻美，也最能令人感受到音韻美。

羅尚詩作雖不尚宛轉柔美，但聲情相符，令人擊節。長古諸作多雄放奔騰，七律多惻愴纏綿，前文已有闡述。七絕諸作，除了豪縱、深峭，其他風格的作品，也能表現得聲情諧美，如〈蓮瓣〉云：

> 蓮瓣燒燈勸舉觴，爲君重唱杜秋娘。
>
> 英雄遲暮江山老，記取溫柔是故鄉。〔註202〕

杜牧有感於杜秋昔日榮寵，無辜獲罪，以致今日窮老的身世，而興起同是天涯淪落人的愁懷，慨嘆命運難測，爲作〈杜秋娘詩（並序）〉，〔註203〕杜秋娘亦有〈金縷衣〉：「勸君莫惜金縷衣，勸君惜取少年時。花開堪折直須折，莫待無花空折枝。」重唱杜秋娘，便引起英雄遲暮，江山空老之感，一片蒼涼。

〔註200〕見余嘉錫：《世說新語箋疏》，頁590。
〔註201〕見劉熙載：《藝概‧詩概》，頁74。
〔註202〕見《戎庵詩存》次二，頁48。
〔註203〕見杜牧撰，清‧馮集梧注：《樊川詩集注》，頁35～46。

前二句描繪出溫暖的豪情，「勸舉觴」，音調「去上平」，豪縱欲顯未顯，「重唱」二字，以陽平、去聲的抑揚效果，使音調豪縱響亮。第三句從杜秋娘歌中引發「遲暮」、「老」的傷感，一片蒼老凄涼襲上心頭，聲情頓挫、凝住整個氣氛。第四句婉轉收斂，既慰解對方，亦聊以自慰，含蓄凝鍊，聲情溫婉相諧，尤其「溫柔」已使音調有了舒緩停頓，加上「是故鄉」，使情感投射回美好的年代，已不尋常，再加上「記取」之後，更顯深情，而深情背後是瀰漫著的惘惘失意。後二句以淺語寫深情，聲情優美，與蓮瓣燒燈的昏昏燈火相稱，令人低徊無限。

又如〈雨夜偶成〉云：

老病歸期未可知，龍荒夜雨漲天池。

九嶷山下桐花落，記得瀟湘夜雨時。〔註204〕

此詩用李商隱〈夜雨寄北〉的手法，李詩中雖言歸期未定，但多少仍期待有朝一日能再聚首話舊，以慰離愁。而此詩中卻由老病開頭，老病又不知歸期，則回鄉的機會渺茫，隱約已見沈痛。龍荒，指臺灣，與瀟湘相對而言。天池，本是傳說中的大海，此引申為台海。夜雨滂沱，台海高漲，歸鄉路更是渺漫，「漲」字有力，彷彿鄉心同夜雨飛漲，益形遼闊漫蕩，不可扼抑，一片蒼茫。

後二句寫九嶷山下的桐花凋落，瀟湘夜雨，同是離家在外的情景，暗示離鄉長久，轉徙流離，歸鄉無日，孤懷落寞，溢於言表。二句中各有四聲，音韻不板滯，「落」字入聲，音節急促，置於句尾，收束力強，「得」字也是入聲，故須「瀟湘」二字連用陰平來舒緩音節，傳達低迷茫然的情緒。

又如〈拾落花〉云：

一聲鵙鴣落花時，收拾殘香入小詩。

為汝安神文字海，遙天風雨欲何之。〔註205〕

前二句因入聲字「鴣」、「落」、「拾」、「入」的頻繁使用，音節稍嫌急促，呈現落花殘香的抑鬱愁悶。後二句則全無入聲字，使音節舒緩有致。第三句同一聲調都不連續，造成宛轉的效果，「安神」二字，先陰平後陽平，有助於傳達安寧、昇華的感情，「海」字有開闊之意，又是上聲置尾，能增強沈著穩定的力量。第四句以五個平聲字增加平蕩安穩的氣息，中間用上、去聲調和音調，而不連用去聲，可消解去聲的強烈，又不致板滯。聲情的掌握相當突出。

〔註204〕見《戎庵詩存》次廿二，頁681。

〔註205〕見《戎庵詩存》次六，頁301。

又如〈窘韻詩〉云：

文山宵霽掛銀蟾，不用招涼與避炎。

生受入懷秋意味，菊香隨月過疏簾。〔註206〕

此詩以清爽的氣息、疎野的風格取勝。夜晚雨霽，銀蟾高掛，不用避炎招涼，甚爲舒爽，「不用」二字語氣稍強，頗能傳達出率眞自在。後二句由此自在感開展，「意味」二字雖同屬去聲，但語氣並不強烈，加上由「秋」字帶出的清涼感，反有舒緩的效果。第四句的「菊」、「月」雖都是急促的入聲，但月的意義較柔性，菊與陶淵明的關連，令人有自在清逸的感受，再加上「隨」字的平和沖淡，使入聲的急促感全然消失。菊香、月光，一是視覺的感受，一是嗅覺的感受，「過疏簾」，使整體聲情更顯得清逸疏淡。

又如〈秋夜和方玉衡〉云：

人境何時息萬譁，寒砧寂處更聞笳。

月明如水文山路，一夜鄉心滿海涯。〔註207〕

首句末三字以聲音短促收束的「息」配上「萬」字，使聲音在對比中益形強烈，再加上聲音本較洪大的麻花韻，便有遒勁之感。第二句以「寂處」配上「更」字，聲情更爲沈烈，加上笳聲的悱惻，引得鄉心高漲，蓄勢待發。第三句藉由「水」的柔和將沈烈的聲情緩緩抒發，兼有四聲宛轉之美。第四句同樣四聲諧和，末三字「滿」、「海」、「涯」連用，二上聲、一陽平，聲情渾闊而不失沈著，加上鄉心的愁懷高漲，顯得渾闊悲涼。

羅尚詩風以清剛勁健爲主，聲調洪亮，前文的古體、七律諸作已可證明。而上述七絕諸作，不論溫存宛轉、低迷茫然、渾闊悲涼、清逸疎野、沈著安穩，聲情都能相諧。張夢機先生說：「余每有近作，必央其商度聲調，斟酌句法，始敢定稿。」〔註208〕以張教授的詩名，還如此推崇備至，可見羅尚聲情掌握力確實不同凡響。

羅尚博聞強記，創造力強、閱歷豐富且深刻，施之於詩，不論古體、律體，都能前後承應，波瀾變化，結構嚴謹而不板滯；運化書卷，匠心獨具，自然渾成；以氣貫串，而不輕忽音聲的作用，故能聲情相諧；重視詩句的作用，用心經營，故多有佳句，既呈現個人的精神意態，又爲篇章增輝。

〔註206〕見《戎庵詩存》次十三，頁481～482。

〔註207〕見《戎庵詩存》次三，頁96。

〔註208〕見張夢機〈跋戎庵選集〉，《楚騷吟刊》，42期，頁99～100。在〈戎庵詩存序〉中也有相同言語。見《戎庵詩存》，頁序2。

第七章　結　論

　　羅尚詩豪氣干雲，意蘊深刻，即使描繪現代事物，也同樣有濃厚的典雅氣息，顯出個人的豪健秉賦與熟讀書卷的效用。因此，本章就前文各章述評所得，簡要歸納爲英雄氣、書卷氣二點，分別說明，並簡述當代詩家、學者對羅尚的評價，以爲總結。

一、英雄氣

　　在刀光劍影中逞一時快意的人，不是英雄，只是逞匹夫之勇。眞正的英雄，應當以國家蒼生的福祉爲念，盡一己之力使人民的生活更好，綜觀羅尚的生平、人格、文學觀、思想、詩歌，便是一路通貫下來，呈現這樣的精神。

　　就人格而言，羅尚年少以志節惕勵，關心道義，慷慨感激，肝膽照人，性情誠摯，不屑逢迎，以「心受冰霜不受瞋」，「玉霜寒月鍊秋魂，猶怨癡頑損道根。是我往來諸相外，不曾投止嘆無門。」〔註1〕表達個人堅守志節、不干求的精神，老而彌堅，以松筠之志相感激；對師友的提攜，終身不忘；又以「沈思日月回憂患，自古江湖屬隱淪」，〔註2〕傳達安靖塵世、淑世而後歸隱的高遠理想；特重孔子論《詩》「興觀群怨」的精神，及〈詩大序〉標榜的諷刺譎諫，以傳達國事、天下事、民眾的思想感情，〔註3〕故詩歌誠摯怨悱，

〔註1〕　見《戎庵詩存》次十二，〈蓀園白桃花〉，頁455。次二，〈碧山〉，頁33。
〔註2〕　見《戎庵詩存》次廿二，〈雨夜偶成〉，頁681。
〔註3〕　〈詩大序〉云：「上以風化下，下以風刺上，主文而譎諫，言之者無罪，聞之者足以誡，故曰風。」又云：「以一國之事，繫一人之本，謂之風；言天下之事，形四方之風，謂之雅。雅者，正也，言王政之所由廢興也。」見鄭玄：《毛詩鄭箋》（台北：新興，1990年8月），頁1。

含蓄深刻，甚至直接批判執政者，揭露缺失，大膽諷刺，冀望執政者能修正政治措施，使人民安樂。在昏亂的時代從戎，不干求上位者，雖然表現了一定的英雄氣質，但在獨裁恐怖的時代，抨擊執政，以為勸誡，卻更顯得勇氣可嘉，更有英雄氣息。就這些點而言，羅尚的詩格便高於清代名家黃仲則，黃詩中屢屢表達讀書人失路的悲哀、依人干求之意，困窘淒楚，至有寒慘哀愴意味，語雖真而格卑。

就文學觀而言，羅尚承襲《文心雕龍‧風骨》的「綴慮裁篇，務盈守氣，剛健既實，輝光乃新」、韓愈〈答李翊書〉的「氣盛言宜」、蘇軾〈與謝民師推官書〉「滔滔流行之氣」的「辭達」、葉燮《原詩》的「氣以貫之」諸說，強調陽剛之氣，要以氣貫串詩歌，展現個人的精神意態，也以「清剛在我詩」自許，強調「意氣未宜輕感慨，潛搜山海鑄雄詞」，〔註4〕並以「有志請學高與岑」教導晚輩，〔註5〕期望晚輩學習岑參、高適的雄壯慷慨、玉聲雲骨，傳達時代精神，不要流於嘈雜、闃寂、藻飾，不能喪失英雄氣概、不見個人性情。可見羅尚的人格與文學觀相為表裡，如出一轍。

就思想內涵而言，羅尚堅守志節，心念生民，不僅以「請為蒼生更苦吟」勸告朋友，〔註6〕也以此自許，切實地實踐，將生民的悲歡、家國的滄桑、政治舉措的得失、政府用人的不當，一一寫入詩卷，如〈天意〉中藉著雨水寫出了農民的歡喜，抨擊上位者不知民間疾苦，並暗諷執政者無知人之明，〔註7〕而期待蒼生皆如弟兄，去除障隔，仁親共榮，展現了仁者襟懷。又民胞物與，富含人道精神，如〈拾落花〉云：「為汝安神文字海，遙天風雨欲何之。」〔註8〕慈悲、祥和、寧定，有如無盡的大海，煥發崇高的宗教情操。又如〈暮秋登指南宮口號〉云：「黃龍劍法能傳否，把酒商量呂洞賓。」〔註9〕欲祈請呂洞賓傳授黃龍劍法，以安靖高漲的紅塵、昏亂的國家。不僅有仁人胸懷，更洋溢豪傑英邁之氣。

眼見家國昏亂，羅尚還特意強調子貢的縱橫儒術，子貢銜孔子之命出使，欲求救兵保存魯國，出使過程中，子貢不從仁義勸說，而是投人主所好，「使

〔註4〕見《戎庵詩存》次十一，〈詩鐸〉，頁445。
〔註5〕見《戎庵詩存》次六，〈師範大學南廬吟社眾學士見過〉，頁262～263。
〔註6〕見《戎庵詩存》次二，〈答蔡念罍〉，頁54。
〔註7〕見《戎庵詩存》次二，頁36。
〔註8〕見《戎庵詩存》次六，頁301。
〔註9〕見《戎庵詩存》次十八，頁585，此詩作於民國八十（1991）年，69歲時。

勢相破」（司馬遷《史記》語），策動他們運用軍力，彼此征戰廝殺，藉以完成任務，期間使齊國國政陷於紊亂，吳國破敗，晉國強盛，越國稱霸。因此羅尙認為儒術即是縱橫之術，在亂世中，仁義並無實質效用，只有縱橫儒術才能力挽狂瀾。同樣的，今日世局紊亂，也只有子貢這樣的英雄豪傑，才能安邦定國。而羅尙為了家國的安定，勇於提出儒術不是仁義，而是縱橫之術，迴異於千百年來的傳統，也是英雄氣質另一面貌的展現。

就詩而言，羅尙以古體見長，七古最佳，慷慨激昂，感慨萬端，磊落豪雄，英雄氣質表露無遺，有如雲鵬振翅，上擊青天，〔註10〕亦如寶劍，星文閃動，氣貫斗牛，更如天風海濤，雄放肆大，震聲發瞶，內容則多能結合個人際遇、鄉心惆悵、家國滄桑，抒發襟抱，關懷蒼生，寫出多數生民的企盼，並譏刺上位者、時政的不當，情意具有普遍性，合於國風小雅詩人之志，張夢機教授曾評價說：「天骨開張，鏗金鏘石。」〔註11〕所謂天骨開張，乃是指秉賦雄偉，氣勢剛健，內容闊大。如早年所作的〈秋江夜引〉，高華慷慨，沈鬱清雅，充斥怨悱之音；來台後作的〈岱員篇和頌橘廬並次韻〉、〈峨岷篇上頌橘廬〉，氣象宏闊，奔騰雄邁，英風颯爽，情意眞摯；1990年所作的〈梅花謠〉，如風雲卷舒，氣韻流暢矯健，都是傳頌一時的佳作，不可多得。

七律以沈鬱頓挫為主調，兼有義山的婉麗、定庵的遒勁俳惻，故時而顯露出豪宕雄奇，波瀾開縱，如〈碧瑤松下作〉、〈冬夜漫興〉、〈冬夜漫興後篇〉、〈聞角三疊天韻〉諸篇；五律如〈塗潭訪友〉、〈碧海〉、〈獨夜〉諸篇，情意誠摯醇厚而濃烈，含蓄深刻，間有沈雄慷慨之音，顯露堅貞不屈的英雄志節；七絕雖時見惘惘情懷、清靜神韻，但如〈夜半至碧潭橋上〉、〈陽明館午睡〉、〈寒宵吟〉諸篇，清剛之氣，仍不可遏抑，如河漢波濤，拔浪高春，連天而來，寧靜安適而氣象宏闊，自成一家，絕非王漁洋的神韻所能規範。

羅尙的英雄氣質至為明顯，不論人格、思想，都以關懷國家蒼生為主調，盡一己之力追求眾人的福祉，力主清剛勁健的詩風，與詩歌的英氣光耀，健堀駿爽，互為表裡，兩相輝映。

二、書卷氣

羅尙屢屢強調要多讀書、多學，並不是要人藉此多用典故、炫博、掉書

〔註10〕 見張夢機：《西鄉詩稿》，〈芳園雅集〉：「羅詩類雲鵬，摶扶氣上擊。」頁29。
〔註11〕 見張夢機：《藥樓文稿‧詩阡拾穗》，頁40～41。筆者訪談時張夢機老師時，他說「天骨開張」一語，是孫克寬教授在眾人集會時說的。

袋，而是要人深思貫通，變化氣質，他說：「有書卷並不是能多用典故，而在於氣質之不同。」又說：「五古要訣，在古雅二字。古者，字句高古，高古非艱深，是人見人愛。因爲人見人懂。雅者，全篇意義、氣氛雅順，也是人懂人愛。二者相合情韻在其中矣。」〔註12〕可見雅順高古，富含情韻，人見人愛，自然會散發出書卷氣息，與羅列典故、艱深冷澀、傖俗造作的詩文，截然不同。

羅尚好學深思，詩作得自書卷的助益頗多，深入各家精髓，而自成一家，與理論相契合；少用僻典，而尋常典故，一經運化，便有新意，洋溢個人神氣，極富時代精神，絕無生吞活剝之感，蘇文擢教授說：「讀先生詩當留心其運化書卷之處。」〔註13〕相當深刻。

就文學觀而言，羅尚重視比興傳統與形象思維，他認爲比興、形象思維要爲「興觀群怨」服務，不能隨意亂用，要發於真誠實感，要觀物真切周密，學習經典的作品，了然於心，以培養個人的磅礴之氣，然後才能意能稱物，文能逮意，了然於手口，行文如流水，言之短長、聲之高下皆宜，成就詩歌的藝術性，若暗中摸索，不深刻體會，僅憑個人天賦，終究不能寫出真切的情態，也無法達到「興觀群怨」的要求。

因此，羅尚很重視學習前人的優秀作品，尤其是《左傳》、《國語》、《史記》、《漢書》、《文選》、《漢魏六朝百三名家集》，以爲文章大法盡在其中，而「事出於沈思，義歸於翰藻」二語最爲精道，點出了文章的不傳之秘，就是杜甫精熟的《文選》理，故文法等於詩法，杜甫的詩法，即是韓愈的文法，兩兩相通。

在前人詩作的學習上，以爲七古當學韓退之，尤其是他的清剛氣質，並細參岑參、高適、蘇軾諸家的豪邁雄放，學杜甫則在了解章法承應，賦比興的運用，曲盡其妙，然後自由變化，無有定法，而自有規矩法度。五古亦是。七律當由杜甫入義山，並參學元遺山的高華慷慨。五律當學盛唐。七絕則當學習如定庵的孤峭、漁洋的神韻、義山的深沈、杜牧的豪縱、劉禹錫的感慨，然後上追太白、龍標的渾厚闊大。如此則能自成一家，最差也不至於變成元稹、白居易的流滑俚俗。

羅尚也將讀書博習與禪家求悟的工夫比配，認爲學問功夫深厚，自有得

〔註12〕見《古典詩形式說》，頁71。
〔註13〕見蘇文擢：《邃加室遺稿》，〈與戎庵先生論詩書〉，頁261～262。

圓融之時，一旦圓融，平日的積學儲寶就會發生作用，使萬象如波瀾湧至，又能安排妥當，運用流暢，情理天然。但學詩中應避免相互吹捧，或以西學規範中學，或食古不化，不能掌握時代精神，不知通變而失去個人精神。總之，就是要多學、精熟，有豐富的學養為根底，才能通透圓熟，啟發神思，思接千載，化俗為雅，下筆如神。

憑著豐厚的學養，羅尚善用故實，傳達個人的精神思想，如〈蒝園白桃花〉，將劉禹錫的堅貞不屈、息夫人的不言、佛教靈山悟道，這些不同性質的故實融合在一首詩中，並用了濃厚禪偈味的語言總結，不僅沒有一點不妥，反而增添了詩歌的典雅風味，洋溢個人的風采，脫俗出塵，與潘安仁的甘拜路塵大異其趣，可見他運化書卷的能力。又因個人遭逢國滅家亡，流離異鄉的身世，與庾信、元遺山、鄭思肖相似，故屢用甲戌奔崩、野亭修史、鐵函心史的故實，表達鄉關之思、亡國之痛，哀音纏綿，難以排遣，既見歷史不斷重演，又有時代意涵，沒有虛應故事、亂用典故的成分。

在以詩作史，羅尚也展現了濃厚的書卷氣，如〈秋江夜引〉，寫戰亂中人民的死難相繼，情味有如李華的〈弔古戰場文〉，寫月亮的升降、月色的明淡，又似張若虛〈春江花月夜〉；又如〈花園口〉，娓娓道來黃河決堤的原因，合龍工程的困難，並見戰亂連連，民命如螻蟻，民生艱困哀悽，淺白而不傖俗，可見浸潤書卷之功。又如〈岱員篇和頌橘廬並次韻〉、〈峨岷篇上頌橘廬〉，如天劍纏雷而下，異采紛綸，騷雅諷怨，奇文偉抱，深得韓詩的縱橫氣勢。又如〈讀洛陽伽藍記和鑑資翁韻〉云：「南來我亦無多觀，唯有伽藍似洛陽。」〔註14〕便將今日權貴隨意損耗、不恤蒼生的行徑，和盤托出。含蓄蘊藉，意在言外。又如〈雨夜電視新聞節目中見歡宴美國參議員高華德實況高於麥克風前淚下輒講回座〉，純以情運，誠摯動人，雖無奇僻之思、驚險之句，但語言典重樸實，不可割裂，在哀婉沈鬱中見性情氣骨，深得杜甫短章五古的精髓。又如〈梅花謠〉，奇情壯采。又如〈二二八二二韻〉、〈二二八紀念碑前作，有碑無文〉，感慨悽愴，哀痛沈鬱。又如〈亞盟南韓流會〉、〈美國五星元帥麥克阿瑟逝世〉、〈越戰和議初簽〉、〈哀菲律賓〉、〈感天安門事〉諸篇，描寫國外事件，仍運筆自如，無侷促之感，無傖俗之味，興寄深遠。這些詩作都富有時代精神，雅致絕俗，筆力出眾，若不是浸潤書卷，精熟章法、文字，很難有如此成就。筆者訪談中，羅尚常說他的詩「無一字無

〔註14〕見《戎庵詩存》次三，頁89。

來歷」，又認為在今日白話文的時代，「以古文奪胎換骨，變為古體詩字句法，不失為因時制宜」，〔註15〕顯然他強調多讀書，以變化氣質，是從實踐中得來，有深刻的體會。

學習的廣泛，閱歷的豐富，也使羅尚的詩歌題材傾向多元，而總歸於情意誠摯，也多能創造雅致的意境，善用故實，以抒發個人懷抱，煥發個人精神，斐然成章。對父母兄弟的思念，對師友提攜的感激，對夫人、女兒的愛憐，對朋友親切的款待，往往情意誠摯醇厚而濃烈，而以平淡淺易的語言表達，含蓄深刻，扣人心弦，如〈結褵詞〉、〈花延年室詩卷弟九〉、〈讀藥樓近詩〉、〈酬夢機兄〉、〈夢機仁青見過食湯圓〉、〈歸試院傳舍清理圖書〉、〈塗潭訪友〉諸篇，以淺語寫深情，蘊藉非凡，耐人尋味。

在說理翻案上，亦頗有獨到的見解，如〈偶成絕句〉論田單之所以能復國，實是因燕惠王識人不明、騎劫太差。寓其家國、身世之痛，並批判當代的領袖人物、將領。〈新正讀書〉論譙周主張建設蜀地，反對北伐，諷刺當前的統一虛話；又以為黃叔度的形象不清晰，在漫誇聲中，反而使郭林宗的清高形象倍覺鮮明。〈李後主〉論李後主出降之所以垂淚對宮娥，是因為文臣武將都逃命去了，只有宮娥隨侍在側，令人感慨、感動。〈春宵坐雨〉論佛心以濟度蒼生為志業，從「兜率海山春雨夜，人天相共一鐙深」可見，〔註16〕將深刻的哲理、浩瀚的慈悲、崇高的品格、闊大的情景鎔鑄一體，雄偉沈著，悲憫堅定，不愧大家手筆。

在寫山川風物、詠物上，顯得親切自然，餘韻不絕。如〈碧海〉寫木芙蓉，句句詠物，句句寫人，絢爛奇美，立風標於花木，寓諷怨於清和。〈明月在叢篁〉用前後對比的方式含蓄點出個人不能施展懷抱，利益蒼生的缺憾，文字簡淨，情韻綿邈。〈貓羅溪上放歌〉運用疊出、散文化的字句表現此地的特色、特產，毫無粗俗鄙俚之感，相當成功。又如〈和紅竝樓宿日月潭韻〉，抹去血腥的傳說，創造出美麗有情的詩境。再如「全家縮食買書心，不救文衰起陸沈」，「心花常要酒澆之，樂境深防俗士知」，〔註17〕都寫出了時下的風尚，尤其「心花」二句，情調高雅優美而誠摯，又深含人生哲理，含蓄雋永。

至於現代事物的描寫，如〈電燈〉云：「紫紫紅紅城不夜，風風雨雨鎮相

〔註15〕見羅尚：《古典詩形式說》（自印本），頁71。
〔註16〕見《戎庵詩存》次六，頁301。
〔註17〕見《戎庵詩存》次十二，〈買書吟〉，頁459。次四，〈再疊前韻〉，頁153。

宜。」創造了優美開闊的意象，愜意宛轉的聲情。〈電扇〉云：「形狀眞成蘋末起，聲威少假大王雄。」既巧構形似，又妙用典故。又如〈詠電〉云：「妙造豈惟新世界，化工能與變春秋。」〈電鈴〉云：「推敲月下俱非計，踞坐關前獨竭誠。」〈電梯〉云：「但請迂尊先入隧，自然安穩似行舟。」〔註18〕翻用典故，自鑄新詞，時而愜意，時而昂揚，富有創造力，不愧大家手筆。再如〈雲中看雲口號〉、〈新加坡聖淘沙觀音樂水舞放歌〉，筆墨酣暢淋漓，豪宕感激，瞬息萬變，令人驚嘆，可見涵融書卷的能力，以及驚人的創造力。

　　至於弔古傷時、談政治得失的詩作，俯拾即是，發揮了「記事作詩詩作史」的美刺精神，大多沈鬱頓挫，諷刺深刻，俳惻動人，受杜甫、李義山、元遺山的影響極大。

　　羅尙的詩歌風格多元，不限於清剛雄健、沈鬱頓挫，從他學習的廣泛深刻，可見端倪。如〈秋老〉的磊落清奇，情味高古；如〈閑情〉的豪俊典雅；如〈感興〉的沈靜深細而自然；如〈古寺〉的勁健飄逸；如〈煮茶〉的幽閑沈著；如〈殘櫻〉的惘惘深情；如〈歌場口號〉的惆悵感慨；如〈國代一屆三次大會〉、〈芒花謠〉的戲謔譏刺；如〈紅豆詞〉，寓深怨沈痛於綺麗；如〈獨夜〉，悲慨中見堅貞高節；如〈義齒和香港蘇公脫牙用昌黎落齒十八韻〉，幽默眞率，令人莞爾；如〈海山〉，以清邁之氣涵融老氣橫秋之感；如〈紅梅〉，兼有龔定庵孤峭、李義山的深沈婉麗；如〈秋晚〉，寄沈痛於婉諷之中，抒見聞於耳目之外，不拘一格，而都流露出誠摯的情意，可見浸潤書卷的深刻廣博。

　　至於羅尙詩歌的技巧，在章法結構上，不論古體、律體，如〈和漁叔先生省中見燕韻〉、〈夕望〉，都能開縱變化，波瀾翻覆，前後承應，氣脈貫通，使結構謹嚴而不板滯；運化典故時，明用如〈畫蘭〉的「至今風動幽花笑，疑是襄王宋玉來」，〔註19〕暗用如〈秋夜偶成〉的「本來世事殊難料，可料黃金有盡時」，〔註20〕反用如〈柳〉的「隋隄有限青無限，不到天涯不是春」，〔註21〕活用如〈紅梅絕句〉的「朱霞幾點江南影，託付雙魚寄得不」，〔註22〕都匠心獨具，自然渾成；重視音聲的美感、音聲中含藏的情韻，雖不宛轉多

〔註18〕諸詩俱見《戎庵詩存》次四，頁141～142。
〔註19〕見《戎庵詩存》次三，頁73。
〔註20〕見《戎庵詩存》次廿二，頁689。
〔註21〕見《戎庵詩存》次三，頁71。
〔註22〕見《戎庵詩存》次四，頁163。

情，但因以氣貫串，故仍聲情相諧；重視詩句的作用，以爲「立片言以居要」，故用心經營，多有佳句，既呈現個人的精神意態，又爲篇章增輝。

羅尚詩作化俗爲雅，語白而雅致暢達，書卷氣息瀰漫，藻麗而不妖媚，創造優美的情境，又重視通變，曾說：「文質雅俗間，鋪設無極軌。」〔註 23〕故偶以俚語入詩，亦無傖俗之氣，且親切有味，令人驚喜。加以聲情諧和，口吻調利，更增風姿。

三、成　就

虛名所以撼俗世，實學所以震真知。羅尚的詩歌成就可以上追唐、宋名家，尤其在今日白話文時代，能有如此高的成就，更是難能可貴，故雖不刻意求名，而聲名自然遠大。本文僅就當代詩家的看法來說明他的詩歌成就。

李漁叔〈戎庵夢機來視疾作二首〉云：

　　當時一出冠同羣，活水曹溪半勺分。

　　二妙清言霏玉屑，牀前牛蟻不曾聞。〔註 24〕

李氏在大陸已負盛名，來台後更成爲詩壇巨擘，張夢機教授以爲李詩「寓雄摯于婉約，納悲咤于芳惻」，「辭美而思深，筆婉而神遠。間或刻意經營，則亦光披墨表，透徹澄瑩，絕去雕鏤之跡，有不御鉛華，自成馨逸之致」。〔註 25〕李氏以曹溪法門爲喻，稱羅尚得到他的真傳，在風格上必有近似之處，觀早期的〈和漁叔先生省中見燕韻〉可知，〔註 26〕二人的詩情韻相近，都堪稱婉麗蘊藉，寓含雄摯之氣，且諷刺深刻，而羅尚詩的音聲情韻則更加委婉。羅尚詩風後來更加開拓，走向清剛健爽、硬語盤空，不同於李氏的華麗、柔美，展現出個人獨特的風格，可謂善學前人。

民國以來，閩派詩人之首、詩壇前輩曾克耑對羅尚的評價、期許都相當高，〈觀河篇答漁叔戎庵師弟〉云：

　　忽驚雙劍纏雷下，森森鎗鍔青冥嵌。

　　異采紛綸亂我眼，籀諷竟夕聲喃喃。

〈窮溟篇答戎庵六疊北海篇均〉云：

　　一滴曹溪足法乳，孤光耀我炎海南。……蟠胸蓄蘊極千億，下筆飄

〔註 23〕見《戎庵詩存》次十七，〈遙贈陳沚齋穗垣請香江李國明轉〉，頁 535。
〔註 24〕見張夢機：《思齋說詩・花延年室遺詩跋》，頁 63。
〔註 25〕見張夢機：《思齋說詩・花延年室遺詩跋》，頁 59。
〔註 26〕參見本文第六章，頁 224～225。

忽才二三。彈譏侯王詼詭寓，籀諷騷雅怨憤含。用思綿邈到聖處，

屈莊馬杜應偕驂。……奇文偉抱久心許，妖腰亂領看手戡。〔註27〕

作〈關河篇〉時，羅尙名聲尙未顯揚，香港更是未曾聽聞羅尙名號，故曾克耑對羅尙的評價，是相當認眞而可信的。其後曾克耑更特別用鏡面宣紙寫〈窮溟篇〉500餘字寄予羅尙，可見其重視的程度。在《頌橘盧叢稿》中，他對同輩的臺灣詩人，除了李漁叔外，沒有這麼高的讚揚了，對晚輩詩人，也沒有這麼高的期許，或許是因二人詩風相近（曾克耑詩風骨遒健，兀傲不群），故特別賞識，但若如此，則更可見羅尙的成就不同凡響。

張夢機教授與他同門，相識最久，唱酬最多，認識最深刻，早期〈贈戎庵〉論其人品、詩品、畫品云：

君眞散澹人，功名棄如屣。高吟出危峭，秀骨含雋旨。

偶爾寫風竹，秋聲忽滿紙。我亦親煙霞，逸氣追驥耳。

扣角以干名，平生不屑此。人才重趨走，兀傲見吾子。

〈芳園雅集〉評羅尙詩品云：

羅詩類雲鵬，摶扶氣上擊。〔註28〕

〈詩阡拾穗〉中評云：

才大思宏，文繁理富，七古天骨開張，鏗金鏘石。七律亦整峻，感時之作，惻愴於杜陵；緣情之作，纏綿於義山，豈是那些空言藻飾的人所能方駕的？

另一首〈贈戎庵〉云：

波瀾壯闊如少陵之古體，情辭雙美類義山之詩篇。眾咸曰開張天骨，才大思妍。搜句約三千首，論交凡三十年。同禮墨堂門下，戴崇爭及彭宣。〔註29〕

近日的〈戎庵詩存序〉云：

近世作者，或以藻彩爲工，或以枒杈爲嫩，公則氣勢排奡，硬語盤空，直吐胸中之蘊，極富時代精神。觀其長篇，五古溯源選體，思深才大，渾厚動人；七古規摹杜韓，筆力健崛駿爽，最擅勝場，時人譽之爲「天骨開張」；近體定軌三唐兩宋，蘊含前人，別裁偽體，寓詞託諷，雅見才情，誠無所施而不可者也。……公性耿介，以氣

〔註27〕見曾克耑：《頌橘盧叢稿》，內篇卷34，詩存卷18，頁5～7。

〔註28〕見張夢機：《西鄉詩稿》頁13～14。頁29。

〔註29〕見張夢機：《藥樓文稿》頁40～41。頁171。

節自高，傲時近俗，不屑逢迎，世固不能用其材，公亦不屈己求合。
自總統府參議致仕后，息影林泉，流連溪壑，尋春吟秋，頗以自適。
公律詩森律，功力渾厚，信筆揮灑，自然合度。余每有近作，必央
其商度聲調，斟酌句法，始敢定稿。〔註30〕

對羅尚推崇備至，以為散澹自適、耿介兀傲的人品，與詩作的氣勢排奡，健
崛駿爽，思深才大，渾厚動人，相為表裡；又以為其五古溯源選體，七古規
模杜、韓，近體定軌三唐兩宋，律詩法度森嚴，聲調、句法出眾，直吐胸中
之蘊，極富時代精神，是相當正確的。

已故的香港蘇文擢教授，與羅尚因文字定交，對他的評價亦甚高，〈與戎
庵先生論詩書〉評云：

七律似從義山之穠麗沈摯。以上追草堂。五律純為杜音。七古則如
天仙化人。空靈矯健。高者抗手太白矣。夫學杜可純以人力。學李
則三分天授。惟先生兼之。常告詩組及門。讀先生詩當留心其運化
書卷之處。〔註31〕

〈次韻寄答戎庵台北〉云：

君詩如掣鯨魚舞，窅然咸池心貌古。

客窗岑寂下冥鴻，恍駕雲翼飛臺空。

〈寄懷戎庵台北〉云：

君是峨嵋月，清輝靜處高。謳吟動河漢，道緊揭波濤。

〈寄懷戎庵詞長台北〉云：

手抉峨嵋月，明珠照海天。有詩隨咳唾，如蜜徹中邊。

〈戎庵寄示元夜感懷四律有並柬邃加開笑口之句走筆賦答〉云

戎庵詩似探囊物，滄海凌波弄明月。

尋常咳唾珠風生，已有深情深剗骨。〔註32〕

對羅尚詩雅致的書卷氣息、雄健渾厚的氣勢、深情興諷，相當佩服，所謂「心
貌古」、「咳唾珠風」、「探囊物」，都是形容書卷氣，「掣鯨魚舞」、「駕雲翼」、
「動河漢」，都不脫雄健。

陳文華教授曾在〈不畏浮雲遮望眼——側記幾位臺灣古典詩人〉一文中

〔註30〕見《戎庵詩存》，頁序1。2000年作的〈跋戎庵選集〉，亦有極近似的評論，
見《楚騷吟刊》，42期（2000年9月），頁99～100。
〔註31〕見蘇文擢：《邃加室遺稿》，頁261～262。
〔註32〕見蘇文擢：《邃加室詩文續稿》，頁75，頁75，頁111，頁130。

評價羅尚詩,與張夢機教授的觀點相同,並從〈公車謠〉、〈詠電燈〉、〈詠電扇〉諸篇中,提出他的觀察,說:

> 近來在創作古典詩時,社會上常有新名詞是否可以入詩的爭議,觀
> 其實踐的功夫,於此問題可以思過半矣。〔註33〕

讚揚羅尚浸潤書卷的功效與創造力,能將俗諺、新名詞涵融在雅致的情境裡,無有不妥。

顏崑陽教授〈壬子客花蓮戎庵有詩見貽賦答三首(其三)〉云:

> 詩人逸興在高樓,健筆誰堪與子侔。〔註34〕

香港黃坤堯教授在〈當代臺灣詩壇簡介〉中說:

> 擅歌行,慷慨淋漓。〔註35〕

都特別推崇羅尚慷慨淋漓的雄健詩風、氣度。大陸著名詩人徐續〈台北贈停雲詩社羅尚社長〉更云:

> 一代劍芒餘慷慨,幾人詞筆與綢繆。〔註36〕

推崇羅尚的英雄志意,詩作雄健慷慨的氣度,並點出不能實現理想的落寞;對人品、詩品都相當讚揚。

黃永武〈一代曹劉定有人〉一文,直云:

> 羅先生乃古典詩壇巨擘,他在當前萬象昏埃中,隱身草萊市井,磊
> 磊血腔,吟詩自賞而已。〔註37〕

並引「百年家國無窮事,一代曹劉定有人」來評論時事,〔註38〕以為羅尚詩句相當深刻。又引其詩:「灌園除草作花農,人在今來古往中。三百杜鵑一枝筆,不知何物是窮通。」〔註39〕以為:

〔註33〕見陳文華:〈不畏浮雲遮望眼──側記幾位臺灣古典詩人〉,《文訊》雜誌,2001
年 6 月,頁 53～56。

〔註34〕見顏崑陽《顏崑陽古典詩集》,頁 106。

〔註35〕見黃坤堯:〈當代臺灣詩壇簡介〉,《當代詩詞》,總號 22～23 期合刊,1991
年 11 月,頁 175～181。

〔註36〕見《嶺雅》30 期,2001 年 10 月,頁 16。

〔註37〕黃永武:〈一代曹劉定有人〉,見 2005 年 10 月 24 日中央日報副刊,第 17 版。
下文不再加註。

〔註38〕此是羅尚 2005 年近作〈挽春吟〉,未收入《戎庵詩存》,全文為:「吾道安之
問鬼神,柴煙糞火滿關津。百年家國無窮事,一代曹劉定有人。鳳起蛟騰光
射斗,山崩川絕海揚塵。功深韓杜諸來哲,同挽詩壇已逝春。」

〔註39〕此詩題為〈中副有人以黃永武書房為題大作文章讀後詩興突發作詩寄永武一
粲〉,共二首,黃文錄一首,收在《戎庵詩存》次十九,頁 601。

> 一首小詩把「放遊天地，閒觀古今」的恬適情懷寫得韶麗驚人！比
> 清人寫「五百梅花三百竹，中間著箇病相如」更切實無誇。然而十
> 幾年來家國變化很大，他的詩懷也隨之悲惋衰颯，滿眼但見茫茫的
> 柴煙糞火了。

的確是恬適、韶麗，持筆花間、不知窮通的花農形象，也遠比病相如來得曠
達、有味。

　　若仿元遺山論詩遺法，以羅尚之作論其人其詩，筆者以爲〈古寺〉中的
「世界新塵垢，雲山舊衲衣」差可作爲羅尚一生人品、詩格的寫照。不論所
處窮達、聲名如何，一生堅守清操，心繫家國生民，縱然世道蒙塵，仍不改
舊志；詩歌亦如是，從無失路干求之語，氣勢奔騰，雖風格多樣，總誠摯而
鎔鑄書卷。在當代詩壇，允爲巨擘。

　　雖然羅尚詩有相當高的評價，但因一生留存詩作有三千餘首之多，各種
新題材、新表達手法的嘗試，雖然有極成功之處，但不免亦有些有待商榷：
一、極少數詩命意不佳，如〈大英博物館埃及館中五千年前人乾〉，以「金剛
不壞身」、「不朽」來稱讚在沙漠中死而不腐的奴隸屍身，〔註40〕雖然是另作
翻解，隱有縱使身軀不頹壞，終究落入空寂，無可如何之意，但似乎仍不是
很恰當，因爲「金剛不壞」是佛教中對大成就者的尊稱，可指永不退轉、如
如不動的心念，如佛、菩薩的成就，亦可指修行者圓寂後肉身保持完好，作
爲修行的一種鑒證，使後來的修行者勤於修行，若無此意義，則保不保存都
無所謂；而所謂的不朽，總不離「立德、立功、立言」，因此，以「金剛不壞
身」、「不朽」來稱譽不腐的奴隸屍身，多少有落入表象之嫌，顯得格格不入。
又如〈詠電〉云：「一理攸同須謹慎，不經心處會焦頭。」〈電話〉云：「羽毛
挾炭難爲速，號簿尋人只略翻。」〔註41〕落句都太過淺直，既無優美意境、
意象，亦了無深意。二、部分詩句落入宋人習氣，以文爲詩，出語太速，淺
顯現成，不夠凝練，亦乏詩意，至如〈上元大雨〉：「雨打花燈，看落水狗。」
竟如打油詩句，〈牛街溫泉〉云：「澡身發汗，百病消失。」〔註42〕詩味竟蕩
然無存，令人驚訝，不知此時彩筆何在。只能說此時尚在戎行、未專注於詩
藝，誰無璞玉時？三、1990 年以後贈答詩、酬唱詩大增，雖然這些詩並不比
其他詩人的同類詩差，前人也多有酬唱之習，不應苛責，但多少影響了整體

〔註40〕見《戎庵詩存》次廿三，頁 716。
〔註41〕見《戎庵詩存》次四，頁 141～142。
〔註42〕見《戎庵詩存》次廿一，頁 653。初一，頁 5。

詩歌的價值。

　　羅尙在古典詩壇頗負盛名，他與詩友唱和、書信往來頗多，其中應有不少評價詩作的資料，可惜他未加保留，目前可見的只有已公開發表的書信、少數相關評論；而詩友自印的書籍，圖書館中俱不可見，蒐羅不易；又因他的兀傲，不求前輩和詩，又非學院中人，故並世的前輩詩集中，幾乎全然不見對其詩作的評價。這些問題都令人不無遺憾，然而最抱憾的是筆者個人學力淺薄，不能爲羅尙詩作做出更清楚的成就定位，只能簡要述評，關於思想內涵、詩史的論述，也無力與前賢詩文作更深切的對比，無法展現更宏闊的氣象。待來年學力精進，再深入研究，彌補這一缺憾。

附錄一 羅尚年表

　　此譜得先生簡稿之助，修正、擴充而成。每一年歲，先載先生事蹟，繼之以國內外大事，最後附上當年所作詩題。如此安排，是因先生詩作每每傳達生民悲歡、政治舉措實況、時代的動盪，故藉以相互對照。至於詩作的年代，因先生以農曆編次，故本表仍以農曆記錄，也因曆法記錄的不同，故少數詩作會出現西曆已經換年，但仍記錄在前一年的現象，這是因當時農曆尚未換年，並非錯置。

一九二三年十一月二十九日生，肖豬

　　出生於四川宜賓縣高場鄉梁山村農家。（此依農曆年月，雖然年月已為民國13年1月5日，但因當時四川鄉下仍以農曆計算年月，故身份證上仍記為民國十二年十一月二十九日。）父親羅朝炘，母親羅凌氏。家鄉多松樹，漫山遍野，故先生生平愛松。

一九二四年，民國十三年，二歲

　　五月，孫中山先生任命蔣介石為黃埔陸軍軍官學校校長，黃埔軍校第一期新生入伍，六月十六日，舉行開學典禮。九月，孫中山先生決定北伐。

　　四月，印度詩人泰戈爾到上海、北京，六月赴日本。七月，外蒙古人民政府對外宣言改為共和國。〔註1〕

〔註1〕　本文國內外大事部分，係參考下列諸書，下文不再加註：
　　　　郭廷以：《中華民國史事日誌》，台北：中央研究院近代史研究所，（第一冊）1979 年 7 月，（第二冊）1984 年 4 月，（第三冊）1984 年 6 月，（第四冊）1985 年 5 月。

一九二五年，民國十四年，三歲

三月十二日，孫中山先生病逝於北京協和醫院。

一九二六年，民國十五年，四歲

六月，國民政府特任蔣中正爲國民革命軍總司令，專命北伐。七月，蔣中正就職，下北伐部隊動員令，誓師北伐。

一九二七年，民國十六年，五歲

四月，南京國民政府正式成立。日本首相田中義一奏折言：「如欲征服中國，必先征服滿蒙；如欲征服世界，必先征服中國。」

一九二八年，民國十七年，六歲

幼年在家牧牛，六歲入私塾，數年間讀《三字經》、《百家姓》、《四書》、《詩經》、《幼學瓊林》、《聲律啓蒙》（俗稱《對子書》）、酬世大全摘要（借錢字、佃田字、買賣用地契約等）。其間更換三個私塾，更換頻繁乃因私塾是臨時設置的，短則一年，長則二、三年，一旦私塾停授，就得更換。當地私塾二月開始上課，十二月結束，中有一個月的暑假，每至端陽，學生會送禮，老師也會回禮。私塾上課，上午講解少許，下午默書，默書完畢，即行回家。先生說，第三位私塾先生教書甚佳，由此而進讀《幼學瓊林》諸書。

時值四川軍閥混戰中。民國二十三（1934）年之前，四川爲諸軍閥勢力範圍，有劉存厚、鄧錫侯、孫震、楊森、劉文輝諸軍閥，蔣介石入川後才收編。

六月九日，中央研究院成立，蔡元培任院長。十月，中央研究院歷史語言研究所開始在河南安陽發掘殷墟。

五月，發生濟南慘案，日軍掃射。六月四日，張作霖在奉天皇姑屯遭日本炸傷，翌日遇難。七月二十六日，張學良表示願對國民政府服從到底。十

張玉法：《中華民國史稿》，台北：聯經，2001 年 7 月二版。

楊碧川：《國共內戰》，台北：一橋，1993 年 3 月。

吳家恒主編：《珍藏 20 世紀中國》，台北：時報，2000 年 10 月。

李永熾監修，薛化元主編：《台灣歷史年表終戰篇Ⅰ（1945～1965）》，台北：財團法人張榮發基金會國家政策研究資料中心，1990 年 11 月。《台灣歷史年表終戰篇Ⅱ（1966～1978）》，1990 年 12 月。《台灣歷史年表終戰篇Ⅲ（1979～1988）》，1992 年 9 月。

楊碧川：《台灣現代史年表》，台北：一橋，1996 年 4 月。

月十日，新任國民政府主席及委員宣誓就職，北伐宣告成功，全國統一。十二月二十九日，張學良宣布東北遵守三民主義，服從國民政府，改旗易幟。

一九二九年，民國十八年，七歲

就學於私塾。

二月，海關新稅則實施，關稅自主。十二月，中國古生物學家斐文中在河北房山周口店發現人猿頭蓋骨，即北京人。

一九三○年，民國十九年，八歲

就學於私塾。

三月，中國左翼文藝作家聯盟在上海成立。四月，爆發中原大戰，十一月結束。

十月二十七日，台灣發生霧社事件，馬赫坡社頭目莫那魯道率領族人起事，歷時四月。

一九三一年，民國二十年，九歲

就學於私塾。

六月，國民政府公佈訓政時期約法。九月十八日，發生九一八事變，日軍佔瀋陽、長春。十一月，中共在江西瑞金成立「中華蘇維埃共和國」。

八月，台灣民族運動領袖蔣渭水逝世。

一九三二年，民國二十一年，十歲

就學於私塾。

一月二十八日，發生上海一二八事變，相持月餘，英、美居中調停，國聯議決中、日停戰，五月，簽訂《淞滬停戰協定》，日軍撤退。

三月，日本在中國東北建立滿州國。十月，川戰（四川軍閥混戰）爆發。

一九三三年，民國二十二年，十一歲

就學於私塾。

一月，川戰結束。自民國以來，四川內戰已四百八十餘次，而以此次規模最大。四月，全國實施廢兩改元。

一九三四年，民國二十三年，十二歲

插班公立初級小學四年級，年底畢業。四川學制，新學期開始於農曆過

年後，初級小學四年，高級小學兩年。

　　蔣介石在二十三年在南昌推行新生活運動，由黃郛（字膺白）策劃。

一九三五年，民國二十四年，十三歲

　　進高級小學。就讀離家七十里的中心小學。孩子離家，不免思鄉，作第一首七絕：「負笈離鄉已月餘，白雲親舍兩依依。丹山碧水仍然在，杜宇聲聲喚我歸。」是年，新生活運動推行至四川。

　　四月，台灣新竹、台中、澎湖發生大地震，死傷一萬三千餘人。

一九三六年，民國二十五年，十四歲

　　休學一年，在家族中幫忙生意。羅氏同厝家族當時賣沙拉油之類的油品。

　　十月，魯迅逝世。十二月，發生西安事件。

一九三七年，民國二十六年，十五歲

　　年底，高級小學畢業。未畢業前，已爆發七七事變，鄉下地方聽聞此事，群情激憤，從軍者眾。

　　七月，爆發七七事變。十一月，遷都重慶。

　　九月，台灣人軍伕首度被徵調赴中國戰場。

一九三八年，民國二十七年，十六歲

　　農曆年後，元宵左右，招考學兵。赴成都投考裝甲兵，經錄取，去湘潭受訓，爲青年軍學兵，同陸軍一等兵階。學開汽車，坦克車。軍中規定，汽車速成駕駛手，須經過十八小時的時間，先學原地駕駛，操場駕駛，道路駕駛，街道駕駛，雨天駕駛，夜間駕駛，如此經過十八小時之訓練，坦克車便自然會駕駛了，所不同者，汽車用方向盤，坦克車用操縱桿，刹車轉向，右轉刹右邊，左邊照走，便轉向了，左轉亦然。

　　旋即赴前線參加戰爭，隸黃埔一期杜聿明將軍機械化 200 師，後擴編爲第 11 軍，改番號爲第 5 軍，爲抗戰初期唯一的機械化軍隊。抗戰八年間，參加過救援蘭封（在河南開封北方）、救援廣州（民國二十七年，行至漢口，又回救廣州，未及，至湖南郴州）、湘北三次大會戰、長沙三次大捷（民國二十七年秋至二十八年春），〔註2〕衡陽會戰（民國二十九年春），〔註3〕桂

〔註2〕　此處所指，其實僅有一次勝利，但當時軍隊搶功，誇稱爲三次。且並非一般指稱的三次長沙大捷，一般指稱的三次長沙大捷，其時間爲：第一次在民國

南崑崙關會戰（民國二十七年十二月隨軍駐廣西全州，二十八年十一月開始崑崙關會戰，至十二月底大勝結束，三十年底往西南移動至邊界）。裝甲兵道途奔走，全靠鐵路運輸。

六月，國軍決鄭州花園口黃河堤口。七月，德國顧問團因德日結盟之關係，德國政府下令回國。十一月十三日，湖南省主席張治中以敵寇逼近長沙，下令焚城，全市數十處同時起火，至十九日漸熄，燒斃數千人。（傳十二日張治中接到焚燬長沙密電。）

一九三九年，民國二十八年，十七歲

參加長沙戰役，崑崙關會戰。崑崙關會戰，十一月開始，十二月底，大捷。

六月三十日，頒佈「限制異黨（中共）活動辦法」，此後中共被稱為奸黨。十二月底，崑崙關大捷。

三月，德軍開入捷克首都。九月一日，德軍四路進攻波蘭，第二次世界大戰爆發。

一九四〇年，民國二十九年，十八歲

參加衡陽戰役。

三月，蔡元培逝世於香港。

三月二十九日，汪精衛在日本扶植下於南京成立國民政府。

是年詩作：〈攻克崑崙關〉，〈灘湘〉。

一九四一年，民國三十年，十九歲

年底移動至西南邊界。

七月，對德義斷交。八月，陳納德領導之美國空軍志願隊飛虎隊正式在昆明成立。是月，日本飛機開始對重慶實施疲勞轟炸。

八月十四日，羅斯福、邱吉爾發表「大西洋憲章」。十二月八日，珍珠港事變，太平洋戰爭開始。

是年詩作：〈長沙〉，〈二塘〉，〈桂林〉，〈三過柳州〉，〈晴隆〉，〈夜度碧雞關〉，〈下關〉。

二十八年九月至十月，第二次在民國三十年九月至十月，第三次在民國三十年十二月至三十一年一月。

〔註3〕　此處所指，並非一般指稱在民國三十三年八月爆發的衡陽會戰。

一九四二年，民國三十一年，二十歲

　　三月，參與遠征軍遠征緬甸。四月，隨軍在曼德里（瓦城）。五月隨杜聿明經緬北撤退。八月，回到雲南，隨軍在嵩明（隸昆明市），至民國三十五年一月五日方離開雲南，向北同中共作戰。

　　民國三十一年三月遠征緬甸，當時遠征軍司令長官羅卓英，蔣中正任命美國史迪威將軍爲中國戰區參謀長，並指揮中國緬甸遠征軍。起初進軍順利，三月，200師長戴安瀾將軍率所部在同古（也稱東瓜）保衛戰中表現亮眼，重創進擊的日軍，四月，孫立人將軍率113團擊退日軍，救出被困在仁安羌的英軍七千餘人，贏得英軍讚揚。但五月之後情勢急轉直下。肇因英軍無心保衛緬甸，逕自放棄、撤出緬甸戰局，只全力保衛印度，並虛設、串連廣播、通訊，詐稱印度有英軍重兵集結，使日軍不敢輕易進攻印度，而全力攻陷緬甸，佔領棠吉、臘戍，阻斷遠征軍歸路，並迂迴入雲南。因此孫立人將軍率所部隨史迪威、羅卓英撤入印度，爲中國駐印軍，由英國補給、美國協助訓練特種兵，於民國三十四年一月與衛立煌合力打通被日軍封鎖三年的滇緬公路。另杜聿明率所屬部隊翻山越嶺回國，先生亦在其中，歷三個月才回到雲南，而軍械皆破壞棄置道旁，損失慘重。且各部隊經過之處，多是崇山峻嶺、山巒重疊的野人山及高黎貢山，沿途人煙稀少，給養困難，加以森林蔽天，蚊蚋成群，各種疾病、傳染病隨之而來，沿途官兵死亡相繼，屍骨遍野，慘絕人寰，杜聿明亦感染重病，幾乎殞命，第200師師長戴安瀾更因重傷，殉國於薩爾溫江畔，得年三十八歲。最後美軍發現，空投補給，部隊才得脫離險境。估計約有五萬軍隊葬身緬北山區、河谷，而遠征作戰傷亡的僅有一萬餘人，可說此役十分糊塗。8月，杜聿明率殘部回國，向蔣介石請求處分，蔣介石爲安撫遠征軍，反而擢升杜聿明爲第五集團軍總司令兼昆明防守司令。

　　是年詩作：〈畹町〉，〈曼德里〉，〈麥同書壁〉，〈孫布拉蚌〉，〈獨木舟渡邁立開江〉，〈玉米飯〉，〈牛街溫泉〉，〈趙家坪〉，〈甸尾段氏別業憩足三日〉，〈驚聞二百師師長戴安瀾殉國薩爾溫江畔〉，〈嵩明〉。

一九四三年，民國三十二年，二十一歲

　　隨軍在嵩明。

　　一月，中英、中美平等新約簽字。二月，蔣宋美齡訪美。十月，衛立煌就任中國遠征軍司令長官。

四月，日本在臺實施六年制義務教育。

七月，墨索里尼下台，八月，盟軍攻佔西西里島，九月，義大利投降。十一月，發表開羅宣言。

一九四四年，民國三十三年，二十二歲

隨軍在嵩明。

五月，衛立煌率部強渡怒江歷經數十日血戰，擊退日軍。次年一月，與中國駐印軍孫立人將軍合力打通被日軍封鎖三年的滇緬公路，兩軍順利會師。十一月，汪精衛病歿於日本名古屋。

九月，日本在台灣實施徵兵制。

六月五日，歐洲盟軍於諾曼地登陸。

一九四五年，民國三十四年，二十三歲

隨軍在嵩明。

二月，美機轟炸台灣。四月，台灣全面實施徵兵制度。十月，孫立人將軍選定鳳山為新軍訓練基地。

二月，雅爾達會議。五月，德國投降。七月，發表波茨坦宣言。八月六日，美軍在日本廣島投下第一顆原子彈，九日，在長崎投下第二顆原子彈。十日，日本接受中、美、英波茨坦聯合公告，請求無條件投降。八月十五日，日本裕仁天皇向全日本廣播投降。中國八年抗戰，獲全面勝利。陳儀為「台灣行政長官公署」長官，從日本人手中接收台灣。

日本投降後，國共內戰緊接著展開。九月，中共軍入東北。十二月，美國總統杜魯門發表對華政策聲明，並指派馬歇爾為總統特使赴中國調停。

九月，越南與法國脫離關係。

一九四六年，民國三十五年，二十四歲

一月五日離開雲南，與中共戰於河南。任裝甲兵團上尉參謀。

是年國共重慶政治協商，周恩來、毛澤東到重慶，要行政院長由共黨擔任，於是協商破裂，國共內戰益趨激烈。十月，美國特使馬歇爾調停宣告完全失敗。十二月，召開國民大會，中共、民主同盟拒絕參加。

一月，承認外蒙獨立。是月，聯合國成立。三月，邱吉爾發表「鐵幕」演說。十二月，法國第四共和開始。

是年詩作：〈別昆明〉，〈芷江〉。

一九四七年，民國三十六年，二十五歲

作戰於河南，是年冬，撤回鄭州。

二月二十八日，台灣因查緝私煙爆發「二二八事件」，人民毀專賣局，包圍長官公署，毆打外省人士，軍隊開槍，死傷數百人。陳儀在「二二八事件」中處置不當。三月七日，二二八事件處理委員會向陳儀遞交處理大綱，陳儀拒絕接受，三月八日，陳儀宣布二二八事件處理委員會為非法組織。三月九日，警備總部下令台灣戒嚴，第二十一師一部開抵台灣，在基隆港登陸，二二八事件大屠殺開始。三月十七日，白崇禧及蔣經國自南京到台北，發表文告，宣布處理台灣事變四原則。〔註4〕四月，陳儀被免職，台灣行政長官公署撤銷，改設省政府。「二二八事件對台灣政治的影響十分深遠。許多人認為台灣人對政治的冷漠與恐懼，以及多年未消的省籍情結，都與二二八事件有密切的關連」。〔註5〕十一月，台灣新軍訓練開始，由孫立人將軍主事，美國軍官亦參加。

一月，國民政府公佈國民大會制訂之中華民國憲法。三月，黃河花園口合龍工程完工。五月，學潮起。八月，陳誠任東北行轅主任，但不僅未能挽救東北危局，反而一敗塗地，次年二月五日離開瀋陽，赴上海就醫，有些國大代表揚言「槍斃陳誠，以謝國人」。十二月，實施憲政。

一月八日，美國特使馬歇爾回美。八月，英國正式移交印度治權，印度、巴基斯坦獨立。

是年詩作：〈東里祠〉，〈開封〉，〈花園口〉，〈下太行山〉。

一九四八年，民國三十七年，二十六歲

隨軍在鄭州，是年十月，撤出鄭州，至南京，是年冬，至漢口、長沙、湘潭、郴州、衡陽，招考學兵。共軍放棄延安根據地，奔赴北平得手，中央精銳部隊，向京、滬聚集。

三月，海軍總司令部決定在左營設立海軍士官學校。五月，蔣介石就任

〔註4〕 見郭廷以：《中華民國史事日誌第四冊》，頁620。四原則為：一、改行政長官公署為省政府，各縣市長提前民選。二、調整人事，警備總司令不由省主席兼任，省府委員儘先選用本省人。三、民生工業之公營範圍盡量縮小，現行經濟制度與中央法令抵觸者分別修正或廢止。第四、恢復地方秩序，參與此次事變及有關人員，除煽動暴動之共產黨外，從寬免究。

〔註5〕 見吳密察監修：《台灣史小事典》（台北：遠流，2000年9月），頁162～163。

總統。五月十日，動員戡亂時期臨時條款施行。八月，發行金圓卷。九月，濟南失守，同時，林彪率兵重進攻東北瀋陽等地，十月三十日，國軍將領衛立煌自瀋陽敗逃，東北盡為中共所據，東北國軍損失約三十萬人，其中有八個美式裝備師，據估計，國軍百分之八十之美國裝備均為共軍所得。十一月，瀋陽失守，杜聿明在葫蘆島撤離十萬大軍，之後，飛往淮海戰場（徐蚌會戰），共軍劉伯承等包圍徐、淮地區，與國軍展開激戰，次年一月，國軍戰敗，淮河防線不守，杜聿明在河南省永城縣陳官庄被俘，長江以北地區全為共軍佔領。十一月，共軍林彪會同聶榮臻等部包圍平、津地區；翌年一月，共軍破天津。國軍總司令傅作義投降，共軍順利進入北平。遼瀋、淮海（徐蚌）、平津三大戰役，中共共殲滅國府軍 154 萬人，從根本上改變了國共軍事力量的比例。

共軍採用鄉村包圍城市的戰法，且以土地改革者形象宣揚，深獲農民支持，蘇俄裝備又源源不斷支援，而當時國府軍仍如同抗戰時期的戰法，只以重要城市為據點，美國亦停止軍援，民間亦厭戰，軍心士氣低落，因此在極短時間內即失去大半江山。

大陸人口開始大批來台，四年內，先後來台約二百萬人。

一月三十日，甘地遇刺身亡。五月，以色列建國。

是年詩作：〈撤鄭州〉，〈軍次南京挹江門李維藩莊驥午夜自江寧來晤敘〉，〈謁中山陵〉，〈下關〉，〈靈谷寺〉，〈秦淮河畔〉，〈玄武湖〉，〈早發下關〉，〈過馬當〉，〈重到漢皋〉，〈秋江夜引〉，〈三至湘潭有懷杜聿明將軍〉，〈三至長沙〉，〈湘鄉客舍〉，〈再至郴州招學兵寄岳俠臂長沙〉，〈三過郴州火車中望義帝塚〉。

一九四九年，民國三十八年，二十七歲

春，至廣州，升少校。秋初，自廣州黃埔港乘萬里號登陸艇登台，自稱逃難，非為主人。部隊駐防台中清水，防守梧棲港（今台中港）。在清水常讀台北民族晚報，遇鰲西吟社總幹事蔡琢章，邀入鰲西吟社，社長清水鄭邦吉，字聽春。總幹事台中蔡琢章，字念璧，社員有台中黃爾竹，清水莊永昌、鍾傳宗、蔡子華，梧棲黃海泉，沙鹿楊其流，先生亦在其中。蔡氏於先生將調任台北之際，對先生說：「如果台北有事，就立刻到台中來，這裡不缺一個碗、一雙筷子。」當時台灣情勢不穩，蔡氏意在保護先生，先生對他銘感五內。

蔡琢章，字念璧，民國前八年（西元 1904 年）生於台中清水，曾任彰化銀行秘書。晚年築舍於台中北屯，名之曰「恒園」，蓋寓久淹之意，此後除兩三知己過訪而外，門戶常關，若隔紅塵。〔註6〕曾寫信告知，並招邀先生。

一月，中央銀行現金移存台灣。二十一日，蔣介石總統聲明引退，由副總統李宗仁代行職權，蔣氏仍以國民黨總裁身份指揮軍事。二月，中央銀行所存黃金白銀運至台灣。四月，國共和談，因中共對國府之要求幾近於投降，因而和談破裂，中共開始攻擊，江陰要塞司令戴戎光叛變，中共軍渡江。五月，蔣介石乘軍艦離上海至台灣。十月一日，中華人民共和國成立，二十日以後，李宗仁滯留香港。十二月，李宗仁離香港赴美，國府遷台。

一月，陳誠就任台灣省主席兼任警備總司令。二月，台灣實行三七五減租，減輕地租負擔，保障佃農權益，爲土地改革的第一步。四月，發生四六事件，台灣大學、師範學校學生二百多人因醞釀學潮被捕。五月二十日，開始實施戒嚴令。六月十五日，發行新台幣，四萬元舊台幣兌換一元新台幣。六月二十一日，開始實施「懲治叛亂條例」及「肅清匪諜條例」，以肅清匪諜爲名擴散「白色恐怖」。九月二十一日，台灣省防衛司令部成立，孫立人將軍任總司令，負責制定實施台澎防衛計劃，構建全島防衛工事體系，整訓撤台的數十萬國軍。十月，爆發古寧頭大戰，孫立人將軍運籌帷幄，日以繼夜電話指揮，他培訓的新軍二〇一師獨力作戰，擊潰來犯的共軍，居功厥偉。〔註7〕十一月，《自由中國》創刊，發行人胡適，社長雷震，主編毛子水。

八月，美國務院發表「對華政策白皮書」，指摘國民黨權腐敗與無能。十月，美國宣稱台灣不在美軍西太平洋圍堵防線之內。

是年詩作：〈軍次穗垣西村〉，〈弔黃花岡〉，〈聞南京陷落戴戎光出賣江陰要塞楊幹才殉節蕪湖赭山〉，〈黃埔港乘萬里號登陸艇渡台灣〉。

〔註6〕 參見革命實踐研究院中興詩歌社，台北市文獻委員會端午詩社編輯：《中華民國詩人及其詩》（台北：台北市文獻委員會端午詩社，1973 年 12 月），頁284。

〔註7〕 當時二〇一師師長爲鄭果，受孫立人將軍指揮作戰。胡璉兵團的訓練、裝備都差，且是戰事將近結束後才到達，但政府卻將功勞全歸給他，不提孫、鄭二位將軍的功勞。見鄭錦玉：《一代戰神孫立人》，頁279～290。揭鈞：《孫立人將軍側記》，頁 152～156。

一九五〇年，民國三十九年，二十八歲

　　四月，奉調至台北裝甲兵司令部任第二參謀（管情報），辦理兵要地誌。裝甲兵司令部在台北市愛國東路十五號。當時採用美制，第一參謀掌人事，第二參謀掌兵要地誌、鐵公路、交通、情報、氣象等，頗為混雜，第三參謀掌作戰，第四參謀掌補給。

　　一月，國府緊急遷移北京故宮博物館文化財產至台灣。三月，蔣中正復行視事。海南島四月撤退來台，舟山群島五月撤退來台，國府、政院等全都到齊，台灣新集。四月，省府發行愛國獎券。六月，公佈戡亂時期檢肅匪諜條例，陳儀在台北以「通匪」罪名被槍決。七月，地方自治開始實施，台灣首次舉行地方公職人員選舉。

　　一月五日，美國總統杜魯門聲明不介入台灣海峽中事務。一月六日，英國承認中華人民共和國。六月，韓戰爆發，美國改變對台政策，派第七艦隊巡防台灣，美國總統杜魯門宣佈台灣海峽中立化，並開始恢復對中華民國的援助，但明言台灣的法律地位未定，須等到太平洋安全回復、對日本和約成立、聯合國予以考慮後才能確定。九月，麥克阿瑟將軍登陸仁川港。

　　是年詩作：〈去國詞〉，〈清水鰲西吟社午日弔鄭延平〉，〈台中公園見柳〉，〈和蔡琢章同社韻〉，〈讀林癡仙無悶草堂詩〉，〈寒食〉，〈苻堅與慕容沖〉，〈西山一首呈孟希先生〉，〈讀戴南山子遺錄〉，〈中興〉，〈蓬萊〉，〈金人〉。

一九五一年，民國四十年，二十九歲

　　此時軍政機關多數遷台，流離紊亂，制度、法令規章，一切皆須從頭做起。先生請准長假，由陸軍總部發出離職公文，然後以此向台北市大安區公所換身份證。當時軍職人員要離職、換身份證，皆須有戶籍，而先生已在四十年春，入文史函授學校後，將戶口遷入李漁叔家，亦與他同住，在台北市臨沂街 45 巷 5 號，故能離職換證。

　　先生說：「大陸易手，來台各界人士以為是民族文化失落，急須復興，成立中國文化學會，辦中國文化月刊，辦中國文史函授學校，新興文化事業，急須得力辦事人員，我去文史函授學校報名，教務長李漁叔約去任職，收發函件，寫鋼板，油印講義等，這是初見李漁叔。文史函授學校另設一會計員。如此一來，我以學生兼辦事員。文史函授學校，由考試委員張默君任校長，雙胞國大代表林尹任副校長，兼寫經學講義，李漁叔任教務長，兼改詩文作業。熊公哲寫史學講義、古文講義，大陸朝陽大學教授、國大代表但衡今寫

子學講義、兼改作文，但衡今文章學《禮記‧檀弓》，張相寫近體詩講義。學校辦了三期，約一年半時間，因學生人數不足停辦。三期下來，文章以屏東曾姓學生爲優等，詩以我爲最好，函授學校有百餘學生，然而不見一人，只有我是學生兼職員，日日與諸位接近，這份感情，可以千古。後來林公進師大，任國文研究所所長，李公亦進師大專任教授。熊公哲進政大，任中文系主任，張公亦進政大教杜詩。我在文學學術界便爲自然學人，而非邊緣學人。諸公皆承認我是他們的學生。我後來與師大國文研究所有深厚互動關係，爲文學學術界第二代學人。」

李漁叔，本名明志，以字行，晚號墨堂，湖南湘潭人，卒於民國六十一年，刊有《魚千里齋隨筆》及《花延年室詩》八卷（第九卷由張夢機老師整理成〈花延年室遺詩跋〉，收入《思齋說詩》）。早歲負笈東瀛，畢業於明治大學。來台後，曾任總統府秘書、行政院顧問，兼任國立師範大學國文研究所教授。其詩婉麗俊逸，清音獨遠，秉生花之筆，成馨逸之致，成惕軒稱：「萃青蓮玉谿越縵之長，橫截眾流，高樹一幟。」如〈晚秋夜蘭偶書〉：「明知非夢莫重尋，盡自低回恐不禁。獨掩微燈局夜閣，賸攜殘句入秋衾。哀難出涕疑心死，家久無歸當陸沈。西月過簷霜訊穩，弗梧前夕罷蟬吟。」〔註8〕然風格實傾向杜甫之沈鬱、李商隱之婉麗，爲同光體大師，來台後，被推爲詩壇祭酒。李氏亦深究墨學，以墨學研究名重當時，著有《墨辯新註》。先生每稱授業於李氏，並在函授學校時，寄住他家，感念之情，溢於言表。

張默君，名昭漢，湖南湘鄉人，曾擔任考試委員二十餘年。少年襄讚革命，中年獻身抗日，所做古近體詩，皆高華健朗，不讓鬚眉。有《白華草堂詩》、《玉尺樓詩》行世，其〈匡廬歸後甄士中州寄懷翼如兼簡次公〉詩云：「夫容天際夢清游，紉遍幽蘭五老秋。還冀濬渠安禹甸，忍教袖手看神州。崑山片玉詞林重，漁海珊瑚鐵網收。失喜梁園賓客在，夷門樂府韻堪酬。」〔註9〕晚年寫字作詩，皆使其司機楊方鄰來請先生過府視草視墨。

熊公哲，字翰叔，江西奉新人，清光緒二十一年（西元 1895 年）生。弱冠負笈北京大學，從林紓、馬通柏、姚永概學古文辭，日夕研習屈原、司馬

〔註8〕 參見張夢機：《思齋說詩‧中國六十年來的傳統詩》，頁 154～157。王振鵠、邱燮友、莊伯和統編：《中華民國史文化志初稿‧古典文學》（台北：國史館，1997 年 5 月），頁 545。此〈古典文學〉章，由王更生主筆。

〔註9〕 見王振鵠、邱燮友、莊伯和統編：《中華民國史文化志初稿‧古典文學》，頁 540。

相如、司馬遷、劉向、韓愈之書，久之，展讀諸子百家之作，嘆曰：「是固可概屏爲異端，莫之復省耶？」於是移其所好，孜孜老莊荀韓而不厭，間亦泛濫於程朱陸王，自此目光日深，波瀾日闊，雖不復溺於辭章，但其文益工。新建夏敬觀讀《果庭文錄》而善之，序曰：「翰叔治荀子書，半生精勤，貫穿群學，果以聖人之言，剖析龐雜之說，吐辭樸茂而旨約，論斷敏敢而義塙，是其學之果成，而說之果立也，惴不果而果得矣，洽於衷音融融焉，著於文者炳炳焉，此翰叔之文，所以沖內而沛外也。」來台後，講課於國立政治大學、國立台灣師範大學，獨抱遺經，以教以傳，蓋亦蘭陵之遺意也。著有《荀卿學案》、《韓非學》、《王安石政略》、《孔學發微》上下卷等。〔註10〕

林尹，字景伊，浙江瑞安人，生於清宣統二年（西元 1910 年），卒於民國七十二年（西元 1983 年），享壽七十四遂歲。幼承家教，國學根基甚厚。十六歲負笈北京中國大學，授業於黃季剛，精於文字聲韻之學。曾任北平師範大學教授、中國國民黨漢口特別市黨部主任委員兼縮游擊。來台後，受聘爲國立師範大學教授兼國文研究所所長，先後執教於北部各大學，著有《中國聲韻學通論》、《中國學術思想大綱》、《周禮今註今譯》等。其詩以七律最勝，佳處往往直逼元遺山，著有《景伊詩鈔》。〔註11〕

張相，字鏡微，別號白石道人，江西武寧人。卒於民國五十四年四月十一日。畢業於日本東京帝國大學。歷任駐韓新義領事、國立政治大學教授。著有《白石吟草》。〔註12〕

五月，「公地放領」辦法通過。端陽節，由台灣文獻委員會召開全國詩人聯吟大會，會場在台北市中山堂，到會八百餘人。

一月，美國軍援開始。四月六日，麥克阿瑟元帥主張運用國府軍反攻大陸，十一日，被免職，二十二日，美國軍事顧問團抵達台灣。九月，第二次世界大戰盟國與簽訂日本舊金山和約。

一九五二年，民國四十一年，三十歲

秋，入考試院，委任十五級。函授學校解散，考試委員張默君校長介紹

〔註10〕 見王振鵠、邱燮友、莊伯和統編：《中華民國史文化志初稿・古典文學》，頁 555～556。
〔註11〕 參見張夢機：《思齋說詩・中國六十年來的傳統詩》，頁 158。王振鵠、邱燮友、莊伯和統編：《中華民國史文化志初稿・古典文學》，頁 557。革命實踐研究院中興詩歌社，台北市文獻委員會端午詩社編輯：《中華民國詩人及其詩》，頁 87。
〔註12〕 參見春人詩社：《春人詩選》第一輯（台北：春人詩社，1981 年 7 月），頁 454。

入考試院，生活安定，住考試院宿舍，一待十餘年。此期間，先是被分配研究中共人事考銓任免、保險退撫等制度，其時中共政權，屬於草創，一切無法規制度可言，港澳報章，亦無此等消息。於是改派作秘書事務，爲諸考試委員、秘書長，起草國大代表、立法委員、監察委員等所需索之壽詩、輓聯之類，諸代表、委員，乃特權人物，中央院會官員必須應付，中間關係著人事同意權、預算過關權，政府當軸橡皮圖章等等。

在考試院期間，亦爲趙恒惕（前湖南督軍、省長）、龔浩（字孟希，陸軍大學教務長，當時在東吳大學教西洋史）、梁寒操（中廣董事長，黨國元老，曾任孫科考試院秘書長）、張默君等，捉刀作應酬文件。亦參加台灣地方詩會，每擔任詞宗。先生爲梁氏代筆作序、冠頂聯，頗得梁氏信賴，不加點閱。

壬辰之夏，香港新亞書院教授曾克耑，以〈藍甈吟三十韻〉覃韻七古寄台索和，彼時正是競相作詩之時，張默君和一篇、彭醇士和一篇、李漁叔和一篇、先生和一篇題爲〈岱員篇〉。四十二年，曾克耑以〈觀河篇答漁叔戎庵師弟〉寫來台灣，先是寄給李漁叔，而由李漁叔告知先生，前段有云：「忽驚雙劍纏雷下，森森鋩鍔青冥嵌。」後段有云：「默君玉尺量瑰傑（張默君），含老詩壓淮東南（陳含光），素庵九派納湖口（彭醇士），藥庵（周棄子）蝶夢（陳定山）霏泳矗。」此是詩壇史料，於先生則是喜出望外，立即再疊〈岷峨篇上頌橘廬〉寄去。曾克耑又唱和〈窮溟篇答戎庵〉寄來，用鏡面宣紙寫五百餘字，曾克耑書法本是書中仙手，上款爲「戎庵吾兄詩家雅正」，紀年係甲午嘉平，四十三年十二月。先生自言：「此詩對我，眞是青眼相看，甚至講同鄉關係云：『我生揚馬固同里。』」蓋因曾克耑生於成都，故稱同里。又言：「其鼓勵之句，如：『戎庵嘉篇重示我，傳衣自道從湘潭（李漁叔），曹溪一滴足法乳，孤光耀我炎海南。』後段又云：『奇文偉抱獨心許，妖腰亂領看手戡。』當然有嘉勉，也有提示，我看得出，中段有二句云：『胸中蘊蓄極千億，下筆飄忽才二三。』此則是叮嚀囑咐之詞。」先生感念無量。此後先生在香港詩界，大有名聲，民國四十三年以後來台之詞流，如劉太希、賴愷元等人，逢人便問羅戎庵，而台灣詩壇，並不知有此等事發生過，與曾克耑酬唱之詩，據先生所說，只張默君、林尹、李漁叔等知之，亦未在台刊布過，一九六一年，《頌橘廬叢稿》印行，詩則有《頌橘廬詩內篇》，其中〈觀河篇答漁叔戎庵師弟〉、〈窮溟篇答戎庵〉之詩，在卷第三十八中。

春人詩社，係農曆正月初七（國曆一月二十日）在李漁叔住處小集，大

家倡議成立詩社，由錢逸塵任社長，張相任副社長，初七爲人日，故曰「春人社」，不到半年間，軍公教人士加入者五十餘人。

錢倬，字逸塵，江蘇武進人，爲十國吳越錢武肅王三十三世孫，民國前三十年生，因腦溢血，卒於民國五十年四月五日，年八十。及冠，考入南京兩江優級師範學堂，爲清末著名書畫家李瑞清（號梅庵）得意弟子。大陸淪陷，來台後，組春人詩社，同社知友，公上私諡爲惠敏先生。逝後，門弟子爲其輯《旅台詩集》、補集各一冊。〔註13〕

曾克耑，字履川，福建閩侯人，清光緒二十六年（西元1900年）生，自幼桀驁倔強，逞能好勝，弱冠受教於吳汝綸，其文傲岸勁折，以融新理，開異境，戞戞獨造爲宗，著意之處容或難免，而磅礴之氣實難企及。其《頌橘廬叢稿》具在，可以覆案。〔註14〕其詩則冥心孤詣，風骨遒健，兀傲不群，爲近代大家。〔註15〕

陳含光，原名迎韓，江蘇揚州人，有《含光詩集》傳世。其詩融鑄各家，自成馨逸，七絕尤饒風致，七古則典重雅麗，在當時台灣詩壇中，被推爲祭酒。其〈論詩絕句〉：「詩教千秋鬱未開，眞源端不用疑猜。分明一片情田裡，發出宮商萬變來。」「詩要純情本大難，緣情便可霸詞壇。古今流別分明在，始變風騷是建安。」「如醉如狂畫不成，詩人豈有理堪評。果從理窟求佳語，試聽慈親責子聲。」「百城萬卷作油膏，沈浸涵濡足自豪。不是詩心天賦予，書廚四定亦無聊。」自大陸來台後，唱「詩人合一」論，以爲：「詩者，凡人之情也，人之情萬變而不齊，故古今詩，迄無一人相似者；然必熟於古人，積歲月以醞釀之，以得其達情之法，字句音節是也，非倣之也，久而與之化也。」〔註16〕

彭醇士，字筠州，號素庵，江西高安人。曾任立法委員，有詩書畫三絕之譽，名滿海內外。〔註17〕

周學藩，字棄子，號藥庵，以字行，湖北大冶人，曾任總統府參議，著

〔註13〕參見春人詩社：《春人詩選》第一輯，頁447。

〔註14〕見王振鵠、邱燮友、莊伯和統編：《中華民國史文化志初稿·古典文學》，頁556。

〔註15〕參見張夢機：《思齋說詩·中國六十年來的傳統詩》（台北：華正，1977年1月），頁133。

〔註16〕參見張夢機：《思齋說詩·中國六十年來的傳統詩》，頁150。王振鵠、邱燮友、莊伯和統編：《中華民國史文化志初稿·古典文學》，頁543～544。

〔註17〕參見張夢機：《思齋說詩·中國六十年來的傳統詩》，頁152。王振鵠、邱燮友、莊伯和統編：《中華民國史文化志初稿·古典文學》，頁544。

有《未埋庵短書》。詩才警敏,命意精刻,絕無浮詞,而落筆淒哀。﹝註18﹞

　　梁寒操,字均默,廣東高要人。其詩才氣縱橫,語出胸臆,不假雕鑴,加以黨國耆宿,故久為騷壇所推重。其論詩力主性情之真,於〈論詩絕句〉中云:「祖宋祧唐總未宜,真情唯有自家知,詩人第一心魂貴,不假雕鑴亦好辭。」又說:「宇宙彌綸是一情,情真無偽筆能橫。」又以書法重於當世。﹝註19﹞

　　是年4月28日外交部長葉公超負責簽訂中日和約。十一月,台南市南郊發現明代古墓。

　　是年詩作:〈和漁叔先生省中見燕韻〉,〈岱員篇和頌廬並次韻〉。

一九五三年,民國四十二年,三十一歲

　　任職考試院,委任十四級。曾克耑以〈觀河篇答漁叔戎庵師弟〉寫來台灣。

　　一月,「耕者有其田」土地改革實施。

　　二月,美國總統艾森豪宣布解除台灣中立化政策。七月,韓戰停戰,簽署停戰協議。

　　是年詩作:〈峨岷篇上頌橘廬〉,〈偶成〉,〈集唐人句〉,〈感興〉,〈日暮〉,〈史鳳儒先生周年祭〉。

一九五四年,民國四十三年,三十二歲

　　任職考試院,委任十三級。十二月,曾克耑〈窮溟篇答戎庵〉寄來,用鏡面宣紙寫五百餘字。

　　《中華詩苑月刊》,自《台灣詩壇月刊》分出,肇因於意見不合,互相輕視。發行至海外諸僑社,每月命題徵詩,評定甲乙發佈,前十名加評語,詞宗例請詩界大老一輩擔任,而捉刀評定之人,都是先生。計有梁寒操、張默君、馬紹文、張相、成惕軒(當時任考試院參事)等,諸公任詞宗時,照例將詩稿送到先生辦公桌上,由先生評定甲乙,前十名加評語,每年之中,自然也有先生擔任詞宗一次。

　　成惕軒,字康廬,號楚望,湖北陽新人,曾任考試委員,兼國立師範大

﹝註18﹞ 參見張夢機:《思齋說詩‧中國六十年來的傳統詩》,頁161。王振鵠、邱燮友、莊伯和統編:《中華民國史文化志初稿‧古典文學》,頁545。
﹝註19﹞ 參見張夢機:《思齋說詩‧中國六十年來的傳統詩》,頁153。

學國文研究所教授。以文學見重於時，尤工駢體文，論者推為一代宗師；其詩工整穩鍊，用事精切，在台灣詩壇中，與李漁叔、周棄子並稱三家。著有《藏山閣駢文》、《楚望樓詩》。〔註20〕

三月，內政部正式核定九族原住民名稱。七月，中共砲擊金門。七月，台灣首屆大專聯考正式實行。十二月，外交部長葉公超在華盛頓代表簽訂「中美共同防禦條約」，次年三月，在台北換文生效，明確規定中華民國對大陸採取軍事行動前需徵得美國同意，但此約亦有效保護台灣安全。

七月，日內瓦會議協議越南停戰，越南分為南、北越。

是年詩作：〈偶成〉，〈文山〉，〈與鳳鳴先生夜話〉，〈即興〉，〈甲午歲晚〉，〈吏舍述懷〉。

一九五五年，民國四十四年，三十三歲

任職考試院，委任十二級。

八月，發生孫立人事件，將軍遭到誣陷，先指他的部屬郭廷亮是匪諜，又稱將軍將發動兵諫，故予以免職軟禁。此後將軍被軟禁達三十三年，至1988 年 3 月才恢復自由之身。

是年詩作：〈木柵雜詩〉，〈游雲〉，〈看花絕句和韻〉，〈乙未新蘭亭修禊〉，〈亞盟南韓流會〉，〈樓上曲〉，〈碧潭〉，〈安平堡〉，〈赤崁樓〉，〈延平郡王廟〉，〈芝山岩九日〉，〈細雨〉，〈山館夜吟〉，〈明夜又作〉，〈冬日雜感〉，〈乙未除日〉。

一九五六年，民國四十五年，三十四歲

任職考試院，委任十一級。

九月，台閩地區戶口普查首度實施。十二月，台灣省政府遷往中興新村辦公。

五月，中共開始發掘定陵（明神宗陵）。

是年詩作：〈神木劫〉，〈兵間〉，〈聯錦一首效唐韋莊〉，〈春耕〉，〈山中絕句〉，〈碧山〉，〈九州行〉，〈憫旱行〉，〈落花〉，〈空山曲〉，〈幽思〉，〈橄州縣〉，〈天意〉，〈亂世〉，〈遣懷〉，〈默君校長憩夏草山〉，〈遣懷〉，〈次韻和崇

〔註20〕參見張夢機：《思齋說詩‧中國六十年來的傳統詩》，頁 160。王振鵠、邱燮友、莊伯和統編：《中華民國史文化志初稿‧古典文學》，頁 561。革命實踐研究院中興詩歌社，台北市文獻委員會端午詩社編輯：《中華民國詩人及其詩》，頁 31。

威將軍劉存厚積之鄉丈〉,〈窗外芍藥放花〉,〈偶成絕句〉,〈人物〉,〈食當歸鴨〉,〈病中作〉,〈丙申九日猴山指南宮登高〉,〈秋柳〉,〈木葉〉,〈重陽和韻〉,〈芙蓉花〉,〈匈牙利事〉,〈讀史〉,〈消寒雅集〉,〈鄰叟釀酒吟〉,〈偶書〉,〈贈史壽白參事〉,〈歲暮〉。

一九五七年,民國四十六年,三十五歲

任職考試院,委任十級。

元旦,向國立歷史博物館研究員學畫蘭、竹,六月,參加教育部第四屆全國美展,入選展出。之後向鄭曼青學畫竹,每星期天帶四、五張畫去,由鄭曼青修改筆法、墨法、水墨、結構、形、理。理來自蘇東坡、文同、黃山谷,是文人字畫。(蔣夫人宋美齡亦向鄭曼青學畫竹。)

八月,《自由中國》社論批判「反攻大陸」說。十月,李政道、楊振寧獲得諾貝爾物理獎。

三月,西歐六國簽署歐洲共同市場條約,法國、西德、義大利、荷蘭、比利時、盧森堡六國參加,次年一月一日正式成立。

是年詩作:〈丁酉元日〉,〈春日吟〉,〈陳含光先生挽詞〉,〈台北〉,〈新遊仙詞和韻〉,〈春日〉,〈海月〉,〈紅梅〉,〈佛桑〉,〈蓮瓣〉,〈指南宮〉,〈星橋〉,〈吾謀〉,〈明河〉,〈碧山〉,〈與鳳鳴夜話〉,〈南明曲贈王亞明〉。

一九五八年,民國四十七年,三十六歲

任職考試院,委任九級。

四月,胡適就任中央研究院院長。八月,發生金門八二三砲戰,十月二十五日,中共發表對大陸沿岸諸島「單打雙不打」的隔日砲擊宣言,台海危機解除。

十月,法國戴高樂第五共和成立。

是年詩作:〈看花〉,〈北投僑園修禊〉,〈天笑〉,〈范選散原詩刊行〉,〈鍾槐村詩老命題芹香燕喜圖〉,〈自題朱竹〉,〈次韻酬道瞻〉,〈偶成〉,〈上元〉,〈病起〉,〈偶書〉,〈寫竹〉,〈讀美國國務卿杜勒斯申明〉,〈答蔡念璧追懷台中清水鰲西吟社鄭聽春社長莊蕉庵同社〉,〈山中伐木有感〉,〈向晚〉,〈答蔡念璧〉,〈玉溧山房陪默君校長夜話〉,〈寫竹〉,〈頌橘盧囑題福州曾氏十一世詩〉,〈聽雨〉,〈寫竹〉。

一九五九年，民國四十八年，三十七歲

任職考試院，委任八級。

加入明夷詩社。梁寒操結明夷詩社，邀社壇勝流人物參加計有劉太希、陳南士、張惠康、蘇笑鷗、王家鴻、胡慶育、馬紹文、吳萬谷、羅尚、江兆申等人，阮毅成、張夢機、丁治磐多年以後方才入社。梁寒操自任社長，此社維持十一年，超過百二十集，輪流作東。

八月，中南部發生 60 年來最大災害——八七水災，官方統計災民達二十四萬餘人，損失占全年國民年所得十分之一。十月二十二日，美國總統艾森豪明言「台灣是獨立國家」，二十三日，蔣介石和杜勒斯共同聲明放棄反攻大陸。十一月，台中清泉崗機場落成啟用。

三月，西藏發生叛亂，達賴喇嘛逃出宮殿，四月，抵達印度。六月，新加坡獨立。

是年詩作：〈夜窗〉，〈殘櫻〉，〈歌場〉，〈玉溧泉和默君校長韻〉，〈春日〉，〈記夢境〉，〈解祟〉，〈清溪曲〉，〈清溪第二曲〉，〈兔絲〉，〈啖荔〉，〈雨霽〉，〈己亥端午〉，〈神山謠〉，〈江南〉，〈遣悲懷〉，〈次韻答道瞻加京渥太華〉，〈寫蘭〉，〈秋柳絕句〉，〈牟水行〉，〈颱風行〉，〈靈犀〉，〈海上望月〉，〈覓食〉，〈秋心〉，〈謝逸塵社長贈簫杖〉，〈相期〉，〈北臺〉，〈晚衙〉，〈蘇秦〉，〈江之翠〉，〈中夜〉，〈海上〉，〈長卿〉，〈坡仙生日〉，〈偶成〉，〈次韻答賴愷元先生〉，〈歸舟〉，〈客至談詩記趣〉，〈長路〉，〈下文山〉，〈雜感〉。

一九六〇年，民國四十九年，三十八歲

任職考試院，委任七級。

四月，中部橫貫公路通車。八月，楊傳廣勇奪奧運銀牌。九月，雷震因《自由中國》案以涉嫌叛亂罪被捕。起因於一九五六年十月《自由中國》藉出版蔣總統祝壽專刊之機會向黨政機關提出改革性的建言，並將於一九六〇年九月底組反對黨。次年三月，李萬居的《公論報》也被迫停刊。〔註21〕

六月，美國總統艾森豪訪台，中共因抗議而砲擊金門。

是年詩作：〈新正讀書〉，〈偶成〉，〈柳〉，〈春日〉，〈白雲還〉，〈庭園一首弔管瘦桐教授〉，〈國代一屆三次大會〉，〈畫蘭〉，〈夜起大霧作〉，〈偶成絕句〉，〈和默君校長幽篁坐月韻〉，〈為默君校長題李石曾藏中山先生張人傑蔡元培

〔註21〕見張玉法：《中華民國史稿》，頁 545～547。

吳敬恒相集〉、〈山中作〉、〈禊集晤吳萬谷〉、〈道瞻以除夕詩索和次韻奉答〉、〈絕句〉、〈畫蘭〉、〈春晚偶成〉、〈美國總統艾森豪出席巴黎國際會議見辱於俄退而宣佈訪問台灣〉、〈答道瞻〉、〈種竹〉、〈書空〉、〈野望〉、〈母子謠〉、〈中原〉、〈海月〉、〈六月十八日美國總艾森豪來聘〉、〈國策顧問簡陽劉存厚積之鄉丈挽章〉、〈壽逸塵社長〉、〈義大利教徒揚言地球於今夕九時四十五分變換地軸導致世界末日〉、〈絕句〉、〈次韻道瞻詩〉、〈八月一日〉、〈理髮吟〉、〈無題〉、〈秋風詞〉、〈苦雨〉、〈午枕〉、〈山居〉、〈詠笋〉、〈詠新篁〉、〈鷺駘〉、〈槐村詩老命題朱子範教授抗戰史實詩〉、〈中元月蝕〉、〈亞洲鐵人歌為楊傳廣在羅馬世運會得十項全能亞軍作〉、〈寫竹〉、〈北風〉、〈孤燈〉、〈次韻答道瞻〉、〈回紇〉、〈四川文獻社重印滄白詩集敬題詞〉、〈閱定劉存厚椰廬詩集〉。

一九六一年，民國五十年，三十九歲

任職考試院，委任六級。另號「龍定室」，此名靈感來自《六祖壇經》。

十一月，駐美大使葉公超回國述職，因外蒙入聯合國事，未持反對意見，亦不能讓美國轉變支持態度，故遭蔣中正罷黜下台，改任行政院政務委員。當時美國、葉大使皆主張台灣應當獨立，但蔣中正總統不允。其後葉大使常星期六晚約集，曾寫竹贈先生，兩人情誼深厚。有一回開車從和平東路二段 18 巷 1 號送先生到台北火車站台汽（今國光客運）西站搭車回木柵，途中先生問及台灣獨立事，他說：「台灣現在不獨立，以後會無法動彈。」洞燭機先，卻也一語成讖。葉公超大使逝世，嚴家淦任治喪委員會主委，先生為作公祭文，有「艱難謀國，大勛昭彰」、「想像風儀，淚下浪浪」之句，以洗雪總統褒揚令言「秉國策而遂成」之用意不當。葉公超曾與經亨頤、何香凝（廖仲愷夫人）、陳樹人（嶺南畫家）、于右任、張大千等人組寒之友詩書畫社。

四月，我國首座原子爐裝竣，開始使用。五月，陸軍飛彈部隊首次實彈試射成功。

八月，東德興建柏林圍牆。

是年詩作：〈春人詩社十周年雅集〉、〈諸子〉、〈寄金門軍中故人林順德〉、〈居夷行〉、〈東坡生日〉。

一九六二年，民國五十一年，四十歲

任職考試院，委任五級。

二月，胡適逝世。十月，台灣電視公司開播，台灣進入電視時代。

九月，中共與印度爆發戰爭。十一月停火。十月，爆發古巴飛彈危機。

是年詩作：〈春雨〉，〈海客〉，〈苦雨〉，〈讀洛陽伽藍記和鑑資翁韻〉，〈讀祖安詩錄出答滄白諸篇〉，〈頌橘廬示壁字韻詩卷郵失蒙重寄和韻〉，〈候館小集吳天聲出示圍爐課讀圖及散原點定詩卷二疊壁字韻〉，〈井山人言某所讌集目覩諸畫史奏技窘狀三疊壁韻〉，〈苦雨四疊壁字韻〉，〈觀蔣夫人所寫墨蘭十幅係贈七友畫會及一柳稌張相素庵彭醇士白雲堂黃君璧者五疊壁字韻〉，〈汐止道中六疊壁字韻〉，〈寫竹七疊壁字韻〉，〈挽錢逸塵社長〉，〈健廬紫羅蘭盛花〉，〈上巳〉，〈宵霽作〉，〈應邀赴天龍基地觀女神飛彈作業阻雨歸途口號〉，〈神劍〉，〈貝蒂颱風〉，〈答蔡念璧詩翁〉，〈海山〉，〈五日〉，〈答廖維藩〉，〈九霄〉，〈七夕作〉，〈夜窗〉，〈答未埋庵〉，〈秋夜和方玉衡〉，〈晨入草山觀竹〉，〈陽明館午睡〉，〈槐村老人謂可合選一集倣石遺近代詩鈔例〉，〈陽明山會葬錢逸塵社長〉，〈次韻方玉衡生日〉，〈秋日吟〉，〈蔣夢彥詩老挽章〉，〈蕭石緣挽章〉，〈益陽薛玉松同社挽章〉，〈長至〉，〈歲暮〉，〈詩人〉，〈壬寅七夕歐珀颱風過境〉，〈晨起埤腹道中〉，〈秋夜寫蘭〉，〈壬寅八月愛美颱風木柵鄉洪水成災〉，〈秋感〉，〈明月在叢篁〉，〈治水〉，〈默君校長八十壽〉，〈重陽〉，〈碧潭〉，〈陳子和百頁館小集適葉公超大使遊野柳歸有詩囑和韻〉，〈讀喬大壯詞波外樂章〉，〈傳舍作〉，〈昨夜〉，〈方丈〉，〈歲晚〉，〈簡無象庵太希先生聞將自南洋大學歸台〉，〈玉衡示讀兩當軒感作一篇酒邊裁答縷述吾二人廿年來交遊聚散事〉。

一九六三年，民國五十二年，四十一歲

任職考試院，委任四級。

十一月，美國總統甘迺迪遇刺身亡，原職由副總統詹森接任。

是年詩作：〈文飛詞〉，〈古月一首悼胡宗南〉，〈投止〉，〈招玉衡〉，〈杜鵑詞〉，〈中和寺〉，〈北投丹鳳山陳濟棠墓園〉，〈柳〉，〈偶成〉，〈清明春人詩社掃錢惠敏墓〉，〈答彰銀秘書蔡琢章詩友〉，〈一榻〉，〈觀葉大使寫竹〉，〈陳子和畫松〉，〈楊子惠邀讌四川文獻社同人飯後各作一詩〉，〈紅蕉盛花〉，〈美國太空人庫波〉，〈道瞻歸國〉，〈竹影〉，〈苦熱行〉，〈呂夢蕉擱筆久矣夢歸杭州作詩索和〉，〈百花墳詞均默社長囑同作〉，〈秋感〉，〈沿牆蝸〉，〈鳴蛙〉，〈驚網蜘蛛〉，〈氣象篇〉，〈葛樂禮風災和韻〉，〈抒感〉，〈秋懷〉，〈往年崔黃衫言

一柳籢楊柳過牆便是歸期〉、〈傳舍芙蓉花〉、〈即事二首〉、〈有往視溥心畬疾者王孫手書古詩一首付之乃縈縈白兔之章也〉、〈寒林〉、〈百頁館小集各賦一詩祝葉公超大使六十壽〉、〈重陽前一日尹莘農汐廬雅次笑鷗韻〉、〈高樓篇〉、〈溥心畬捐館柬兆申〉、〈過螢橋〉、〈寒雨經旬歲云暮矣〉、〈寫竹〉、〈寫蘭〉、〈月蝕謠〉、〈美國總統甘迺迪被刺生前曾發布文告請國人尊敬詩人〉、〈蜂蠅引〉、〈芒花謠〉、〈今夜良可惜〉、〈喜新晴作〉、〈答王仲文同社〉。

一九六四年，民國五十三年，四十二歲

任職考試院，委任三級。

一月，嘉南大地震。六月，石門水庫完工。

一月，法國承認中華人民共和國。二月，與法國斷交。是月，日本首相池田勇人發表台灣地位未定論，美國國務院發表自一九六五年終止對台灣援助。四月，美國麥克阿瑟元帥病逝。

是年詩作：〈元旦日〉、〈春雨〉、〈人日寫竹〉、〈上元日得台南信知舊袍澤隆昌彭復中過世〉、〈余天民先生病痤訪山中故居遂同入市小酌〉、〈二月初一梁寒老寓社集〉、〈花朝得寒字社題〉、〈花季〉、〈譚伯羽哀歌行大篇刊民族晚報整版〉、〈春日一首〉、〈觀孟希先生所藏石濤墨竹〉、〈上巳社集胡慶育寓是日胡先得詩均默攜書畫冊來同觀太希歌稼軒永遇樂詞詩限亭韻〉、〈美國五星元帥麥克阿瑟逝世〉、〈落花〉、〈可憐〉、〈喪亂四言〉、〈夏首寫竹〉、〈卷葹吟和慶育大使漁叔先生〉、〈壽花延年先生〉、〈紅豆詞〉、〈午日用晦樓社集同聽日前中國廣播公司劉秀嫚時間內與梁寒老漁叔先生吳萬谷合作之離騷節目〉、〈屈原讚社題〉、〈夏日見木芙蓉〉、〈寫菊〉、〈秋感〉、〈越裳〉、〈七夕〉、〈俠廬索和韻六首〉、〈植物園西角小池雨中見白蓮綻苞緩緩而放至於全開嫣然搖動冷香入息漁洋云無情有恨何人見吾則見之矣想門外野風開白蓮情狀亦不過如此〉、〈歲華篇〉、〈暮雨〉、〈夜雨〉、〈穆滿詞〉、〈九月〉、〈詠電〉、〈電燈〉、〈電扇〉、〈電鈴〉、〈電話〉、〈電梯〉、〈秋夜〉、〈偶成〉、〈赴竹林路無象庵社集〉、〈論詩〉、〈甲辰中秋葉大使寓小集〉、〈葉大使為寫對開墨竹一幅竿細葉腴挺拔中有雍容之意九龍山人王紱之法也〉、〈熊建勛老武師澂明上校白翔兄連袂見訪澂明先有詩〉、〈答澳門濠江詩社歐祥光贈相片〉、〈次韻答濠江詩社胡景石〉、〈酬濠江詩社李供林老翰林惠法書一幅〉、〈秋晚〉、〈鰲西吟社舊同社蔡念璧函告自彰銀祕書室退休買地北屯種荔枝蘆筍之屬〉、〈寄懷鰲西

舊同社沙鹿楊晴川〉、〈寫凌霄花〉、〈向晚〉、〈疊韻酬慶育大使〉、〈歲闌〉、〈東坡生日社集〉。

一九六五年，民國五十四年，四十三歲

任職考試院，委任二級。

三月，陳誠病逝，雖常敗於大陸，但有功於台灣。九月，陳虛谷病逝（生於一八九六年六月十日）。十一月，台北故宮博物院開放參觀展覽。

一月，英國前首相邱吉爾逝世（一八七四年生，享年九十歲）。三月，美國介入越戰。七月，美國停止對台經援。八月，新加坡自馬來聯邦獨立。

是年詩作：〈答孫克寬教授贈所著書〉、〈次韻答王志澄香港〉、〈春日雜詩〉、〈邱吉爾社課〉、〈紅蕉大花作〉、〈紀夢〉、〈午節前一日答澳門濠江吟社〉、〈哀亂社課〉、〈寫竹〉、〈劬廬囑題陳含光張魯恂賈煜如諸公連句贈別使埃及手卷〉、〈明夷同社胡慶育大使六十壽〉、〈葉大使囑和于右老寒之友詩〉、〈葉大使出示趙子固墨蘭影本〉、〈次韻慶育大使六十自壽〉、〈再疊前韻〉、〈三疊前韻並滕墨竹〉、〈次韻答香港女詩人張紉詩乙巳結褵〉、〈錢惠敏墓前口號〉、〈默君校長墓前口號〉、〈秋聲〉、〈乙巳秋感〉、〈夜吟〉、〈明月〉、〈代牛郎寄織女〉、〈代織女答牛郎〉、〈碧海〉、〈客舍〉、〈寄簡廬孫克寬教授台中〉、〈蕃石榴社課〉、〈九日烏來台灣電力公司招待所雅集爲葉公超大使作壽與會者陳子和江兆申吳平鍾壽仁黃君璧鄧龍光諸人皆畫師也〉、〈送陳筱文赴馬拉加西大使任兼謝惠其先德希微室折枝詩話〉、〈冬日絕句〉、〈文山絕句〉、〈紅梅絕句〉、〈印尼歸僑廖遜我贈荔支圖〉、〈國父百歲冥誕應徵〉、〈夜坐默誦義山詩集句〉、〈華岡劬廬社集〉、〈慶育大使寓齋社集〉、〈慶育同社移居植物園舊居次劬廬韻〉。

一九六六年，民國五十五年，四十四歲

任職考試院，委任一級。開蘭竹畫展。

八月，文化大革命開始。

是年詩作：〈丙午迎年詞〉、〈讀史絕句〉、〈絕句〉、〈感興三首〉、〈老報人薛大可逝世〉、〈次韻和佛重〉、〈爲外交官楊柳溪寫竹〉、〈南冠〉、〈南山〉、〈古意〉、〈秋柳〉、〈人事〉、〈秋夜於北斗旁見美回音衛星掠過〉、〈九日詞流仍假北市圖書館登高〉、〈落葉用均〉、〈秋夜有作〉、〈和頌橘廬風窮韻〉。

一九六七年，民國五十六年，四十五歲

辭考試院職，任交通部中國海外航業公司秘書。先生自言：「因無大學文憑，亦無高考及格，升等無望。至交通部投資之中國海外航業公司任秘書，此公司負有任務，聯絡船員，免落中共之手。因此又成立子公司，中國商船公司，仍兼任秘書。以台灣公司爲總公司，香港公司爲分公司。航業公司屬交通部航政司管轄，因此交通部航政司、人事處、人二處（安全）文書科、總務處等，全是航業公司之頂頭上司，因爲公司人員香港、台灣來往，要出入境證，出入境證核發者，係警備總司令部出入境管理處，境管處核發出入證件，要憑交通部核准公文。我天天跑交通部、境管處，其中有許多不可告人之事，不說平常請客吃飯，一年三節，禮金禮品，價值不菲，官場陋習，說來可笑。再加婚喪、喜壽、應酬，甚至需索者，總要應付。私人方面，航業公司待遇優厚，人所共知。」

七月，台北市升格爲院轄市。

是年詩作：〈丁未上元後三日分韻得屋字〉，〈郵政發行古詩人郵票〉，〈譚味菘小鑪治饌約集詞流壁間尚懸彭素庵爲其尊公東煙山人作桂樹圖因賦長句〉，〈有談高寧故事者〉，〈台北晤金拙齋違難香江曾乞食〉，〈玉帳〉，〈寄懷頌橘廬香江〉，〈玉井山人紐約來詩用韻甚窄次和一首〉，〈指南宮〉，〈海山（又名「櫻花」）〉，〈野柳仙履石次慶育同社韻〉，〈秋詞〉，〈七夕〉，〈和孟希先生八十感懷韻〉，〈夢玉潒山房視草〉，〈南士詩翁待歸草堂酬唱錄綴句〉，〈秋感〉，〈南園懷錢惠敏和靄麓韻〉，〈重陽前三日與江兆申輪值宴明夷同社梁均默約易君左同來〉，〈簡廬寄秋燕詩囑和韻〉，〈碧落十韻〉，〈寒之友約寫蘭人晚飯賞壁蘭到吳子琛鍾壽仁〉。

一九六八年，民國五十七年，四十六歲

任交通部中國海外航業公司秘書。春，識張夢機老師。見面之後，張老師即常帶先生參加學術活動，結下深厚的師門情誼。

張夢機老師，1941 年 9 月生於四川成都，祖籍湖南永綏。國立台灣師範大學體育系、國文研究所畢業，國家文學博士，爲李漁叔得意高足，育才無數。歷任國立高雄師範學院、中央大學中文系諸校教授。民國六十八年得中山文藝創作獎。著有《鷗波詩話》、《師橘堂詩》、《藥樓文稿》等十餘種。詩宗盛唐，有少陵風骨。惜壯年中風，行動不便。

八月，台東縣紅葉少棒擊敗日本少棒代表隊，是我國棒運發展的轉捩點。九月，九年國民義務教育實施。

四月，美國黑人運動領袖、諾貝爾和平獎得主金恩博士於曼菲斯遭槍擊喪生。

是年詩作：〈戊申正月初二越共全面攻擊越南九省省會並攻西貢攻佔美使館及美軍總部機構初三陷大叨順化〉、〈夢機兄見過問手疾〉、〈酬夢機兄〉、〈穴牆行〉、〈上巳偶成〉、〈霪雨篇〉、〈歌場口號〉、〈五日寄林寄華秘書〉、〈歸試院傳舍清理圖書〉、〈壽吳夢周先生七十〉、〈次韻答林寄華秘書〉、〈再答林寄華祕書〉、〈歌場人散山館夜深茗椀燈幃不勝南征猿鶴之感時戊申五月與貽盰吳政之參事〉、〈海上初見牡丹謂係沈香亭北故物新自東邦移植者〉、〈夢中上指南宮〉、〈閏七月胡慶育寓作社集〉、〈閏七夕社集〉、〈三千詞〉、〈劬廬贈所著外交詩話〉、〈望指南宮凌霄殿燈火〉、〈秋望〉、〈到門〉、〈夢還鄉口占醒急錄之並續一首〉、〈川端感舊次韻〉、〈再疊川端感舊韻並序〉、〈賦得竹翠淨琴書明夷社課〉、〈九日〉、〈指南宮〉、〈經玉溧山房〉、〈不匱室主九十仙壽祭寒操社長囑同作〉、〈次韻答孫克寬教授台中〉、〈三疊川端感舊韻〉、〈四疊川端感舊韻晤譚味菘〉、〈五疊川端感舊韻〉、〈六疊川端感舊韻〉、〈秋襟〉、〈歐祥光詩友歸國祝國慶〉、〈送祥光歸澳門〉、〈秋夜花嶼讀書堂茗話歸寓有作呈孟希先生〉、〈客中〉、〈淡水觀音山凌雲寺粥會寺董事長楊森作東得東須去簽到〉、〈東坡生日社集蘇笑鷗值東〉、〈戊申臘盡作詩寄范道瞻公使漢城時連日大霧〉。

一九六九年，民國五十八年，四十七歲

任交通部中國海外航業公司秘書。聖誕節，與王房惠女士結婚。夫人生於民國二十九年，五十三年六月畢業於東吳法律系，在校表現優異，十月進入調查局服務迄今，天性和善聰慧，曾獲第四屆十大傑出女青年（民國五十八年，西元 1969 年）。

八月，中華少棒隊奪得世界少棒冠軍。十二月，增補選中央民意代表。

五月，美國總統尼克森發表逐漸自越南撤軍。七月十七日，美國太空人阿姆斯壯踏上月球表面，人類首次登陸月球。

是年詩作：〈己酉元日〉、〈新歲寄范道瞻公使漢城〉、〈和均默社長回首韻〉、〈約寄華祕書小集〉、〈答眉叔〉、〈和均默社長夜起韻〉、〈題順德歐祥光

集子〉、〈橫笛〉、〈社集餞胡慶育同社出席維也納國際條約會議〉、〈懷園云啤酒不醉但一醺而已每引杯便得還鄉夢〉、〈仙柳〉、〈聞歌〉、〈上巳〉、〈詩賦〉、〈春晚作〉、〈賞櫻〉、〈溪山月〉、〈酬黃仲良詩翁〉、〈客有爲余造鐵笛一支發音嘹喨〉、〈答伏嘉謨次韻〉、〈千夢堂主太希先生七十壽〉、〈懷園督促爲幼椿翁作詩〉、〈過花嶼讀書堂〉、〈偕房惠市樓茗坐〉、〈夢機仁青見過食湯圓〉、〈圓山偕房惠〉、〈七夕與房惠遊〉、〈送椒原之美利堅研究〉、〈美國人登月球〉、〈寄李秀文〉、〈柳〉、〈金龍少棒隊奪得世界冠軍〉、〈豪雨〉、〈過舊日傳舍木葉一樹都無〉、〈天上〉、〈己酉秋節後七日台北大水爲災〉、〈答伯清香江〉、〈眉叔大衍〉、〈馬紹文詩老周年祭〉、〈偶感〉、〈房惠膺選第四屆全國十大傑出女青年〉、〈約四川文獻社同人雅集〉、〈答李秀文〉、〈結褵詞〉、〈和思軒〉、〈湘中余天民鳳鳴先生挽章〉、〈己酉長至社題〉。

一九七〇年，民國五十九年，四十八歲

任交通部中國海外航業公司秘書。八月，卜居新店中華路。

指導台灣省立台北師範專科學校（今國立台北教育大學）青鳥詩社。先是張夢機老師在台北和平東路三段台北師專青鳥詩社任指導老師，一學期屆滿，請先生去繼續指導諸同學做七言古體詩，青鳥詩社共二十五人，後有六人能作七古，有三人特出，其詩作由先生推介在大華晚報古典詩欄發表。後來華岡中華學術院詩學研究所成立台北大專青年詩社，請張老師任社長，張老師又請王熙元、張仁青老師任副社長，顏崑陽老師任執行秘書，先生任輔導員，實際參與社務活動。成立之初，即召開北部大專青年聯吟會，在台北吉林路文化大學城中分部，先生任詞宗。次年（六十年）再開北部大專詩人聯吟會，在華岡文大校本部，張夢機老師命題碧潭春泛，先生任左詞宗，第一名未取師專青鳥學生，但青鳥二十五人，全錄取入選。

一月，台灣獨立建國聯盟在美國成立。四月，黃文雄、鄭自才在紐約阻擊蔣經國失敗。九月，雷震出獄。

是年詩作：〈庚戌春日陪盛齋岳父瑞美姨侄女內子房惠登指南宮凌霄殿〉、〈月球岩石和均默社長韻〉、〈春日雜吟〉、〈均默社長貽葉公超大父手寫昌谷集影本〉、〈苦雨〉、〈青年節日內子問曾到黃花岡否〉、〈碧山一首錄舊作〉、〈落花詞〉、〈雜吟〉。

一九七一年，民國六十年，四十九歲

任交通部中國海外航業公司秘書。以古典詩《龍定室詩》（即《戎庵選集》）獲中山文藝創作獎，獎金五萬元，六十五年由正中書局印行。

四月，發起保衛釣魚台列嶼主權運動。七月，美國國務卿季辛吉密訪中華人民共和國。十月，中華人民共和國加入聯合國，我退出聯合國。

一九七二年，民國六十一年，五十歲

任交通部中國海外航業公司秘書。十月，任中國民國駐菲律賓共和國全權大使秘書。駐馬尼拉大使館需要一位長於古典文學的人才，因為馬尼拉有三個古典詩社，全菲有橋校大學一所，中小學校一百三十所，而且菲華大多是閩南人。因此為了因應退出聯合國後的局勢，預備往後長遠之計，拉攏菲國華僑，就成了第一要務。於是外交部人事處發公文，聘先生為中華民國駐菲律賓共和國全權大使秘書。先生在四十幾年時已頗富詩名，亦曾在六十年以古典詩《龍定室詩》（即《戎庵選集》）獲中山文藝創作獎。台菲比鄰，馬尼拉詩友對他自是熟悉，十分友善。加之先生主辦一百三十餘僑校行政，舉凡台灣教育部、僑委會、海工會，兩邊公文往來、事物接洽，皆由大使館函轉知照，既熟習教育界，亦盡知僑社諸多事物。次年，任務完成，即行回國。

三月，蔣介石當選第五屆總統、副總統嚴家淦。四月，高雄國際機場開放使用。九月，中日斷交，十二月，日本在台灣成立日華交流協會，台灣在日本成立亞東關係協會。十二月，發生台大哲學系事件，因懷疑副教授陳鼓應「為匪宣傳」而整肅，先後解聘的專兼任教授達十三位。

二月，美國總統尼克森訪問中國大陸，發表上海公報。

是年詩作：〈雲中看雲口號〉，〈館樓〉，〈馬尼拉黎剎公園內有中國區門額篆書天下為公右鄰為日本公園〉，〈馬尼拉灣觀落日〉，〈東南〉，〈同社南士詩翁告移居中央新村次韻奉酬〉，〈近結褵日寄內〉，〈壬子嘉平寄劬廬〉，〈王瓜行〉，〈答台北師專青鳥詩社〉，〈客中吟〉，〈中日邦交中斷〉，〈越戰和議初簽〉。

一九七三年，民國六十二年，五十一歲

歲暮回台灣，賦閒在家。

五月，林懷民成立雲門舞集，九月，在台中中興堂首次公演。

七月，蔣經國宣佈「十大建設計劃」，以因應石油危機中的台灣經濟衰退。九月，工業技術研究院奉令成立電子工業研究中心（工研院電子所的前身），

執行國家設置積體電路示範工廠計劃，以引進積體電路製造技術並移轉民間，這是台灣攀登全球 IC 產業高峰的第一步。十月，曾文水庫竣工。

三月，美軍完全自越南撤退。五月，美國將釣魚台移交日本，此後爭議不斷。六月，美國決定停止對台灣無償軍援。

是年詩作：〈癸丑新正感日本越南事〉，〈內子函告家中蘭花盛開〉，〈龍宮〉，〈經內湖省至北山寒〉，〈北山寒百勝灘泛舟〉，〈逆風〉，〈癸丑上巳菲京和寒老台北九字韻〉，〈早發菲京口號〉，〈過馬羅羅斯共和國舊址口號〉，〈碧瑤市口號〉，〈松林口號〉，〈碧瑤行〉，〈和夔生〉，〈溪亞婆皇家飯店二十樓轉臺喝咖啡眺夜景歸途經鍾士橋踏月侖里杳公園過菲國父黎剎紀念標〉，〈馬尼拉灣泛舟〉，〈詠懷古人〉，〈詩人節菲京南薰吟社雅集〉，〈午日拈韻得覃字〉，〈寄內〉，〈懷邦詞〉，〈聞于亞白詩翁棄世〉，〈弔章孤桐〉，〈答陳吾同〉，〈菲京中秋適逢馬可仕總統華誕〉，〈八月十六夜菲京吟壇雅集〉，〈追月分韻得寒字〉，〈花延年先生周年祭〉，〈加威地〉，〈加威社亞銀那洛居〉，〈大雅台俯視杳阿湖中火山〉，〈南呂宋道中〉，〈壽思寧翁〉，〈還家〉，〈寒夜與夢機仁青崑陽文華重聚〉。

一九七四年，民國六十三年，五十二歲

任國民黨台北市黨部幹事，負責人事獎懲。發表〈填詞領托法（修辭學）〉於學粹雜誌。

三月，秦皇陵兵馬俑出土。七月，阿根廷裴隆總統去世，副總統裴隆夫人伊莎貝兒（或譯作「艾薇塔」）繼任總統，為全世界第一位女總統。八月，美國總統尼克森因水門事件辭職下台，福特繼任總統。

是年詩作：〈甲寅歲首〉，〈盆蘭〉，〈追念張作梅〉，〈千絢來談至夜深皆渝州舊事也〉，〈春雨〉，〈偶成〉，〈樓居〉，〈中秋〉，〈秋老〉，〈秋感〉，〈新店溪中玩水口號〉，〈夜起〉，〈山行〉，〈對竹〉，〈答吾同仁弟綠島〉，〈感事〉，〈見白菊花〉，〈答崑陽軍中〉，〈次韻答文華〉，〈茗話與夢機同作〉。

一九七五年，民國六十四年，五十三歲

任國民黨台北市黨部幹事。

生女振玉。張夢機老師倡議成立雲腴文社，請王熙元任社長，社員計有先生、張夢機先生、陳文華先生、尤信雄、陳滿銘、張子良、杜松柏、蔡雄祥、賴橋本、陳弘治，曾昭旭隨後亦入社。此社每月雅集聚餐，先議定研究

突破古典詩形式，半年之後，無人交卷，咸以爲古典詩形式不可突破，詞突破詩形式，成爲另一形式，曲突破詞形式，又成爲另一形式，愈是突破，形式愈是嚴格。於是改爲分題寫分題寫中國文學家論傳，先生分得張衡，約定半年之後，大家交卷，由社長王熙元收集，但終無人交卷。其間每月雅集，每人交出五百元，由尤信雄集中保管，作爲旅遊之資，後來（六十九年）叫遊覽車旅遊溪頭一宿，再去日月潭，先生說：「日月潭有水時候，不是奇觀，茲遊值天旱，日月潭見底，大是奇觀。」

四月，蔣中正總統逝世，嚴家淦繼任總統。九月，雲門舞集首度出國，赴香港表演「白蛇傳」，香港舞評連續月餘，稱讚雲門是「中華民國二十多年來最重要的文化輸出」。

四月，西貢淪陷，南越亡。六月，中菲斷交。

是年詩作：〈乙卯正月雜詠〉，〈明夷詩社社長梁寒操先生挽詩〉，〈關子嶺〉，〈水火洞〉，〈澄清湖九曲橋〉，〈曾文水庫中聞總統蔣公賓天時六十四年四月五日〉，〈八卦山大佛〉，〈過清水追懷鰲西吟社並悼念社長鄭邦吉丈〉，〈中南半島事〉，〈十普寺作張鏡微先生十年祭〉，〈會弔鄭曼青先生〉，〈越南總統阮文紹辭職客臺〉，〈飛來石〉，〈弧觴會雅集〉，〈松柏索近作賦寄〉，〈答松柏〉，〈樓望口號〉，〈寄崑陽軍中〉，〈聞頌橘先生耗〉，〈碧亭和子良韻〉。

一九七六年，民國六十五年，五十四歲

任國民黨台北市黨部幹事。出版《戎庵選集》，由正中書局印行。

三月，林語堂病逝於香港。四月，行政院長蔣經國提示教育部，應從速編纂台灣史籍，將台灣先賢烈士事蹟編入，或列入中小學教科書中。十月，王幸男郵包炸彈事件，省主席謝東閔遭炸傷。是月，丁肇中獲諾貝爾物理獎。

七月，唐山大地震，死傷一百多萬人。九月，毛澤東去世。十月，華國鋒逮捕四人幫，文化大革命結束。三月，阿根廷政變，女總統伊莎貝兒（一譯「艾薇塔」）被囚，1981 年遭軍政府放逐，流亡國外，1983 年民主政府上台，終於回國。

是年詩作：〈丙辰正月初二夢機崑陽文華至舍下打沙蟹〉，〈盆蘭發花六箭〉，〈春日集思玄堂句〉，〈江城〉，〈望月〉，〈報載英將蒙哥馬利逝世〉，〈報載阿根廷女總統伊莎貝兒被逐放〉，〈盆蘭將謝作〉，〈師範大學南廬吟社眾學士見過〉，〈看花謠〉，〈上巳詞〉，〈感逝篇〉，〈碧亭〉，〈夏首〉，〈寄絃鶴樓主

人張森〉,〈記夢四言〉,〈專諸〉,〈香兒〉,〈集坡〉,〈柳絮詞〉,〈感興〉,〈夜半至碧潭橋上〉,〈納涼絕句〉,〈松柏贈國家文學博士論文禪學與唐宋詩學〉,〈秋星〉,〈松柏獲國家文學博士夢機約仁青文華子良釀飲碧潭泛舟至夜分〉,〈孟希丈九十壽詩〉,〈丙辰中秋無月〉,〈校明夷詩社詩集追懷社長高要梁寒操同社三水胡慶育四明陳季碩湘潭李漁叔諸先生〉,〈送孟希先生游美洲時年九十一〉,〈犖确詞〉,〈用玉局棟弄韻〉,〈病中〉,〈病起〉,〈早寒吟〉,〈丙辰冬至日夕長十二時又二十七分鐘〉,〈夢還鄉〉,〈悅賓樓雅集〉,〈平安夜〉,〈和似庵詠耶誕紅韻〉,〈和劬廬詠賀年卡韻〉,〈曾霽虹以詩得國家文藝講作詩徵和備酒請客和其詩韻〉,〈今古〉,〈瓦解〉,〈杜子美經昭陵〉,〈早出〉,〈夜歸〉,〈寒宵對月〉,〈楓樹兩行悉護以欄杆若其名曰觀光道路〉,〈孟希先生遊美甫歸即電話約至寓齋午飯述民十四五年間北伐故事並觀草書蔣百里先生抗戰初起時奉派駐歐洲觀察國際局勢出京七律原詩蔣百里全集未收入今附余集中〉,〈丙辰嘉平弧觴例集適逢坡仙生日同作〉,〈倒牙謠〉,〈打頭謠〉,〈天心〉,〈閉門〉,〈和道瞻美洲九日韻〉,〈沙蟹〉,〈除夕〉。

一九七七年,民國六十六年,五十五歲

任國民黨台北市黨部幹事。參加天籟吟社。日治時期林述之開勵心書坊(私塾),後改為天籟吟社。次子林錫牙(長子林錫湖)任社長時,曾文新編新生報古典詩,邀約先生入社。先生在退休後罹病,在馬偕醫院開刀,出院後,只參加天籟吟社、瀛社、停雲詩社。林錫牙曾任傳統詩學會理事長,他過世後,天籟詩社活動暫停。

三月,全面實施平均地權。十一月,舉行五項地方公職人員選舉,中壢發生投票糾紛,引起騷動,爆發「中壢事件」,國民黨做票終結。

是年詩作:〈丁巳元旦〉,〈赴似庵春讌行次碧潭口號〉,〈春讌和似庵韻〉,〈正月十七對月〉,〈正月十九夜待月〉,〈閑情〉,〈同邑仙馬場江峻山少將七十〉,〈春日登陽明山辛亥光復樓見食客滿座喧呼不已〉,〈丁巳三月早新店溪涸碧潭等蹄涔〉,〈夏首〉,〈買樓〉,〈崑陽退役小集〉,〈雨不絕讀杜遣懷〉,〈日夕〉,〈公車謠〉,〈市樓茗座同劬耀東贈所著書〉,〈答夢白〉,〈蔡雄祥都講為治印一方〉,〈丁巳七夕美國國務卿范錫訪北平〉,〈月華〉,〈雄祥再治戎庵朱文印見贈為作金石篇〉,〈羅田王仲文同社八十壽〉,〈八月十五夜對月〉,〈秋興〉,〈白光〉,〈以集子贈北市賣漿者〉,〈潘光晟教授花燭辭〉,〈捉刀〉,〈新居〉,〈冬夜為新生報評定詩課甲乙〉,〈梅〉,〈題師橘堂詩集〉。

一九七八年，民國六十七年，五十六歲

任國民黨台北市黨部幹事。卜居新店華中街。

三月，蔣經國當選第六屆總統、副總統謝東閔。五月，孫運璿出任行政院長。十月，中山高速公路全線通車。

十二月十六日，美國宣布中美斷交，中美共同防禦條約至明年底終止，十二月二十三日的增額立委選舉暫停，六十九年十二月才恢復舉辦，作〈人人篇〉。

是年詩作：〈戊午履端〉，〈九皇詞〉，〈女兒振玉〉，〈寄莊育華中壢國小陳吾同綠島國小二君能古近體詩〉，〈核子衛星謠〉，〈讀隋煬帝集〉，〈道瞻回國述職〉，〈拾落花〉，〈久知〉，〈春宵坐雨〉，〈春宵吟〉，〈弔試院舊同僚吳訓〉，〈三人行〉，〈乍晴〉，〈復雨〉，〈花季飲陽明山辛亥光復樓〉，〈次韻酬夢白〉，〈羅斯福路紅棉盛〉，〈春興和夢機韻〉，〈午日〉，〈答簡錦松〉，〈仙家〉，〈弔胡素白凡中將〉，〈七七詞〉，〈希爾頓茶座偶成時苦旱〉，〈芙蓉四言〉，〈叢竹七言〉，〈隱居四言〉，〈望月聞寺鐘〉，〈男兒〉，〈顧曲詞〉，〈悲秋〉，〈對月〉，〈欣然〉，〈京華〉，〈碧潭〉，〈國慶大閱詞〉，〈九日〉，〈宵晴〉，〈雨〉，〈堪白爲作設色牡丹大軸〉，〈向夕吟〉，〈遠書〉，〈秋夜送客〉，〈秋晚〉，〈贈墊江蕭曦上校〉，〈對月詞〉，〈人人篇〉，〈海水篇〉，〈遠別離篇〉，〈相憐篇〉，〈晚霽篇〉，〈即席和似庵重感秋〉，〈對月〉，〈顏崑陽論陳后山悲劇性格文讀後〉，〈和夑生美東馬加西哥曙雨〉，〈歲晚絕句〉，〈碧潭步月歸家作詩〉，〈守歲〉。

一九七九年，民國六十八年，五十七歲

任國民黨台北市黨部幹事。

中國古典文學研究會成立。成立之時，政府主管部門（內政部）規定，學術團體要有一定比例之社會學人參加，因此先生亦成發起人之一，得爲委員。

十月，雲門舞集首度赴美表演，紐約時報熱烈推薦：「林懷民輝煌成功地融合東西舞蹈技巧與劇場觀念。」

一月，開放出國觀光。二月，中正國際機場開港。七月，高雄市升格爲院轄市，西部幹線鐵路電氣化完工。十一月，第一座核電廠竣工。十二月十日，發生高雄美麗島事件，反對人士多人被捕。十二月底，中美共同防禦條約正式終止。

一月，美國在台協會成立，三月二十九日，美國國會通過「台灣關係法」，四月十日美國卡特總統簽署，「台灣關係法」生效。四月三十日，美軍顧問團及協防司令部關閉，「此後美國只出售防禦性武器給台灣，台灣防務由國府獨力承擔」。〔註22〕

是年詩作：〈人日詠史〉，〈椰春書屋雅集和主人似庵先生韻〉，〈正月十五夜燈收人散踏月長街〉，〈讀屈原傳再疊天韻〉，〈聞角三疊天韻〉，〈月夜四疊天韻〉，〈微雨五疊天韻〉，〈公讌似庵先生六疊天韻筵前有議遊梨山花蓮者〉，〈公署宿值〉，〈次韻答簡錦松〉，〈次韻答蔡秋金〉，〈上陵詞〉，〈還家曲〉，〈夢楊林〉，〈花蓮輪上〉，〈鯉魚潭〉，〈宿花蓮〉，〈西寶〉，〈武陵農場食紅茱萸此武昌洪山名產也〉，〈武陵農場見牡丹皆半謝〉，〈己未三春經橫貫公路放歌〉，〈春晚雨不止〉，〈訪問台中港導引人指碼頭堆積如山之原木曰諸公尚憶白嘉莉否〉，〈貓羅溪上放歌〉，〈日月潭〉，〈登慈恩浮圖〉，〈絕句〉，〈七疊天字韻〉，〈鹿港似五十詩人〉，〈鹿港民間團體寄贈有鹿港標誌之白短衫〉，〈偶題〉，〈近來〉，〈聞蟬停雲社課〉，〈夏夜〉，〈台北謠社題〉，〈逭暑〉，〈書烈士陳金龍少校〉，〈王雲五先生挽章〉，〈野性〉，〈放歌步放翁韻〉，〈學術界為漁叔先生建詩人之碑具名者黃永武教授等卅人予被排名弟六〉，〈文山〉，〈滄海〉，〈不寐〉，〈縛兔〉，〈公曆元旦〉，〈記得一首〉，〈黃麟書丈八十壽八韻，〈日本版敦煌影集中有玉門關陽關殘蹟〉，〈餞未迎申詞〉，〈除夕詞〉，〈除夕讀花延年室詩敬步集中庚辰除夕韻〉。

一九八〇年，民國六十九年，五十八歲

任國民黨台北市黨部幹事。

台中省立圖書館舉辦詩人節全省聯吟大會，請台北市三位名詩人作詞宗，評選甲乙，此三人不曾參加過台灣擊鉢詩會，也不曾作擊鉢詩，當開會儀式宣布詩題之後，詞宗照例須擬作一首，以為示範。此次擬作之詩，經繕寫公布，詩友大譁，認為文不對題，根本是外行，當下有人退席。圖書館初辦詩會，出此糗事，下不了台，只好不了了之。次年商請台中中興大學文學院院長黃永武協助，黃永武先商請張夢機老師，張老師要他接下任務，由他約先生，再約一人擔任詞宗，則必能圓滿。先生與張老師商定首唱七律詩題為台中港，次唱七絕題為鳳凰花。先生定七律榜，取雲林陳輝玉為元，張老

師定七絕甲乙，取高雄呂秀峰爲元，二人皆台灣詩壇鼎鼎大名人物，會事結束，賓主盡歡、皆大歡喜。黃永武向圖書館建議增加學生組，增加一名詞宗。第二年就施行，簡錦松老師帶中山大學學生來參加，吳榮富老師帶成大學生來參加。簡錦松老師又給先生一大袋卷子，說是古典詩班學生作業，有三十餘集，準備出書，請先生順筆潤色之，又送二千元閱卷費。錢則當下退還，卷子接下，照簡錦松老師之意向，可潤色者，順便順筆潤色。後來出版《南華集》，又請先生寫了卷頭語。

　　二月，發生林義雄滅門血案。是月，北迴鐵路通車。六月，英國歸還淡水紅毛城。七月，國立中山大學在高雄西子灣復校。十一月，中華民國消費者文教基金會正式成立。十二月，「新竹科學工業園區」開始運作，政府出資成立聯華電子，轉移重要的晶圓技術、人才，以提升台灣 IC 產業的競爭力。

　　是年詩作：〈郊行社課〉，〈過蘭陽平原〉，〈花蓮王母廟〉，〈石門水庫中〉，〈復興山中〉，〈黃明日集江樓〉，〈春雨社課〉，〈餞春〉，〈落花詞〉，〈太白子美合詠〉，〈飛卿義山合詠〉，〈杜司勛宋徽宗合詠〉，〈下值〉，〈過袁爵人五雲樓見所寶戰國時方鼎一或謂係張齡遺物〉，〈題師復詩存〉，〈台北市大觀吟社五周年大集應邀〉，〈漫興〉，〈台北縣雙溪鄉三忠廟祀文天祥陸秀夫張世傑〉，〈試院宿舍與吳政之參事閑話〉，〈鳳凰來〉，〈詠史社課〉，〈感興〉，〈雜興〉，〈觀音海水浴場對月三疊藍氄韻〉，〈向天詞〉，〈次韻答曾文新論詩〉，〈夢到開封〉，〈謁山篇四疊藍氄韻〉，〈詠懷社課〉，〈放懷社課〉，〈立秋至溪頭雲腴社社遊也〉，〈碧潭〉，〈崇祠〉，〈過大崎腳懷無爲于亞白詩翁〉，〈無題〉，〈人造雨〉，〈秋草〉，〈秋水〉，〈溪上〉，〈庚申秋興〉，〈選戰社課〉，〈夜讀社課〉，〈秋江篇五疊藍氄韻〉，〈梅〉，〈冷月吟〉，〈弧觴會值東約王仲文劉太希二老同爲東坡作生日仲老新自西德歸〉，〈幼春先生回國定居賦似〉，〈寄椒原外雙溪〉，〈和椒原題堪白爲心波先生寫青芍藥韻〉，〈賀年詞寄百熙教授清華夔生公使譯署〉。

一九八一年，民國七十年，五十九歲

　　任國民黨台北市黨部幹事。《滄海明珠集》刊行。林耀曾任高師大國文系主任，邀先生去參加古典文學獎決審，由張夢機老師主持會議，同參加者，尚有陳文華、李殿魁。

　　是年，識蘇文擢教授。教育部、海工會聯合邀請香港教授團攜眷訪台一週，招待食宿，在台北芝麻大酒店。蘇文擢教授隨團來台，先生請他們夫婦在來來大飯店水晶宮吃自助餐，賓主盡歡。當晚先生作了一首七古贈他，次日他見此詩，喜出望外，說回港奉和。果然回港之後，他用大幅生綃寫和章七古見贈，一時轟動香港，崔道周亦和韻一篇，從此與香港諸詩家結唱和緣，計有崔道周、李國明、余少颿、潘小磐等人，皆由蘇文擢專函介紹。一年之後，李國明來函云：「我公詩名震海外，騷壇盟主，已經議定。」議定亦確有其事。香港瓊華茶樓有文友茶會，週日必集會，作詩的、填詞的、書家、畫家、篆刻家等有三十餘人，先生詩每寄去香港，蘇文擢要拷貝三十份，分發茶會諸人，蘇教授又來信云：「往往一人擊節，滿座俯首。」同時潘小磐一批詩友，另有一茶會，約二十餘人，先生寫詩與蘇，亦必寫與潘，潘亦拷貝二十份分發詩友。香港諸詩友旋即辦《嶺雅季刊》，專登廣東人詩、詞、駢文、散文，後闢嶺外之音欄，以台北為首選，先生一人為代表。嶺外之音，投稿發佈之詩，西至烏魯木齊、蘭州、西安，東北則哈爾濱，瀋陽、遼寧等地都有投稿發表。先生與蘇文擢酬唱，整整十七年，酬唱之詩，五七言、古今體，各體具備，蘇教授亦每每於信函中評論先生詩，可惜先生沒有全部保留。後來蘇文擢來信，有云：「讀書天下士，公不得辭。」先生立刻作五律一首寫去，力辭「天下士」之說。蘇教授曾四次來台，來必約先生一同用膳，言笑甚歡，亦曾一同出遊。

　　蘇文擢，號邃加室、寄塵庵，生於 1921 年，卒於 1997 年，執鐸香島大庠，為詩苑名家，極工駢文。詞不多作，存者不足三十闋，皆精雋可誦。大體取法清真、白石、梅溪、碧山諸家，典麗而兼疏宕，尤以沈雄之筆寓江山搖落之懷，最為高境。〔註23〕著有《說詩晬語詮評》、《韓文四論》、《邃加室詩文續稿》、《邃加室遺稿》等。

　　潘小磐，號餘庵，廣東順德人，生於 1914 年，歷任香港學海書樓、樹仁學院、香港大學校外部、香港中文大學校外部講席。才力富健，遊蹤所至，以詞筆寫粵東山水，異國風光，皆能曲傳物態，題材頗為廣闊。傅靜庵云：「掇拾眼前景物，熔鑄一爐，化俗為新，因難見巧，可謂在詞中別開生面矣。」擅長各體詩，古體尤美，小詩亦甚佳。惟鍛句未純，精粗交雜，寫秦樓楚館，

〔註23〕見劉夢芙：〈五四以來詞壇點將錄〉，http://www.jiangxiaoyu.com/wenxuan/dianjianglu.htm。

獵艷尋芳，固屬名士風流，格調未免塵下，殆柳三變之流亞歟？〔註24〕

　　李國明，自號桃源鄉人，1946 年生於廣東鶴山。1965 年移居廣州，1975 年定居香港。現爲香港《嶺雅》季刊執行編輯。有《李國明小品》、《李國明梅花冊》刊行。詩與畫似，清新可人。

　　七月，發生陳文成命案。十一月二十日，總統府資政葉公超逝世。

　　九月，雲門舞集首度赴歐，獲熱烈迴響，奠定雲門在歐陸的聲譽。

　　是年詩作：〈棄子先生七十壽詩〉，〈櫻花詞〉，〈春日吟〉，〈對酒〉，〈蟲語〉，〈春夜〉，〈了齋作春分觴集〉，〈遊仙詞〉，〈雨夜宿值〉，〈碧潭見月口占〉，〈和道瞻新公園賞杜鵑值雨韻〉，〈參觀苗栗出礦坑石油井〉，〈參觀三義鄉木彫工廠〉，〈大湖摘草莓〉，〈贈質盧王則璐〉，〈水仙謠〉，〈湘干謠〉，〈贈山近樓主陳一豫〉，〈因山近樓寄澳門舊詩友胡景石翁〉，〈太空梭〉，〈餞陳一豫回港〉，〈一豫歸港作詩呈蘇文擢陳湛詮吳天任何乃文諸公〉，〈天祥〉，〈天祥文天祥塑像〉，〈慈母橋下揀奇石〉，〈和一豫留別台北諸老韻〉，〈花蓮鯉魚潭放歌〉，〈步行九曲洞燕子口太魯閣訪山民之神不動天尊〉，〈答乃文見和七言大篇〉，〈台南〉，〈再至花蓮王母廟〉，〈答香港詩人洪肇平〉，〈屈原宮〉，〈文擢先生遊台小聚於來來飯店之水晶宮〉，〈香港胡景石詩翁寄宋台秋唱翻印本因和原唱者宋宗室遺民東莞趙玉淵韻〉，〈停雲詩社北投地獄谷珊園雅集分韻得峰字座中有師大國文研究所南韓學生男女六人〉，〈陪文擢先生烏來觀瀑〉，〈救災謠〉，〈餞惠敏百歲冥壽〉，〈一豫遊溪頭〉，〈題山近樓集〉，〈文擢先生惠普洱茶一餅〉，〈一豫惠舊田黃石一方〉，〈答荔莊惠詩集〉，〈莫瑞颱風〉，〈秋日漫興〉，〈蘇麗文歌陽關三疊〉，〈次韻和山近樓小極見寄〉，〈文擢先生見和水晶宮吟以大幅生綃寫寄奉答一篇〉，〈停雲詩社同社婁良樂教授挽章〉，〈端居〉，〈秋懷〉，〈送雨庵教授講學南韓〉，〈秋感〉，〈息機〉，〈疊韻答崔道周香江〉，〈近重陽和山近樓中秋對月仍步邃加室韻〉，〈遠別離〉，〈萬谷周年祭居士林隨喜見王師復教授新自美洲歸〉，〈幼椿鄉先生惠學鈍〉，〈葉公超大使挽詩〉，〈秋柳〉，〈仲冬宿值寒流過境大屯山見雪氣溫一點四度和一豫香江見懷韻〉，〈舊時藝妓花月雲者年六十二發音嘹亮雅集中歌清平調三章秋興八首滿江紅六代豪華一闋走筆爲記〉，〈張良〉，〈弧觴會消寒次集〉，〈了翁於電話中說蓬萊舊事謂吳漫沙問花月雲住址欲一相問昔年相識〉，〈落星詞〉，〈海水

〔註24〕見劉夢芙：〈五四以來詞壇點將錄〉，http://www.jiangxiaoyu.com/wenxuan/dianjianglu.htm。

碧〉,〈大隱〉,〈崔道周回國聚首〉,〈晚霽〉,〈黃河謠〉,〈李後主〉,〈巷中體詩〉。

一九八二年,民國七十一年,六十歲

任國民黨台北市黨部幹事。崔道周來訪。

七月,蔣經國總統提出對中共的「三不政策」。九月,我國首座國家公園,墾丁國家公園成立。

四月,爆發英阿福克蘭群島戰爭,六月英軍獲勝結束。八月,美國與中共簽訂八一七公報,美國同意對台輸出之武器於質、量將同時遞減,但未明示最後期限。美國總統雷根隨後發表聲明,美國將更進一步促進與台灣之非官方關係,並依台灣關係法繼續對台供應武器。

是年詩作:〈新正得崔道周重寫回國酬唱詩卷並云經醫人檢查通身無病〉,〈海月謠〉,〈春詞〉,〈答余少颿詩老惠集子時為香港南薰社社長〉,〈和文擢先生骰諧韻〉,〈帳飲送熙元教授去南韓講學〉,〈春節假期中讀通鑑記事本末自桓玄僑楚至高祖興唐再疊骰韻〉,〈疊韻和崔道周〉,〈久雨夜半聞雷〉,〈慰乃文悼亡〉,〈春日〉,〈櫻花曲〉,〈樹蛙曲〉,〈浮雲曲〉,〈三疊骰韻〉,〈月夜至碧潭四疊骰韻〉,〈孤觴會新生報詩苑網溪吟社同集了齋置酒〉,〈寄少颿道周文擢香江五疊骰韻〉,〈壽少颿翁八十六疊骰韻〉,〈醮壇〉,〈解人〉,〈忘機〉,〈天階〉,〈璠璵〉,〈明朝〉,〈陽明公園褉集放歌寄香港南薰詩社余少颿崔道周蘇文擢三公〉,〈台南仲夏〉,〈太平山莊〉,〈清水地熱發電〉,〈答陳一豫香港〉,〈得文擢書知少颿翁散盡珍藏歸隱穗垣東湖寄詩問候〉,〈座上一首〉,〈見貓羅王五世孫李鴻文言玉璽尚存家廟即埔里通天壇諸部將木主已發還各家後人〉,〈雨夜電視新聞節目中見歡宴美國參議員高華德實況高於麥克風前淚下輓講回座〉,〈挽龔孟希先生〉,〈麻姑詞〉,〈虹〉,〈煮茶〉,〈絕句〉,〈四紀〉,〈五月十三竹醉日〉,〈七七蘆溝橋紀念日作〉,〈蓬山〉,〈壽文擢先生六十晉一〉,〈瓊華詩〉,〈道周翁歸國小聚〉,〈贈少颿翁歸隱羊城東湖並柬瓊華茶樓眾仙侶〉,〈消夏吟〉,〈火傘篇〉,〈歐陽永叔九百七十五歲生日社課〉,〈戲為絕句〉,〈夢歸成都〉,〈碧海詞〉,〈與幼岳淡如訪湘屏翁議創三台詩苑〉,〈可亭老人函約澄清湖別墅小住謂有二分明月四面嵐光云賦詩奉答〉,〈秋夜對月〉,〈七夕十韻〉,〈秋夜答文擢先生〉,〈秋夜〉,〈壬戌七月既望東坡泛赤壁九百年作〉,〈偶題〉,〈土地神謠〉,〈和紅竝樓宿日月潭韻〉,〈秋

波詞〉、〈壬戌釋奠日〉、〈荔莊示酬日本寬之教授五言大篇奉答〉、〈懷道周翁香港〉、〈書文擢游女篇後〉、〈寄百熙教授清華園〉、〈酬夢機兄〉、〈文擢遯翁同作東坡泛赤壁九百年詩用遯翁元旦韻致意〉、〈道周來台示百駕斟韻詩港賢和者甚多亦作一首〉、〈歲暮疊前韻〉、〈歲暮作歌〉。

一九八三年，民國七十二年，六十一歲

任國民黨台北市黨部幹事。

四月，張大千病逝。六月，林尹病逝。

是年詩作：〈春雨〉、〈癸亥上元和荔莊壬戌除夜感懷四首韻並柬文擢教授〉、〈荔莊初冬詠史連章書後〉、〈答韋金滿次韻〉、〈炳焱將軍北來見訪別卅五年矣急就奉贈〉、〈次韻答何敬群遯翁詩老香港〉、〈陽明山辛亥光復樓看櫻花〉、〈四川文獻社雅集為劉泗英懷園九十壽〉、〈和陳文銓新篁韻〉、〈苦雨作歌用拔抑塞〉、〈贈內〉、〈青年節感懷〉、〈棄翁寫丙戌紫金山天文台登高詩見詒引首章白文一生負氣其下鎮角章朱文無悔〉、〈寒竹詞〉、〈浮雲篇〉、〈次韻答文擢先生〉、〈大物篇疊前韻〉、〈贈香港詩友劉紹進口占〉、〈碧潭禊集〉、〈惜春〉、〈春晚〉、〈宿南投翠谷山莊〉、〈答潘餘庵託文擢寄詩卷〉、〈遊溪頭再訪神木〉、〈答餘庵寄詩卷〉、〈暮江吟〉、〈送道瞻之北美任所〉、〈立秋後四日和文擢闌干〉、〈疊前韻〉、〈才略〉、〈永武遊美社集餞行〉、〈碧海〉、〈秋夢詞〉、〈老僧圖〉、〈和道瞻華府休日茗飲韻〉、〈感事和香港涂公遂王韶生何敬群教授酬唱之韻〉、〈疊前韻〉、〈中秋即事〉、〈秋穫〉、〈題李國明作淵明斜川遊圖卷〉、〈古寺〉、〈秋盡對菊〉、〈寄百駕老人羊城〉、〈追和師期韻〉、〈香港何乃文詩家以和余詩數百字刊布於香港嶺雅季刊弟一、二冊中並引甲午頌橘廬贈予詩中奇文偉抱久心許妖腰亂領看手戡故事為言〉、〈文擢函告崔道周北遊途中中風以詩問疾〉、〈歲暮小集作〉、〈三貂角海濱〉、〈遺山〉、〈香港勞天庇來台出歲暮書懷索和韻〉。

一九八四年，民國七十三年，六十二歲

任國民黨台北市黨部幹事。第一屆全國大專聯吟，由陳逢源文教基金會主辦，簡錦松老師獨立經手辦會，由古典文學會協辦，協辦事項乃派一詞宗，命題及閱定律榜。當時此事十分莊重，各校教授迴避，王熙元任古典文學研究會理事長，估計先生可以被各校接受，便派其任詞宗，先生又推介社會名詩人看次唱七絕卷子，基隆周植夫、花蓮楊伯西、台北蔡秋金，都推介過。

王熙元任古典文學研究會理事長四年，張夢機老師繼任兩年，龔鵬程繼任兩年，大專聯吟，都由先生任詞宗，命題閱定首唱七律卷子，此乃苦差事，龔鵬程卸任之後，乃要求簡錦松老師另請高明。

是年，識日本心聲詩社主宰服部承風。服部承風來台，在慶祝瀛社社長杜萬吉的餐席中，從口袋取出先生的詩，先生正坐其側，因此相識。服部承風的詩有杜牧之風，服部承風亦為中華詩學研究所研究委員。

二月，行政院長孫運璿中風入院。三月，蔣經國再當選第七屆總統、副總統李登輝。五月，高雄過港隧道通車。六月，北部發生六三水災。

五月，趙紫陽在中共人大會尚提出「一國兩制」構想，六月，鄧小平正式提出「一國兩制」。

是年詩作：〈甲子元日〉，〈幼椿鄉前輩先生九十壽〉，〈寄懷永武美國與夢機同作〉，〈春雨詞寄文擢〉，〈夕霽見月〉，〈棄子先生挽詩〉，〈秋水詞〉，〈得服部承風尺牘贈答〉，〈秋夜碧潭放歌〉，〈去年春日棄翁寫丙戌紫荊山天文台登高詩見貽今年九日棄翁已作古人忽憶其貞能容俗陶元亮憂以傷身盛孝章一聯悽然有作〉，〈詩鐸〉，〈枯荷社課〉，〈觀世〉，〈和伯元夢機空篷酬唱韻〉，〈再疊空篷韻〉，〈獨夜〉，〈王勉蓀謂已有春柳秋柳冬柳請補夏柳四首〉，〈宋詩〉，〈梅社新立賦贈〉，〈佰西自花蓮來都下同為大學生聯吟閱卷〉，〈答錦松示茶花詩〉，〈寄花蓮陳贊昕〉，〈香港潘餘庵詩老回國觀光賦贈〉，〈冬夜文山玩月〉，〈答香港詩友崔道周〉，〈梅社雅集詠梅客席作〉，〈雲〉，〈生朝〉，〈荊公〉，〈牛〉。

一九八五年，民國七十四年，六十三歲

經國民黨台北市黨部副主委馬鶴凌推介，進入總統府，擔任參議。

成大第十五屆鳳凰樹文學獎，本是張夢機老師受邀參加決審會，時張老師是中央大學教務長，決審會之日必須去外島公幹，時黃永武任成大文學院院長，張老師告訴黃永武，推介先生去代他，於是成大中文系郵案資料來先生家。因此去參加決審會，由黃永武主持開會。八年之後，（民國 82 年）成大二十三屆鳳凰樹文學獎決審會，由中文系學生預先投票投出先生，請他再去參加決審。

八月，美國總統雷根，勸告台灣實行民主。

是年詩作：〈過舊時試院宿舍聽同僚閑話〉，〈和文擢先生乙丑開歲韻〉，〈蓀

園白桃花〉,〈自酬〉,〈西江月〉,〈擁彗詞寄文擢先生香江〉,〈洛杉磯中華詩會寄贈北美同聲集答蕭一葦會長〉,〈王師復教授赴美有詩留呈蘇文擢教授和韻並寄文擢〉,〈文擢全家回國觀光與陳新雄黃慶萱張夢機三教授甚設接風〉,〈陪文擢慈湖謁靈〉,〈客去一首寄文擢〉,〈詠竹〉,〈買書吟〉,〈文擢書白團絹扇二柄見贈又以舊紫端硯小象牙池侑札使歸國女弟子凌友詩學博送來書中稱友詩深於論語佳士也〉,〈花蓮和楊伯西韻〉,〈題方玉衡懷湘詩草〉,〈百駕老人惠詩謂三年以來留心內典又香港人云上巳百駕於五羊大會詞流〉,〈菲華詩友歸台言馬尼拉近狀〉,〈吳統禹詩友六十賦贈〉,〈省中贈對座劉涵鋒參議〉,〈答香港潘餘菴寄旅遊詩卷〉,〈八月十五夜賦寄文擢先生香江〉,〈採石行贈花蓮焦更生法曹〉,〈傅靜庵題陳一豫山近樓集子齒及江東給事因奉寄一首〉,〈省中對菊〉,〈酬阮抱山病起〉,〈碧潭口號〉,〈遊指南宮入祈夢室小睡無夢〉,〈所見〉,〈夢境〉,〈武則天電視劇〉,〈答餘庵寄遊瓊崖詩卷〉。

一九八六年，民國七十五年，六十四歲

任總統府參議。

六月，鹿港民眾「反杜邦設廠」遊行，爲民間環保抗議的開端。〔註25〕九月，民主進步黨成立，蔣經國分批召見黨政、情治、軍事首腦，告訴各單位對於民進黨成立，未奉命不得輕舉妄動。十月，李遠哲獲得諾貝爾化學獎。

二月，菲律賓總統馬可仕流亡，由艾奎諾夫人組閣。八月，美眾議院外交委員會通過二三三號決議案，促國民黨開放黨禁。美參議院外交委員會主席盧加爾訪台，當面向蔣經國和李登輝要求成立反對黨，並盡早解除戒嚴。

是年詩作：〈陽明櫻花季〉,〈香港詩友陳一豫六十〉,〈感遇社課〉,〈哀菲律賓〉,〈春寒答道瞻告再延任期〉,〈登山協會暨蜀人集青潭楊子惠故居展墓〉,〈夜歸口號〉,〈春日絕句〉,〈春窗讀餘庵詩續〉,〈回信〉,〈春興〉,〈春興後篇〉,〈日本詩人服部承風詩似牧之爲中華學術院詩學研究所研究委員日本心聲詩社主宰一九八六年五月四日心聲詩社廿年紀念以「御招待」相邀去名古屋用柏梁體聯句不克成行寄詩致意〉,〈香港詩友李國明寄小幅梅花〉,〈哈雷彗星〉,〈杜鵑花〉,〈高陽台〉,〈故宮博物院至善園賞日本種牡丹二百餘盆劬翁正仕先有詩和韻一首〉,〈午節〉,〈文建會策畫王安石司馬光逝世九百年學術研討會〉,〈溪上〉,〈觀曇花〉,〈台中人來惠海棠兩盆〉,〈香港詩友圖〉,

---

〔註25〕見吳密察監修：《台灣歷史年表》（台北：遠流，2003年4月），頁22。

〈短翼吟〉、〈呂洞賓〉、〈答何遯翁香江〉、〈追和魯實先教授朱梅韻與停雲社友同作〉、〈新秋夜坐〉、〈七夕〉、〈秋詞〉、〈得蘇文擢編纂梁士詒八太譚玉櫻居士所藏書翰圖照影存巨冊居士法號寬弘虛雲所錫〉、〈海濱對月〉、〈答玉衡次韻〉、〈烏來福山道中偶成口號〉、〈西江月〉、〈國立中山大學贈校徽一座簡錦松教授送來舍下〉、〈窄韻詩〉、〈九日〉、〈九日舒適存將軍頤園雅集〉、〈塗潭訪友〉、〈香港潘餘庵來書云斯文骨肉君詩不可少拙序奉答〉、〈臨江仙〉、〈浣溪紗〉、〈虞美人〉、〈夢歸戎州〉、〈龍宮〉、〈秋郊〉、〈答一豫書條幅見贈〉、〈和一豫韻〉、〈寄懷傅靜庵羊城〉、〈故山月社課〉、〈文擢索新作用其在港與薇庵酬唱韻寄呈時地震久雨選舉鬧劇之後〉、〈和涂逯老韻〉。

一九八七年，民國七十六年，六十五歲

任總統府參議。

七月十五日，蔣經國發佈解除戒嚴令，取消黨禁，施行國家安全法。蔣經國說：「在台灣住了近四十年，我也已經是台灣人。」十一月，開放民眾赴大陸探親。是月，梁實秋病逝。此年，成立台灣積體電路製造公司，政府延續政策，再次轉移重要的晶圓技術、人才，使台灣 IC 產業走向晶圓專工，成爲全球積體電路重鎮。

是年詩作：〈春寒〉、〈新公園杜鵑花怒放遙懷夔森顧問北美〉、〈答香港蘇文擢先生寄詩卷〉、〈寄懷明夷詩社舊社友九三叟王仲文〉、〈世路〉、〈桃花源〉、〈禊集〉、〈歸燕詞〉、〈春晚〉、〈無題〉、〈菩薩蠻〉、〈夜靜思〉、〈郊行社課〉、〈將進酒社課〉、〈清平樂〉、〈集靈台自度曲〉、〈九華自度曲〉、〈閏六月作〉、〈七夕〉、〈酬香港何遯翁惠稿〉、〈香港李國明詩友梅花冊寫六一半山楊補之張玉田高啓王冕詩詞意象逸倫絕群〉、〈和香港何遯翁王懷冰蘇文擢三教授酬唱韻〉、〈近中秋盆蘭發兩枝〉、〈蟋蟀社課〉、〈中秋坐月〉、〈王師復教授於重陽前二日大風雨中回台小集口占〉、〈秋風〉、〈世路〉、〈答道瞻顧問華盛頓〉、〈都門行〉、〈次韻酬文擢先生多夜見懷〉、〈歲暮〉、〈總統蔣經國歐血而崩〉。

一九八八年，民國七十七年，六十六歲

屆齡退休，賦閒在家。五月二十一日，先生欲前往高雄中山大學，在台北火車站第二月台樓梯跌倒，入馬偕醫院。先前在公保大樓治療骨刺三個星期，未見成效。及五月二十三日黃俊雄醫師巡房觸診，方才發現並非骨刺，

而是攝護腺癌，並泌尿科林醫師、腫瘤科賴醫師會診，六月十二日開第一刀，二十一日開第二刀，割除攝護腺癌，又用鈷六十化療，為期一個月。八月二十日出院，入馬偕醫院經三個月，此後十年間都在服藥抗癌，每月門診服賀爾蒙，初用 1.25 劑量，五年之後，改用 0.625 劑量，每三個月檢查血液一次，輪流部位，肝臟、心臟、骨髓等。經過十年，癌症完全脫體，但成為慢性疾病，每三個月須回診追蹤檢查，改服綜合維他命。中間又經過右大腿換人工髖關節，所以行路用杖。

出院之後得家書，與四川家中取得聯絡，知父母已逝，已無探親理由，亦因自己身體不佳，故從未回過大陸故鄉。只因家中務農，生活困苦，曾寄一百元美金回家，但家中回信說不須用錢，可留用養病。

十二月四日在公館基督教長老教會受洗。住院期間讀聖經新約，院牧部蔡牧師來探視，對經書有所瞭解之後，方才受洗。

一月，報禁解除，省府為平息大家樂賭風，暫停發行愛國獎券。一月十三日，蔣經國總統逝世，李登輝升任總統。十二月，IDF 戰機出廠，李登輝總統命名為「經國號」。

八月，自 1980 年開始的兩伊戰爭停火。九月，中共國務院成立台灣事務辦公室。

是年詩作：〈戊辰正月蜀人集青潭展楊子惠墓〉，〈花季寄懷文擢先生香瀣〉，〈花季有作兼酬夔森顧問華府見懷〉，〈遂加室來書云讀書天下士公不得辭赧顏奉答一首〉，〈聽雨〉，〈椰春書屋主人丁似庵同社挽章〉，〈贈高去帆〉，〈台北市羅斯福路紅棉齊放〉，〈感事〉，〈禊集聽彈琴〉，〈政黨〉，〈立法院〉，〈舉觴吟〉，〈春晚〉，〈探親詞〉，〈和夔森華府樓暮韻〉，〈淡水馬偕醫院晨起曠望口占〉，〈答國立中山大學山海詩社學生聯名問疾〉，〈病起作詩意在留傳馬偕醫院骨科黃俊雄泌尿科林文州及放射腫瘤科賴允亮三大夫之名於世〉，〈文擢示三峽吟草奉答〉，〈王師復教授回台小住仍去洛杉磯夢機約三人小聚雄談〉，〈答伯元〉。

一九八九年，民國七十八年，六十七歲

四月，鄭南榕自焚身亡。

四月，中共前總書記胡耀邦去世，促使學生運動激化，六月，中共出動軍隊坦克，血腥鎮壓學生、市民，史稱「六四天安門事件」，趙紫陽下台，江澤民任總書記。

十月，東德宣布全面開放邊界，十一月，柏林圍牆倒塌，成為歷史名詞。十一月，捷克民間大規模之示威運動，迫使捷共政府與民主人士分享政權，其後數月捷克快速進行民主改革，共黨對政府之控制完全瓦解，此即為「絲絨革命」（Velvet Revolution）。

是年詩作：〈得家書荅三弟元禮四弟元智五弟元信〉，〈母親節〉，〈文擢先生作詩見懷並示新近在香港蓬瀛仙館道學講座講詞一本次韻奉答〉，〈感天安門事疊前韻〉，〈海內〉，〈台東三仙台口占〉，〈蘭嶼口占〉，〈遊南部橫貫公路自台東關山鄉入經天龍至利稻山莊折返〉，〈元智四弟六十壽詩〉，〈新秋〉，〈夔森自北美函告將於明年四月引退〉，〈和涂公邃九日韻〉，〈樓夜〉，〈答泰國高僧南農〉，〈題寶安文幸福教授詩集〉，〈歲暮寧社雅集柬邀同飲以亂世為題課詩時政府已頒佈弟八屆國民代表大會召集令〉，〈太希先生挽詞〉，〈和香港邃加先生伯元教授酬唱韻〉。

一九九○年，民國七十九年，六十八歲

與孔凡章、劉逸生通信。第一年孔凡章來信云：「國內（按：大陸）詩壇，一言難盡。」意指結社相互吹捧之風盛行，如同台灣。第二年來信云：「纖兒撞壞家居，使足下多怨。」〔註26〕按：「纖兒」即指國民黨。

高雄左營有一湘潭人，湘潭白石詩社秘書長董源遠寄《白石詩刊月刊》一份到左營予他，此人不甚好詩，將原刊寄予簡錦松老師，簡老師見詩刊中大部分是工業、鋼鐵、環保之類，又轉寄給先生。先生為李漁叔之故，正需與湘潭詩人聯絡，此時得詩刊，便作了一首律詩寄去湘潭，並說明與李漁叔的關係。回信很快便到，因得知白石詩社社長田翠竹，為李漁叔之從妹夫，欲索李漁叔詩集。但原由台北學生書局印行之《花延年室詩集》，事過二十年，經聯絡書局，早已絕版，只好將李漁叔題贈的書冊寄去湘潭，扉頁中有「戎庵仁弟吟定」字跡，下款蓋章。湘潭人見師生關係是真，十分興奮，李漁叔外甥女婿張某老，立即拷貝三百份贈送親友，白石詩社立聘先生為顧問，十多年來，仍常有聯繫。

是年，在台灣各地首次舉行活動紀念二二八事件。二月到三月間，國民黨內因推選總統、副總統人選而引發政爭，一般稱為「二月政爭」或「三月

<hr>

〔註26〕《新校本晉書・陸納傳》列傳第四十七，言：「時會稽王道子以少年專政，委任群小，（陸）納望闕而歎曰：『好家居，纖兒欲撞壞之邪！』」見楊家駱主編：《新校本晉書》，台北：鼎文，1995年6月，頁2027。

政爭」。「野百合學運」也在三月展開，大專院校學生在中正紀念堂靜坐絕食抗議，要求廢除「法統」國會。〔註27〕五月，李登輝、李元簇就任第八屆總統、副總統。十月十八日，日本交流協會稱台灣人前往釣魚台需申請簽證，二十一日，載有台灣區運會聖火的漁船試圖前往釣魚台宣示主權，但遭日艦驅逐，功敗垂成。十一月，以「台澎金馬」名稱回歸 GATT 組織。十一月十九日，孫立人將軍病逝，其舊屬醞釀爲他翻案，十二月六日，行政院通過褒揚孫立人將軍。

三月，蘇聯廢止共產黨一黨專政，戈巴契夫當選第一任總統。波羅地三國相繼獨立，立陶宛率先於 1990 年 3 月 11 日宣佈「恢復獨立」，愛沙尼亞和拉托維亞分別於 1991 年 8 月 20 日及 8 月 21 日宣佈獨立。八月，伊拉克揮軍入侵科威特，加以併吞，聯合國安理會通過對伊拉克實施軍事、貿易制裁。十月三日，東西德統一。十一月，英國首相「鐵娘子」佘契爾夫人辭職。十二月，蘇聯解體。

是年詩作：〈邃加室主撫時感事作五言見懷步韻奉酬〉、〈疊韻答伯元教授香江〉、〈答百駕老人廣州〉、〈答香港餘庵詩翁惠澳洲遊草〉、〈祝餘庵喜壽〉、〈孤舠〉、〈三疊樓韻酬伯元坤堯香港〉、〈伯元既和樓夜韻擢公亦有步韻之作四疊原韻呈二公並柬坤堯〉、〈文擢先生七十壽詩〉、〈聞百駕老人歸道山〉、〈新豐〉、〈信步口號〉、〈報謝香港詩小組惠選輯〉、〈鬼車〉、〈答餘庵香海〉、〈博君夫人哀詞〉、〈詩研所行文囑補交修褉詩並分得諸字韻〉、〈雲〉、〈香港嶺雅季刊主編李國明寄嶺南五家詩詞鈔一冊〉、〈書事〉、〈奉酬香港詩小組十君子〉、〈和衡東陳仲垣兄弟重逢韻〉、〈寄衡東陳仲垣〉、〈秋蘭發三箭有作〉、〈答餘庵香江〉、〈蓬萊覓句〉、〈恭祖約小集〉、〈寄塵庵示七十書懷雜詠十首奉酬〉、〈贈裝甲兵舊袍澤譚劍生詞人〉、〈秋蘭盛花絪縕馥郁有九歌滿堂美人氣象〉、〈夏夜〉、〈譚劍生和泰華王誠博士雨荷韻見獵心喜亦作一首寄似〉、〈答熊琛惠詩卷〉、〈答文幸福同社惠所作詩集適接伯元教授香港來函寄遊杭州西湖惠州詩詞〉、〈蠻觸篇〉、〈麻姑詞〉、〈日夕篇〉、〈憶湘潭舊遊寄似白石詩社〉、〈寄廣州詩社〉、〈滄海翁〉、〈答文幸福教授南韓忠南大學疊前韻〉、〈夜聞蟋蟀〉、〈電視見北平亞運開幕式〉、〈奉懷香港蘇公並柬詩小組十子記酬唱十年〉、〈浣溪紗〉、〈綠卡吟和香港蘇公英籍吟四首均〉、〈琴調相思引〉、〈田素蘭教授輓章〉、〈答衡東陳仲垣約登南嶽〉、〈懷郴州舊遊寄郴江詩社〉、〈和郴江詩社社

長李瀝青贈台灣吳統禹韻〉、〈木蘭花〉、〈寄廣州詩社〉、〈水龍吟〉、〈秋荷和香港寄塵庵韻〉、〈代簡答香港寄塵庵〉、〈遙贈陳沚齋穗垣請香江李國明轉〉、〈松山慈惠堂在碧山高處金闕玉扃西王母坐正位玉皇旁坐相陪天籟吟社於此作例會發興成急就章〉、〈早發台北〉、〈高雄客舍感釣魚台事〉、〈台灣光復節瀛社雅集限七律限尤韻〉、〈深思〉、〈滄海翁弟二篇〉、〈庚午九日詩學研究所登高雅集〉、〈微賤詞〉、〈中秋無月摘取故事成篇逾月始得末二句〉、〈庚午九日〉、〈秋晚感時〉、〈和成都孔凡章秋興韻之北京〉、〈讀浙江師範大學毛谷風教授選編當代八百家詩詞即和集中八一年秋日漫興韻〉、〈台北經麥克阿塞公路至基隆因作詩弔麥帥〉、〈和中山劉逸生一九七九年遙寄台灣韻並乞定庵詩選與己亥雜詩注〉、〈答湘潭白石詩社董源遠詩翁〉、〈佘契爾〉、〈庚午孟冬香港蘇公東來三日聚首言歡急就奉呈〉、〈蘇公回港有和詩見寄奉酬一首〉、〈寄懷香港詩小組十君子〉、〈驟寒〉、〈香港蘇公和詩結云勸君歸理峨嵋宅三徑羊求定是誰再酬一首〉、〈答餘庵香港〉、〈答北京中央文史館孔凡章詩〉、〈孔凡章古今體詩得梅村神韻因寄絕句二首並及其東牀聶衛平〉、〈答范夔生行人華府詩函〉、〈和范夔森行人華府冬晴韻〉、〈讀北京孔凡章詩老在成都故里呈八十餘歲女詩人稚荃詩猛然憶及稚老爲張默君校長渝州詩友與涵負樓曾克耑爲並時人物因作詩寄成都〉、〈讀北京孔凡章詩老在成都故里筵前贈八十餘歲瓊蓮詩僧發興作詩寄瓊公成都〉、〈答吳國榮〉、〈漫興〉、〈冬夜樓望〉、〈孫立人〉、〈詩訣〉、〈平安夜紅並樓雅集即席作〉、〈香港詩人潘新安劉紹進李鴻烈連袂來台甚設延賓即席作〉、〈寄懷彰化田中蘭社社長呂碧銓〉、〈詩仙歌〉、〈詩學研究所徵建國八十年詩〉、〈梅花謠〉、〈答蕭一葦洛杉磯並壽其八十〉、〈朱鳳行〉、〈和高去帆六十自述韻〉、〈心月樓主陳脩平博士督詩賦贈〉、〈伯元贈詩腠西湖牋一封和韻爲謝〉、〈臘不盡十日得七弟元斌自洪縣來函喜賦〉。

一九九一年，民國八十年，六十九歲

　　五月一日，動員戡亂時期結束、廢止臨時條款，十七日，廢止「懲治叛亂條例」。十月，民進黨將台獨主張列入黨綱。十二月三十一日，第一屆立法委員、監察委員、國大代表全部退職。十二月二十一日選出第二屆國民大會代表。立法院則由一百三十位增額立委行使職權。第二屆監察委員則改由總統提名，國民大會同意任命，自八十二年二月一日開始行使職權。這是一場不流血的革命，是李登輝總統的重大功績。

　　一月十七日，爆發波斯灣戰爭，二月底，盟軍收復科威特，戰爭結束。

　　是年詩作：〈北京中央文史館孔凡章詩老郵示迎春漫興八首次韻奉和〉，〈辛未正月所得詩〉，〈軍中舊同袍集台北春宴示紀玉珩將軍〉，〈春夜候門擎杯漫與〉，〈春夜候門漫與又一篇〉，〈義齒和香港蘇公脫牙用昌黎落齒十八韻〉，〈見香港鳴社東坡九百九十五歲仙壽祭資料和寄塵庵韻〉，〈新晴四言〉，〈直覺一首〉，〈尋根〉，〈詩亡〉，〈紅梅和寄塵庵韻爲梁厚建作〉，〈辛未仲春所得詩〉，〈答劉逸生贈定庵己亥雜詩注〉，〈答李國明香港十八韻〉，〈心電圖作業中瞬間得意奪醫師筆錄之〉，〈九一汨羅國際龍舟節和湘潭白石詩社董源遠詩翁韻〉，〈寄懷陳一豫香港〉，〈謝香港翁一鶴詩老惠暢然堂集〉，〈香港蘇公作五言一篇見懷侑札高麗人參粉膠丸一匣和韻奉酬〉，〈香港蘇公作五言見懷其末段云幽人觀無常詩腸定如轂飛鴻早晚來吟聽烏栖曲和韻去後復成此篇〉，〈和湘潭白石詩社八傻歌〉，〈寄成都岷峨詩社李維嘉先生請通聲氣〉，〈觸事依韻酬高去帆高雄〉，〈偕林恭祖蔡秋金宿苗栗明德水庫時大旱〉，〈侵晨明德水庫吊橋上口占〉，〈蓬萊舊事〉，〈餘菴遊草題詞〉，〈答花蓮楊伯西惠望雲樓詩集七律得杜法〉，〈撫亂詞〉，〈蘇聯政變〉，〈梁厚建惠懷擢公詩隸書影頁及擢公和詩巨幅影頁賦答〉，〈望月口號〉，〈名望一首有答〉，〈重抄舊稿按年編次削至不能再削詩以志之〉，〈小重山〉，〈西江月〉，〈西江月〉，〈秋心〉，〈桑落酒〉，〈和葛正仕秋懷韻〉，〈餘菴詩函中得其義女香港幼稚教育家江鳳儀女史琅箋說東槎事〉，〈秋蘭發一枝五花〉，〈秋雄教授惠雲在庵近詩一束全是二十年來師友踪跡學人掌故傷逝撫時不忍卒讀作詩奉答此意眞不足爲外人道也〉，〈唐多令〉，〈閬苑〉，〈辛未三秋步香港寄塵庵九夏偕鳴社諸賢澳門珠海遊五十韻〉，〈建國八十年應詩學研究所徵〉，〈大閱應徵〉，〈劉元友凱師叔挽詩〉，〈辛未重陽節停雲社復興續集〉，〈眞詮〉，〈芒花詞〉，〈新涼〉，〈琴調相思引〉，〈奉懷舊同社九八詩翁王仲文〉，〈疊韻酬湘潭陳治法〉，〈疊韻酬湘潭歐陽覺吾〉，〈敲砧〉，〈木蘭花慢〉，〈水龍吟〉，〈意難忘〉，〈高陽臺〉，〈西江月〉，〈琴調相思引〉，〈送女兒至淡水淡江高中順路登紅毛城眺海〉，〈出門〉，〈雲在庵詩〉，〈暮秋登指南宮口號〉，〈琴調相思引〉，〈酬西安單柳塘〉，〈觀棋〉，〈酒肆設色牡丹塵俗噴飯索筆志之〉，〈湘潭白石詩社贈其所編輯之中華工業詩詞選呈謝一首〉，〈白石詩社邀訪湘潭成行不易答謝一首〉，〈妙悟〉，〈疊前韻酬九八詩仙王仲文〉，〈左右〉，〈殘荷〉，〈讀中華工業詩詞選畢再作一首〉，〈李璜幼春鄉丈挽章丈香港昔年芳洲詩社仙侶也〉，〈詠橘〉，〈夢中得首聯明日足成一律〉，〈曾了齋電約臘八讌集〉，〈謝同社諸君作戎庵寫竹詩〉，〈觀戰社課限古〉，〈高鳴鹿詩友惠和靖集作詩荅之〉，〈寒流〉，〈宮羽〉。

一九九二年，民國八十一年，七十歲

二月，行政院的《二二八事件研究報告》出版。四月，國大臨時會朝野國代打群架，3 人送醫，事後民進黨指國民黨故意拖延憲改，國民黨指民進黨預謀暴力。五月，廢止刑法第一百條。十二月，第二屆立法委員全面改選，黃信介在花蓮當選，原先黃氏以 62 票落選，經民進黨發動大規模抗議，而重新行政驗票，發現排名第二的候選人票數誤差達 534 票，故由中選會宣告黃信介當選。

八月，中韓斷交。

是年詩作：〈人日與花蓮楊伯西同席〉，〈春霽〉，〈香港潘小磐餘庵八十壽詩〉，〈春雨絕句〉，〈春夜讀遺山枯槐聚蟻無多地秋水鳴蛙自一天日月盡隨天北轉古今誰見海西流諸詩悽然有作〉，〈晚霽〉，〈春宵對月〉，〈鷥坡同僚丹陽劉涵鋒八十壽詩〉，〈台北風義師友會海上題襟雅集招飲〉，〈雄壁樓燕集〉，〈春宵對月弟二篇〉，〈春夜慢與〉，〈花事一首寄呈寄塵庵香港〉，〈鷓鴣天〉，〈吳統禹云郴江詩社問君何不重來〉，〈春城〉，〈湘潭李先生仙逝二十年招魂詞〉，〈秋門詞〉，〈酒花〉，〈壬申禊集得年字〉，〈又一首得懷字〉，〈和質傳遠遊韻〉，〈暮春偕內子遊烏來口號〉，〈晨起至新店溪上口號〉，〈浣溪紗〉，〈玉樓春〉，〈高陽臺〉，〈和海外學人酬唱韻寄逯耀東教授報廿年前題贈所作勒馬長城〉，〈中副有人以黃永武書房爲題大作文章讀後詩興突發作詩寄永武一粲〉，〈和楊伯西王作人甥舅隔海酬唱韻〉，〈陳恕忠以松山小築詩求和次韻和之〉，〈寄五弟元信〉，〈三弟元禮作思兄歌七古十二韻寄來賦此苔之囑其多作詩可存予集中〉，〈春晚絕句〉，〈念家山〉，〈湘潭白石詩社社長田翠竹漁叔先生之從妹夫也有八十自壽七律十首囑和一二因另作二首寄去〉，〈湘潭唐潤民教授見和舊作多夜樓望韻綴五言苔之〉，〈苔北京孔凡章惠回舟續集〉，〈壽孔凡章鄉詩老八十〉，〈高陽臺〉，〈漁家傲〉，〈詩人節書懷〉，〈二二八二二韻〉，〈啖荔〉，〈苔香港潘餘菴〉，〈苔浙師大教授毛谷風爲二十世紀名家詩詞鈔約稿並柬港中大教授黃坤堯兄〉，〈天祥〉，〈九曲洞〉，〈夜雨〉，〈題恕園詩集〉，〈今春陳伯元教授用東坡宿燕子樓永遇樂韻題拙集半年之後香港黃清懷教授又和韻成一闋見示因苔謝二君〉，〈夢中重遊南嶽登祝峰南望蒼梧九疑北望洞庭煙水忽然晨雞驚醒振筆直書〉，〈首屆中華詩詞大賽〉，〈讀嶺雅十五期知荔莊吳天任已作古〉，〈西江月〉，〈北京中央文史館詩詞組長孔凡章函請爲迴舟第三加題〉，〈伯元先書余景伊師忌辰詞又書題拙稿詞歐陽楷法瘦硬通神苔以小古一

篇〉,〈逭暑吟〉,〈入秋十韻〉,〈朝中措〉,〈減字木蘭花〉,〈浣溪沙〉,〈壬申九日〉,〈輓基隆蔣孟樑妻〉,〈荅餘庵寄絲路遊草〉,〈西江月〉,〈魏淡如詩草代序〉,〈報謝香港鳴社惠詩輯並呈寄塵庵〉,〈寒流〉,〈南城赴宴〉,〈陳洒寒翁請和秋日書懷韻即效其體〉,〈叔世〉,〈花延年室詩卷弟九〉,〈壬申生朝〉,〈贈香港鳴社眾學博〉,〈寒流陣陣來襲〉,〈冬令〉,〈指南宮選詩〉,〈題沈秋雄藏龍坡丈人臺靜農寫陳獨秀沈尹默渝州酬唱手卷〉,〈題沈秋雄藏溥王孫澗樹秋煙圖手卷〉,〈簡錦松弟教授惠高雄電台播講唐宋詩人檔案專集及近作詩稿〉,〈荅湘潭董源遠惠玉照及浣溪沙詞〉,〈荅湘潭白石詩社唐潤民教授再惠詩〉,〈餞別谷兆麟詩翁歸湘潭〉,〈湘潭白石詩社李松華以七十自壽韻索和次韻和之〉,〈荅湘潭李松華惠逸松詩草〉,〈高陽臺〉,〈明夷詩社同社羅田王仲文百〉,〈冬吟白雪詩〉,〈鬱金香簡錦松攜來〉,〈兩大注一首分寄廣州劉逸生詩老香港何乃文李國明二君〉,〈寄湘潭谷兆麟教授〉,〈天籟吟社雅集課題交卷後餘興未盡別成七絕一篇又填詞一闋〉,〈西江月〉,〈浣溪沙〉,〈壬申仲春夢機於醫院病榻上作詩見懷臟不盡十日停雲社雅集於其寓樓始見此詩即席和韻〉,〈夢機病起詩勝曩昔眺雨云傾盆盡洗群山去聚溜如收眾瀑歸此可移山倒海樓夜云海上千波沈老月樓前萬木奏鳴琴興寄尤沈痛〉,〈冬夜漫興〉,〈冬夜漫興後篇〉,〈寄高雄佛光山普門高中教員陳文銓〉,〈一九九三年元日大晴〉,〈湘潭張立嵩漁叔先生之內侄婿翻印花延年室詩三百本分送親友漁叔先生之從妹夫田翠竹作詩記事表予割愛孤本之高誼遠道見示和均荅之〉。

一九九三年,民國八十二年,七十一歲

下台南,評第二十三屆成大鳳凰樹文學獎古典詩。

一月,開放金、馬觀光,開放調頻電台。四月,台灣海基會和中國海協會,「辜汪會談」在新加坡首次會談。

一月,歐洲共同市場正式實施單一市場,十一月,歐洲共同市場改稱歐洲聯盟,簡稱「歐盟」。

是年詩作:〈春日再疊前字均呈夢機〉,〈讀藥樓近詩〉,〈成功大學賴麗娟都講見惠昔年碩士論文文同詩畫研究作詩奉荅〉,〈香港寄塵庵示壬申謝竈日作遷居詩次韻和之〉,〈府城〉,〈春雲〉,〈次韻和道瞻華盛頓見懷〉,〈和道瞻湖畔韻〉,〈文章〉,〈荅北京孔凡章示迎春曲七律十聯章〉,〈閏三月寄藥樓〉,〈再練墨竹〉,〈放歌〉,〈感時〉,〈荅香港寄塵庵論予多夜漫興前後八首〉,〈北

京孔凡章向海內外詞流告病寄詩慰問〉、〈荅夢機惠碧潭煙雨集〉、〈成功大學校園口號〉、〈與賴麗娟吳榮富陳文銓眾都講茗談至夜分〉、〈宿成大迎賓苑〉、〈北歸得陳文銓約晤台南快信云暑假來台北師大國研所進修〉、〈台南市鳳凰花下口號〉、〈北歸寄成大吳榮富都講〉、〈荅香港潘餘庵惠桂林遊草〉、〈荅香港何乃文都講〉、〈題夢機詩集〉、〈紀念景伊師逝世十年學術討論會上作〉、〈端陽雅集台北中山堂與海邦諸耆老閑談〉、〈高陽臺〉、〈荅龔稼雲贈所著書詩聖杜甫揭三動為杜法〉、〈入秋寄懷香港寄塵庵鳴社〉、〈秋堂詞〉、〈晏天任函告劉宗烈以九一之年逝於美國加州遺寒星樓詞集稿因為辯誣〉、〈寄塵庵示病興吟諸篇什遙荅一首〉、〈和龔稼雲感時韻〉、〈指南官詩會〉、〈湘春夜月〉、〈癸酉九日詩研所雅集〉、〈荅香港餘庵翁數寄遊草〉、〈寄懷湘潭白石詩社諸賢〉、〈荅明夷舊同社百一詩仙王仲文德國〉、〈託夢〉、〈苦旱〉、〈荅范道瞻華盛頓〉、〈和高去帆感事依均〉、〈荅焦磊園惠近稿〉、〈烏沙溪山地人聚落〉、〈和高去帆獨坐感詩壇現況〉、〈荅北京吳柏森惠遂初集〉、〈酬夢機贈七古大篇〉、〈冬夜寄懷王師復北美〉、〈和稼雲翁甲戌立春日兩岸北京會談韻〉、〈荅簡錦松教授惠詩集〉、〈再酬夢機〉、〈夜坐偶成〉、〈明日是除夕柬國內京皖詩友〉。

一九九四年，民國八十三年，七十二歲

十二月，台北、高雄市長，台灣省長直接選舉，台北市長陳水扁、高雄市長吳敦義、台灣省長宋楚瑜。

四月，美國眾議院通過「台灣關係法」優先於「八一七公報」修正案。

是年詩作：〈甲戌履端〉、〈贈梅庵八十〉、〈夢中作〉、〈遠遊〉、〈上元大雨〉、〈和陳无籍翁元日均〉、〈湘潭白石詩社請題河東寶塔公園〉、〈正月十六日酬藥樓再惠小七古〉、〈伯元花甲〉、〈讀坡集至卷弟十四有句云愛君有逸氣詩壇專斬伐因疊雄韻呈夢機〉、〈新春謝香港鳴社惠大良吟草〉、〈敏姨〉、〈酬湘潭白石詩社惠鄉音集〉、〈雨中過藝術教育館因遊植物園〉、〈凡章鄉詩老示甲戌迎春十律次韻奉和〉、〈和夢機感時三疊雄均〉、〈四疊雄均酬夢機懷我龍定室〉、〈荅羊城陳永正惠沚齋詩詞鈔〉、〈寄羊城劉逸生詩老〉、〈襄疾詞〉、〈端午前二日洒寒約集市樓〉、〈寄題泉州十郎紀念樓〉、〈和均稼雲翁詩人節獲頒師教獎〉、〈天籟吟社同社傅秋鏞挽詩享年八十〉、〈南浦〉、〈高陽臺〉、〈南浦〉、〈小碧潭夕望〉、〈和鹿港炳大東京夜話均並懷田中呂碧銓〉、〈寄懷衡東縣陳仲旭〉、〈夢到涤口〉、〈甲戌清明〉、〈和劍生袍澤家山三首韻〉、〈偶題〉、〈荅

范道瞻華盛頓〉、〈和柳州沙培錚錚韻〉、〈有懷柳州〉、〈荅桂林唐甲元〉、〈七月〉、〈浪淘沙〉、〈浣溪紗〉、〈夢機惠師大國文研究所中國學術年刊第十五期抽印本詩阡拾穗其中論予詩近四百字有云感時之作惻愴於杜陵緣情之作纏綿於義山奉酬一首〉、〈七七感舊〉、〈晚晴〉、〈感時再疊牛均和藥樓聞將出版杜詩研究〉、〈碧潭三疊牛均和藥樓〉、〈和香港鳴社詩侶珠海酬唱卷〉（〈和珠海舟中酬唱均〉、〈和題心印盧酬唱均〉、〈和珠海歸舟均〉、〈和訪曼殊上人出生故居詩〉）、〈望遠〉、〈夢機見懷次均奉酬〉、〈再疊然韻酬柳州沙培錚詩翁〉、〈再酬桂林唐甲元詩翁〉、〈和文擢中秋前三日見懷韻〉、〈玩月〉、〈客心〉、〈荅方雪純見示中秋賞月詩〉、〈電視新聞台中霧社梅李桃櫻一時怒放〉、〈和稼雲翁述杜韻〉、〈依韻和高去帆感事時正縣市長改選競選中〉、〈甲戌九日詩學研究所集北市天廚〉、〈吳榮富都講北來同登新光大樓鳥瞰台北盆地即為洗塵〉、〈香港蘇公病中集易為聯語裁紅牋以小篆筆法書甲骨文體見贈希世之珍也〉、〈柳州沙培錚詩翁以甲戌登高懷海內詩友七律聯章寄張夢機教授及予抗日駐軍之地別來五十三年惓惓前遊步均奉和沙翁上月來詩有昭諫宏篇驚海內之言溢美愧恧〉、〈秋興〉、〈無題〉、〈北海岸定點旅遊三首〉。

一九九五年，民國八十四年，七十三歲

　　二月二十八日，台北市二二八和平公園新建二二八紀念碑落成，有碑無文，由李登輝總統代表政府向受難者遺族謝罪，表示「承擔政府所犯的過錯，並道深摯的歉意」。先生曾言，二二八事件是一大悲慘事，知識份子不可忘，並認為此事件應是由情治單位一手造成，因為當時大陸上內戰激烈、中共坐大，台灣親日份子仍多，因此，國民黨欲清除親共、親日人員，使台灣成為一個安全、可以退守的地方，故民家中若藏有馬克斯主義思想、日文書籍，就被視為親共、親日份子，而遭到禍難。但因光復前知識份子多受日本教育，所以多藏有日文書籍，因此當時菁英也多罹難。又當時並非全然是清除親共、親日人員，也有許多官軍如同盜匪，進入民家翻箱倒櫃，檢查甕瓦，藉機搜刮聚斂，惡形惡狀，令人痛惡；也有不少旅居台灣的大陸籍人士遭到殺害，整起事件死亡人數眾多，但未至二、三萬人。〔註28〕七月，總統明令公佈「二

〔註28〕這是先生的觀點。罹難人數的多寡，目前各界較為接受的說法是在 18000～28000 人之間。賴澤涵總主筆：《二二八事件研究報告》中整理了諸家對傷亡人數的說法，並說明不能以人口學推估死亡人數的原因，是因當時適值戰後復員及戶籍制度更替之際，資料非常紊亂。見該書，頁 261～263。筆者案：

二八事件處理及補償條例」，行政院依據該條例設置「財團法人二二八事件紀念基金會」，處理受難者申請補償事宜。

　　一月，江澤民發表「江八點」談話。四月，李登輝以「李六條」談話回應「江八點」。

　　是年詩作：〈乙亥履端〉，〈偕內為夢機兄賀年先有客在堂因記所聞〉，〈春雨〉，〈孔凡章詩伯惠乙亥迎春曲次韻奉和〉，〈電視節目中觀二二八紀念碑落成典禮〉，〈春日偶成〉，〈香港李國明詞長函告嚴霜翁已歸道山其詩詞昌谷羽琊而後又開生面陳永正訂稿問世〉，〈香港李國明詞長惠近作詩一卷奉和歸故居韻並柬寄塵庵〉，〈二二八紀念碑前作有碑無文〉，〈雨夜偶成〉，〈讀趙諒公退休詩賦寄〉，〈季夏一首〉，〈善導寺會弔百歲另三月詩翁羅田王仲文〉，〈東勢林場打尖〉，〈大雪山林場賓館〉，〈天池瑞雪亭〉，〈八仙山林場〉，〈十文溪寒崖崖腳多有毛地黃弔鐘花〉，〈過梨山〉，〈一石才〉，〈新遊仙詩〉，〈木蘭花慢〉，〈觀荷〉，〈十二樓〉，〈乙亥七七〉，〈高陽臺〉，〈浣溪紗〉，〈寄塵庵七十晉五壽詩〉，〈和華府范道瞻行人乙亥暮春見懷韻〉，〈寄懷香海獨鰲峰下老仙潘餘庵兼侯其義女江鳳儀〉，〈秋夜偶成〉，〈東鯷篇荅寄塵庵問〉，〈秋宵對月〉，〈夕望〉，〈彭佳嶼〉，〈題北京吳柏森鴻爪集〉，〈和白樂天燕子樓詩柳州沙培錚約同作用慰藉犍為徐元森〉，〈荅湘潭白石詩社顧問聘書〉，〈重陽節近得湘

台灣首次人口普查是在民國四十五年，故此前的人口統計並不精確，所以所有以人口學推估的數字，全都不確實，不能作為死傷人數的判定依據。

賴澤涵、馬若孟、魏萼所著的《悲劇性的開端——台灣二二八事變》，也詳實記錄各家說法，並一一提出較客觀的解釋，估計死傷人數低於一萬人，即使萬分小心地估計菁英份子的人數是人口的百分之一，也應該有六萬五千人，若被殺的人數是八千，其中一半是菁英份子，（許多可貴的人才不是被消除，就是被關了起來），可以推測大約 0.012% 的菁英份子受到殺害，頁 263～267。

筆者案：0.012% 的數據恐怕是低估，若以死亡四千菁英統計，大約是 6.15%。

財團法人台灣大地文教基金會網站中的「多媒體資料庫」，有「二二八探討」網頁，對傷亡人數的各家說法也有整理，參見網址：http://taiwantt.org.tw/books/228/new_page_5.htm。其中認定李喬以人口學推估的說法較客觀，顯然不足取，且已為《二二八事件研究報告》駁斥。

政府在民國八十四（1995）年十月設立 228 事件紀念基金會，據該會網站（http://www.228.org.tw/）至民國九十四年十一月的資料，死亡及失蹤人數共858 人，因死亡、受傷害而得補償的件數共 2247 件，已受領人數為 9286 人，可為參考。但因當時部分人士罹難、受傷害證據多已消失，不能申請補償，故一般皆懷疑人數過少。又，若以社會學將官方統計人數乘以 10 的算法，則與賴氏三人的估算相近。

目前雖有諸多說法，仍不能肯定當時的罹難人數。

潭白石詩社顧問聘書此事無自因作詩寄藥樓教授〉、〈高陽台〉、〈高陽台〉、〈寧社雅集新光四十五樓魏淡如詩翁折簡相招遂成一首〉、〈次韻酬伯元教授馬里蘭州銀泉別墅見懷〉、〈和夢機教授閏八月韻〉、〈鄧麗君〉、〈和藥樓飲集韻〉、〈近重陽作〉、〈台灣光復五十年〉、〈寄舊袍澤方雪純〉、〈夢機教授哀時撫事作詩見懷語多獎借愧至無地自容依韻奉酬二首〉、〈故鄉宜賓市政協詩書畫社詩詞組寄贈僰道吟詩輯奉答一篇〉、〈和宜賓謝作民小屋韻〉、〈寒宵吟〉、〈暮年〉、〈故關〉、〈天吳〉、〈履端〉、〈紅桑〉、〈暗香〉。

一九九六年，民國八十五年，七十四歲

有巴厘島行、新加坡行、歐洲行。

三月七日，中共軍方向台灣發射了三枚 M9 彈道飛彈，分別落在高雄和基隆附近，其中一枚飛彈幾乎直接飛過台北，在離海岸外十九公里處落下。當時台灣即將舉行首次總統直接選舉，大陸此舉顯然是向台灣選民發出警告，威脅不要投票支持李登輝。舉行第一屆直接民選總統，李登輝得百分之五十四選票，當選總統，連戰當選副總統，五月就職。是月，民進黨大老黃信介就任總統府有給職資政。

是年詩作：〈再疊白樂天燕子樓韻酬柳州沙培錚賀年〉、〈李國明詞長繪粵中桃源鄉故居小景橫幅見遺筆法古拙有李公鱗龍眠山莊圖情味後半幅題客年故居酬唱五言古兩篇樂毅論楷法厚重嫵媚真三絕也作詩奉荅兼志掌故〉、〈陳永正選注李商隱詩〉、〈和崑陽夢機花蓮新店酬唱均〉、〈飛抵新加坡〉、〈新加坡晚香園讌集〉、〈新加坡聖淘沙觀音樂水舞放歌〉、〈巴厘島古大海灘落日〉、〈印度尼西亞巴厘島形象風情速寫〉、〈巴厘島希頓飯店海灘觀日出〉、〈自巴厘島飛回台灣〉、〈即事〉、〈歸人〉、〈看竹〉、〈暮雨〉、〈蝴蝶蘭〉、〈文華約集滿順樓〉、〈颱風災害接二連三〉、〈陽台秋蘭盛花〉、〈藥樓燕集作〉、〈夢機玫瑰里讌集予車禍不赴次均奉酬〉、〈次均答宜賓趙場蘇福康〉、〈謝作民遊流杯池作五言見懷酬以七律〉、〈廣遺山論詩〉、〈妙法蓮華經有云伶俜辛苦五十餘年車禍養傷每每突口而誦之因作伶俜詞〉、〈慢與〉、〈丙子夏首即事〉、〈臨江仙〉、〈了事一首〉、〈王熙元教授兄挽詩〉、〈珠海大學贈授寄塵庵榮譽博士學位〉、〈都門感事〉、〈碧潭懷舊〉、〈藥樓社集〉、〈海上秋宵吟〉、〈春夜飛抵倫敦嚴寒〉、〈倫敦感事〉〈大英博物館埃及館中五千年前人乾〉、〈倫敦滑鐵盧火車站乘歐洲之星快速火車穿越英倫海峽海底隧道至比京布魯賽爾〉、〈滑鐵盧〉、〈凡爾賽宮〉、〈紅磨房〉。

一九九七年，民國八十六年，七十五歲

有澳洲行，探視留學澳洲女兒振玉。

二月，二二八事件紀念基金會在和平公園立紀念碑碑文。

二月，鄧小平去世。七月，香港結束英國統治，回歸中國。

是年詩作：〈文山律髓有詩見及腹聯註語則不敢當〉，〈荅孔凡章續惠丁丑迎春曲〉，〈嶺雅遺音中讀頌橘廬荅漁叔七律因感四十年前酬唱舊事作詩寄夢機〉，〈仲春懷柳州沙培錚沙翁去年惠七律一首全部化用典故〉，〈幽夢詞二十均〉，〈澳洲〉，〈澳洲新南威爾斯郡臥龍岡大學看視女兒振玉留四日〉，〈雪梨灣遊艇上午膳〉，〈雪梨歸航〉。

一九九八年，民國八十七年，七十六歲

有日本行。

是年詩作：〈酬孔凡章詩老續惠戊寅迎春曲〉，〈題陳伯元全和坡詞韻集子〉，〈海上雜詩寄藥樓教授〉，〈詠史與藥樓同作〉，〈海上新秋雜詩〉，〈海上雜詩兼酬藥樓教授〉，〈荅顏崑陽惠詩集〉，〈和藥樓九日雅集不赴韻〉，〈再疊詩韻酬藥樓〉，〈三疊詩韻寄藥樓〉，〈和鯤天吟〉，〈四疊詩韻寄藥樓〉，〈夜讀和藥樓五疊詩韻〉，〈六疊詩韻酬藥樓〉，〈七疊詩韻酬藥樓〉，〈八疊詩均酬藥樓並柬夢白花蓮〉，〈九疊詩均酬藥樓〉，〈酬伯元見懷〉，〈酬伯元惠宣紙綵繪詩箋十疊詩韻〉，〈戊寅冬七七生朝作〉。

一九九九年，民國八十八年，七十七歲

四月，卜居新店北新路二段。

九月，孔凡章逝世。

孔凡章，字禮南，別署還齋，四川成都人，生於 1914 年，卒於 1999 年，精於詩、詞、圍棋。畢業於上海震旦大學。五十年代後任省圍棋隊教練。八十年代初遷京，受聘爲中央文史研究館館員，任館中詩詞組組長，《詩書畫》叢刊編輯，著《回舟集》四卷。其詩雅正深醇，尤擅梅村體歌行與七律，精品極多，而自謂倚聲之道，非其所長。實則恪遵法度，嚴守音律，琢語精工，設色妍美，冶兩宋精英於一爐，不拘窘於獨家門戶，《回舟》諸集存詞近四百闋，洵美而富矣。青年時代詞，多抒發憂國抗敵之忱，劍氣簫心，交相輝映；晚年詞尤宏開新境，異彩紛呈。諸如爲祥明、劉適蘭題照及詠奧運會多篇，

皆前賢筆下所無之題材，瑰瑋出以雄奇，婀娜融於剛健，如裁蜀錦，如鑄合金。《水龍吟‧詠紅水仙》諷「文革禍首」江青，字面溫婉而筆鋒辛辣，極是傑作。至若詠水仙、牡丹諸章，託物興懷，寄生死不渝之戀，芬芳悱惻，一往情深，乃人世間至純至美之永恒主題，非《花間》、《尊前》中輕薄浮靡之詞所堪比擬，當令天下有情人讀之一哭。〔註29〕

　　七月，開始精省。是月，李登輝總統接受「德國之聲」的訪問，將兩岸關係定位在「特殊的國與國關係」，一般將其簡化為「兩國論」。九月，發生7.3級九二一大地震，震央位於集集附近，台中、南投地區損失慘重，全島死亡人數超過二千人。

　　是年詩作：〈酬孔凡章惠卯迎春曲七律十聯章〉。

二〇〇〇年，民國八十九年，七十八歲

　　三月，民進黨陳水扁當選總統。國民黨結束長期執政。七月，嘉義八掌溪事件——使新政府行政效率遭到嚴重質疑。十月，行政院院長張俊雄以向歷史負責為由，發表6大理由，宣布停建核四電廠。

　　是年詩作：〈千禧年社課〉，〈春日滿山油桐花開作〉，〈東鯷感事〉，〈追悼孔凡章詩老〉，〈木蘭花〉，〈苦雨和藥樓丁字韻〉，〈再疊丁韻酬藥樓〉，〈和藥樓自況見及韻〉，〈和藥樓向夕韻〉，〈夏夜〉，〈台北見武子初六十年前湘潭裝甲兵師袍澤也今已八十〉，〈再疊韻酬藥樓〉，〈三疊韻酬藥樓〉，〈四疊韻酬藥樓〉，〈藥樓吟五疊韻〉，〈九日步藥樓韻〉，〈台北即席贈羊城徐對廬詩老並候嶺南五家〉。

二〇〇一年，民國九十年，七十九歲

　　六月以後詩作，多刊於《乾坤詩刊》。指導網路古典詩詞雅集，不稱師，僅稱詩友。

　　徐續（大陸詩壇南徐北孔之南徐）來台，題詩相贈。徐續亦回贈七律一首，前四句云：「岷峨舊識孔迴舟（按：孔凡章詩集名《迴舟集》，此句後改為「此行汎汎若浮鷗」），蜀士今逢東海頭。一代劍芒餘慷慨，幾人詞筆與綢繆。」盛讚先生。

〔註29〕見劉夢芙：〈五四以來詞壇點將錄〉，http://www.jiangxiaoyu.com/wenxuan/dianjianglu.htm。

徐續，號對廬，廣東惠州人，生於 1921 年，為嶺南詩壇健將，詩古近體皆工，七律尤精警遒拔，孔凡章引為畏友。亦善書法。其《對廬詞》，馬祖熙先生為之序，評云「雄奇俊爽，風格遒上，得蘇、辛之神髓」；「多直抒胸臆，一空依傍，磊落英多，英年以後之作，尤臻佳勝。其感事言志之章，追懷前烈之作，類皆激情高昂，聲振金石，感人肺腑。即以友朋贈答，社壇題詠之篇什而言，亦有幹青雲傍素波之概。」〔註30〕著有《對廬詩詞集》、《蘇軾詩選》選注。

陳永正，字止水，號沚齋，生於 1941 年，廣東茂名人。精於詩、詞、書法。中山大學古文獻研究所研究員，中國書法家協會副主席。著有《沚齋詩詞鈔》、《詩情如水》、《嶺南書法史》等二十餘種，詩風古樸輕靈，既承傳統法乳，又富時代精神。各體兼擅，尤長五言。筆鋒所向披靡，儼然當代一大家。

一月九日，監察院公布監院五人小組對孫立人事件的完整版調查報告，確定孫立人將軍並未謀叛，其部屬郭廷亮亦非匪諜，也未叛亂。這是官方首度為孫立人將軍公開平反。二月，行政院宣佈核四廠復工，核四爭議終告一段落。九月，國民黨考紀會開會處理前主席李登輝違紀案，通過撤銷李登輝黨籍，這是國民黨創黨 107 年以來，首次對前主席祭出黨紀。十二月，民進黨成為國會第一大黨。

是年詩作：〈春寒〉，〈香港李國明書畫集書後〉，〈荅柳州沙培錚惠蘭谷吹簫集〉，〈酬羊石對廬詩老惠詩詞集〉，〈浣紗溪〉，〈高陽臺〉，〈西江月〉，〈金縷曲〉，〈雨夜吟〉，〈和藥樓茗飲歌韻〉，〈薔薇〉，〈登陽明山辛亥光復樓〉，〈送春〉，〈李登輝登天守閣歌〉，〈浩園雅集林正三陳文華蔡秋金在座同觀陳定山之妹小翠詩詞集〉，〈詩人節〉，〈感興七首〉，〈次韻荅黃鶴仁見贈〉，〈舊聞〉，〈藥樓午飯〉，〈洛杉磯富翁帝托太空旅遊成功〉，〈高陽臺〉，〈偶成〉，〈韓文伯夷頌〉，〈告白〉，〈新店夕望〉，〈士林官邸花園長青聚會撫新蘭亭碑而讀之〉，〈酬湘潭白石詩社前秘書長董源遠郵惠所著連雲詩話與前社長劉勛政詩詞集〉，〈感興二首〉，〈有感偶成〉，〈太白體兩首〉，〈偶成〉，〈藥樓消寒小集〉，〈再疊藥樓小集韻〉，〈芙蓉謠〉，〈冬寒〉，〈榮典家風〉。

〔註30〕見劉夢芙：〈五四以來詞壇點將錄〉，http://www.jiangxiaoyu.com/wenxuan/dianjianglu.htm。

二〇〇二年，民國九十一年，八十歲

指導網路古典詩詞雅集。

元旦起，中華民國正式成爲 WTO 的會員國。九月，前總統李登輝公開宣稱釣魚台是日本領土。

是年詩作：〈壬午履端〉，〈即景〉，〈大屯山自然公園觀雲〉，〈諸網路詩友見過作詩相迎〉，〈瀛社花朝例會兼爲七十八十九十詩友祝壽壽星共十人〉，〈隨團旅遊台南日夕上梅嶺有繼續攻頂者有踞石煎茶者即景綴句成篇〉，〈和惜餘齋有感覃韻〉，〈和藥樓茗飲遲故人不至韻〉，〈市樓見三十年前明夷詩社社長梁寒操集句書聯舊遊似夢徒能說萬事如花不可期因足成一律〉，〈菩薩蠻〉，〈偶成絕句〉，〈又玄詞〉，〈和藥樓月夜韻〉，〈壬午秋興〉，〈美國九一一事變週年紀念日作〉，〈題湘潭董源遠連雲詩話〉，〈秋晚吟〉，〈夜雨吟〉，〈秋望〉，〈八一賤辰藥樓教授作詩見及双十日次韻酬之〉，〈追悼于大成教授〉，〈秋晚小碧潭曠望〉。

二〇〇三年，民國九十二年，八十一歲

筆者拜訪先生，徵得首肯，開始整理先生詩作。

家中藏書幾乎全贈與網路古典詩詞雅集諸詩友，僅留下張溥《漢魏六朝百三名家集》、華正出版之《中國歷代文論精選》、昭明太子《文選》、劉勰《文心雕龍》，以及庾信、李太白、杜工部、李義山、元遺山、龔定盦諸家詩集。而文學史諸書，亦曾熟讀謝无量《中國大文學史》、劉大杰《中國文學發展史》。謝无量《中國大文學史》，嚴格說來，只是一部有系統的文談詩話文選詩鈔，缺乏各類文體發展的闡釋，〔註31〕劉大杰《中國文學發展史》則是近五十年來影響較大的著作。

是年詩作：〈癸未上元南州學人陳文銓孫吉志戾止不相見十餘載矣潔樽敘舊作海山旗鼓詩相贈〉，〈春回〉，〈弱羽詞〉，〈靈犀詞〉，〈粉墨箏琶〉，〈感春〉，〈遣興〉，〈桐花謠〉，〈春山行〉，〈後賢〉，〈左海〉，〈春晚〉，〈藥樓教授約網路詩友雅集〉，〈長相思〉，〈無絕詞〉，〈劍道〉，〈桐花祭〉，〈癸未餞春〉，〈破曉夢回枕上口占〉，〈夜雨〉，〈閒情〉，〈梅雨遣懷〉，〈感時〉，〈瑠公圳邊竹林〉，〈閒情〉，〈浮雲〉，〈秋風引〉，〈新秋〉，〈秋感〉，〈高雄曾人口詞長北來多年

〔註31〕見楊家駱主編：《民國以來出版新書總目提要》上冊，台北：中國學典館復館籌備處，1972 年，頁 256。

不見約網路詩友楊維仁李正發相陪作小集〉、〈秋暮指南宮雅集〉、〈閒情疊均酬藥樓〉、〈和藥樓東遷均〉。

二〇〇四年，民國九十三年，八十二歲

指導網路古典詩詞雅集。

三月十九日，總統大選前一日，一方候選人遭到槍擊。大選結束，落選一方展開抗爭。

五月，歐盟完成歐洲大統合，共二十五個國家。

是年詩作：〈雨中諸網路詩友戾止〉、〈祝陳伯元教授七十壽〉、〈小重山〉、〈琴調相思引〉、〈江月晃重山〉、〈亂象〉、〈高陽臺〉、〈甲申修禊詩〉、〈春晴喜作〉、〈和張藥樓陳文華教授春寒酬唱韻時正大選之後落選一方聚眾抗爭之第八日〉、〈梅雨〉、〈駢文〉、〈香江〉、〈采桑子〉、〈和藥樓楊維仁讀花延年室酬唱韻〉、〈仙家〉、〈暮秋偶成絕句甲申秋興〉、〈八月十五夜玩月甲申〉、〈酬柳州沙培錚詞長〉、〈殘臘〉。

二〇〇五年，民國九十四年，八十三歲

指導網路古典詩詞雅集。八月，《戎庵詩存》出版，蒐集西元 2000 年以前詩作，共 3379 首。

先生自言：「在家養病，不問世事。回思八十年來，仗詩友栽培，文學學術界容納，詩名滿海內外。捫心自問，知足、惜福、感謝而已。書要繼續讀，詩要繼續做，盡可能指導栽培後進青年詩人，如網路古典詩詞雅集，已見成效。五十年前，香港新亞書院教授曾克耑，曾於信函語余：『詩之承傳光大，必有其人。』今日余亦以此言勉勵後進。」

羅尚晚年多少受佛學空宗影響，思鄉之情轉淡，而以台灣為家鄉。一生都無省籍情結，殊覺省籍情結只是桎梏，毫無意義。

是年詩作：〈乙酉新正口占〉、〈疊韻酬藥樓見和殘臘七律已八疊均〉、〈春郊散策〉、〈詞人風骨〉、〈苦雨抒懷〉、〈湘潭白石詩社創設二十週年賀詞〉、〈南山子當世詩家文家近又考取東吳中研所碩士班求深造有詩見示亦作詩相詶〉、〈夜雨〉、〈荅謝網路詩友和殘臘均〉、〈挽春吟〉、〈觀蓮消夏社集擊鉢限體不限均〉、〈高陽臺〉、〈偶題十四韻〉、〈偶成〉、〈無題〉、〈詩路〉、〈仙家〉、〈民隱〉、〈三同吟〉、〈後挽春吟仍用前韻〉、〈紅桑行酬藥樓教授〉、〈浣紗溪〉、

〈西江月〉、〈後天詞〉、〈西江月〉、〈香港嶺雅詩刊中拜讀羊城徐對廬詩老粵暉園曲換韻七古一百一十二韻唐宋以來第一大篇也〉、〈枕上吟〉。

附錄二　羅尚手稿

（一）此詩作於民國四十一年，西元 1952 年。

○和漁叔先生省中見蕙題

浮海休嗟覿面稀，天涯尋主佩知微，畫梁曾識
翩翩影，珠館能增皭皭輝，結蜃樓臺原暫住，
聽鶯鄉國幾時歸。衡芹好築倭香墅，莫向人前
輕舞衣。

回首鄉關悵森漫，盧家元杳見來難，箏香已混
花間蝶，顧影寧慚枳上鸞，細馬未應馱夢去，
高鷹猶自決雲看，藥成不信風波定，休向炎州
翻宴安。

（二）此詩作於民國九十二年，西元 2003 年。

癸未上元南州學人陳元銓孫杏志庵止不相
見十餘載矣滌博和舊作海山颭鼓詩相贈

浮雲逝水十年來，癸未新春濁酒杯。記得鳳凰
花下會，先知龍虎榜中才。艱虞叔世今非昔，
魯莽文章慶也欸。隄障未流塵眼望，海山颭鼓
壯三台。

引用書目

一劃

1. 《一代戰神孫立人》，鄭錦玉，台北：水牛，2004 年 7 月。

二劃

1. 《十三經注疏‧尚書正義》，阮元校勘，台北：新文豐，1988 年 7 月。

2. 《十三經注疏‧周禮注疏》，阮元校勘，台北：新文豐，1988 年 7 月。

3. 《十三經注疏‧毛詩正義》，阮元校勘，台北：新文豐，1988 年 7 月。

4. 《十三經注疏‧春秋公羊傳注疏》，阮元校勘，台北：新文豐，1988 年 7 月。

5. 《十三經注疏‧周易正義》，阮元校勘，台北：新文豐，1988 年 7 月。

6. 《十三經注疏‧禮記注疏》，阮元校勘，台北：新文豐，1988 年 7 月。

7. 《十三經讀本‧周易》，唐文治編纂，台北：新文豐，1980 年 3 月。

8. 《二二八事件研究報告》，賴澤涵總主筆，台北：時報文化，1994 年 2 月。

三劃

1. 《于右任先生詩集》，于右任，台北：國史館，1978 年 7 月。

2. 《山海經校注》，袁柯注，台北：里仁，1982 年 8 月。

3. 《山谷詩內集注》，黃庭堅撰，任淵，史容，史溫注，台北：學海，1979 年 10 月。

4. 《小石帆亭著錄》，翁方綱。收入丁福保編：《清詩話》，台北：木鐸，1988 年 9 月。

四劃

1. 《毛詩鄭箋》，鄭玄，台北：新興，1990 年 8 月。

2. 《文選》，蕭統編，李善注，台北：五南，1991 年 10 月。

3. 《文選學》，駱鴻凱，台北：漢京，1982 年 10 月。

4. 《文賦集釋》，陸機撰，張少康集釋，台北：漢京，1987 年 2 月。

5. 《文心雕龍札記》，黃侃，台北：文史哲，1973 年 6 月。

6. 《文心雕龍注釋》，劉勰著，周振甫注釋，台北：里仁，1984 年 5 月。

7. 《文心雕龍讀本》，劉勰著，王更生注譯，台北：文史哲，1991 年 9 月。

8. 《文心雕龍校釋》，劉永濟，台北：正中，1971 年 3 月。

9. 《文心雕龍義證》，劉勰撰，詹鍈義證，上海：上海古籍，1989 年 8 月。

10. 《文史通義》，章學誠，台北：里仁，1984 年 9 月。

11. 《王右丞集箋註》，王維撰，清·趙松谷箋註，台北：廣文，1977 年 12 月。

12. 《王荊公詩李氏注》，王安石作，李壁注，台北，鼎文，1979 年 9 月。

13. 《元白詩箋證稿》，陳寅恪，台北：里仁，1981 年 10 月。

14. 《元遺山詩集箋注》，元好問著，清·施國祁箋，台北：廣文，1973 年 6 月。

15. 《元好問研究資料彙編》，紀念元好問八百年誕辰學術研討會籌備會編印，台北：行政院文化建設委員會，1990 年 12 月。

16. 《元好問論詩三十首小箋》，郭紹虞，台北：木鐸，1988 年 9 月。

17. 《太平御覽》，宋·李昉等撰，台北：台灣商務，1992 年 1 月。

18. 《太平寰宇記》，樂史，台北：文海，1980 年 5 月。

19. 《世說新語箋疏》，余嘉錫，台北：華正，1993 年 10 月。

20. 《孔子家語》，王肅，台北：台灣商務，1979 年。

21. 《比興物色與情景交融》，蔡英俊，台北：大安，1990 年 8 月。

22. 《升菴詩話》，楊慎。收入丁福保輯：《歷代詩話續編》，丁福保輯，台北：木鐸，1988 年 8 月。

23. 《中國文學史》，葉慶炳，台北：學生，1992 年 3 月。

24. 《中國歷代文論選》，編者不詳，台北：木鐸，1987 年 7 月。

25. 《中華民國史事日誌第一冊》，郭廷以，台北：中研院近史所，1979 年 7 月。

26. 《中華民國史事日誌第二冊》，郭廷以，台北：中研院近史所，1984 年 4 月。

27. 《中華民國史事日誌第三冊》，郭廷以，台北：中研院近史所，1984 年 6 月。

28. 《中華民國史事日誌第四冊》，郭廷以，台北：中研院近史所，1985 年 5 月。

29. 《中華民國史稿》，張玉法，台北：聯經，2001 年 7 月二版。

30. 《中華民國史文化志初稿》，王振鵠、邱燮友、莊伯和統編，台北：國史館，1997 年 5 月。

31. 《中華民國詩人及其詩》，革命實踐研究院中興詩歌社，台北市文獻委員會端午詩社編輯，台北：台北市文獻委員會端午詩社，1973 年 12 月。

五劃

1. 《古典詩形式說》，羅尚，自印本。

2. 《古典詩的形式結構》，張夢機，台北：尚友，1981 年 12 月。

3. 《四書集註》，朱熹，台北：學海，1989 年 8 月。

4. 《四庫全書總目提要》，永瑢，紀昀等撰，台北：台灣商務，1985 年 5 月。

5. 《史記評賞》，賴漢屏，台北：三民，1998 年 1 月。

6. 《白居易集》，白居易，台北：漢京，1984 年 3 月。

7. 《白石詩詞集》，姜夔著，夏承燾校輯，台北：華正，1974 年 10 月。

8. 《台灣通史》，連橫，南投：台灣省文獻委員會，1992 年 3 月。

9. 《台灣歷史年表終戰篇Ⅰ（1945～1965）》，李永熾監修，薛化元主編，台北：財團法人張榮發基金會國家政策研究資料中心，1990 年 11 月。

10. 《台灣歷史年表終戰篇Ⅱ（1966～1978）》，1990 年 12 月。

11. 《台灣歷史年表終戰篇Ⅲ（1979～1988）》，1992 年 9 月。

12. 《台灣現代史年表》，楊碧川，台北：一橋，1996 年 4 月。

13. 《台灣史小事典》，吳密察監修，台北：遠流，2000 年 9 月。

14. 《台灣歷史年表》，吳密察監修，台北：遠流，2003 年 4 月。

15. 《民國以來出版新書總目提要（上冊）》，楊家駱主編，台北：中國學典館復館籌備處，1972 年。

六劃

1. 《先秦漢魏晉南北朝詩》，逯欽立輯校，台北：木鐸，1988 年 7 月。

2. 《老子今註今譯（三次修訂本）》，陳鼓應註釋，台北：台灣商務，2002 年 10 月。

3. 《全唐詩》，清聖祖御定，台北：文史哲，1978 年 12 月。

4. 《全祖望集彙校集注》，全祖望撰，朱鑄禹彙校集注，上海：上海古籍，2000 年 12 月。

5. 《列子古注今譯》，蕭登福，台北：文津，1990 年 3 月。

6. 《戎庵選集》，羅尚，台北：正中，1976 年。

7. 《戎庵詩存》，羅尚著，筆者編校，高雄：宏文館，2005 年 8 月。

8. 《池北偶談》，王士禎，台北：漢京，1984 年 5 月。

9. 《西鄉詩稿》，張夢機，台北：文海，1979 年 6 月。

10. 《新譯西京雜記》，曹海東注譯，台北：三民，1995 年 8 月。

七劃

1. 《宋詩話輯佚》，郭紹虞，台北：文泉閣，1972 年 4 月。

2. 《杜臆》，清‧王嗣奭，台北：台灣中華，1986 年 11 月。

3. 《杜詩詳注》，仇兆鰲，台北：里仁，1980 年 7 月。

4. 《杜甫戲爲六絕句集解》，郭紹虞解箋，台北：木鐸，1988 年 9 月。

5. 《杜工部草堂詩話》，宋‧蔡夢弼集錄。收入丁福保輯：《歷代詩話續編》，丁福保輯，台北：木鐸，1988 年 8 月。

6. 《杜甫詩律探微》，陳文華，台灣師範大學國文研究所碩士論文，1977 年。

7. 《李白集校注》，李白著，瞿蛻園等校注，台北：里仁，1981 年 3 月。

8. 《李長吉文集》，李賀，台北：學生，1971 年 8 月。

9. 《李商隱詩選》，陳永正選注，台北：遠流，1988 年 7 月。

10. 《李商隱詩歌集解》，李商隱撰，劉學鍇、余恕誠集解，台北：紅葉，1992 年 10 月。

八劃

1. 《兩當軒詩詞全集》，黃仲則著，方穎民編校，台北：文粹，1959 年 8 月。

2. 《兩般秋雨盦隨筆》，清‧梁紹壬，台北：廣文，1986 年 10 月。

3. 《定本墨子閒詁》，孫詒讓，台北：世界，1980 年 11 月。

4. 《周張全書》，周敦頤、張載撰，台北：中文，1979 年 5 月。

5. 《河嶽英靈集》，殷璠。收入《唐人選唐詩》，台北：河洛，1975 年 5 月。

6. 《東坡志林》，蘇軾，北京：中華，1985 年。

7. 《青邱詩集注》，明‧高啓撰，清‧金檀輯注，台北：台灣中華，1987 年 6 月。

8. 《林尹教授逝世十週年學術論文集》，台北：文史哲，1993 年 6 月。

9. 《花與花神》，王孝廉，台北：洪範，1986 年 11 月。

10. 《花延年室詩》李漁叔，台北：文史哲，1972 年 3 月。

11. 《近體詩發凡》，張夢機，台北：台灣中華，1970 年 6 月。

九劃

1. 《姜白石七絕詩九十一首小箋》，黃兆顯，台北：河洛，1978 年 5 月。

2. 《指月錄》，清‧瞿汝稷編集，台北：新文豐，1980 年 10 月。

3. 《後山詩話》，陳師道，收入《文淵閣四庫全書》第 1478 冊，台北：台灣商務，永瑢，紀昀等撰，1985 年 5 月。

4. 《柳河東集》，柳宗元，台北：世界，1988 年 4 月。

5. 《思辨錄輯要》，陸世儀，台北：廣文，1977 年 12 月。

6. 《思齋說詩》，張夢機，台北：華正，1977 年 1 月。

7. 《春秋左傳注》，楊伯峻撰，台北：漢京，1987 年 9 月。

8. 《春人詩選（第一輯）》，春人詩社，台北：春人詩社，1981 年 7 月。

9. 《珍藏 20 世紀中國》，吳家恆主編，台北：時報，2000 年 10 月。

10. 《苕溪漁隱叢話》，胡仔，台北：長安，1978 年 12 月。

11. 《迦陵談詩二集》，葉嘉瑩，台北：東大，1985 年 2 月。

12. 《貞一齋詩說》，清‧李重華。收入丁福保編：《清詩話》，台北：木鐸，1988 年 9 月。

十劃

1. 《真誥》，陶弘景，北京：中華，1985 年。

2. 《原詩》，葉燮。收入丁福保編：《清詩話》，台北：木鐸，1988 年 9 月。

3. 《唐才子傳》，元‧辛文房撰，李立朴譯注，台北：台灣古籍，1997 年 11 月。

4. 《唐詩選評釋》，明‧李攀龍選，日‧森大來評釋，江俠菴譯述，台北：德興，1981 年 11 月。

5. 《唐宋詩醇》，清高宗御選，台北：台灣中華，1971 年 1 月。

6. 《唐人小說》，汪辟疆校錄，台北：河洛，1974 年 10 月。

7. 《唐宋詞鑑賞辭典》，唐圭璋主編，台北：新地，1991 年 4 月。

8. 《「唐詩」、「宋詩」之爭研究》，戴文和，台北：文史哲，1997 年 6 月。

9. 《高士傳》，皇甫謐，北京：中華，1985 年。

10. 《孫立人將軍側記》，揭鈞，台北：躍昇，2002 年 4 月。

11. 《袁中郎全集》，袁宏道，台北：清流，1976 年 10 月。

12. 《海內十洲記》，東方朔，收入於《文淵閣四庫全書》第 1042 冊，台北：台灣商務，永瑢，紀昀等撰，1985 年 5 月。

13. 《神仙傳》，葛洪撰，收入於《文淵閣四庫全書》第 1059 冊，台北：台灣商務，永瑢，紀昀等撰，1985 年 5 月。

14. 《荀子簡釋》，梁啟雄，台北：木鐸，1988 年 9 月。

15. 《師復詩存》，王師復，台北：廣華，1987 年。

十一劃

1. 《國語》，左丘明撰，韋昭注，台北：漢京，1983 年 12 月。

2. 《國共內戰》，楊碧川，台北：一橋，1993 年 3 月。

3. 《張祜詩集》，張祜撰，嚴壽澂校編，南昌：江西人民出版社，1978 年 7 月。

4. 《淮南鴻烈解》，漢‧劉安撰，高誘注，台北：鼎文，1979 年 12 月。

5. 《野鴻詩的》，黃子雲。收入丁福保編：《清詩話》，台北：木鐸，1988 年 9 月。

6. 《章學誠遺書》，章學誠，北京：文物，1985 年 8 月。

7. 《莊子集釋》，郭慶藩編，王孝魚整理，台北：國文天地，1991 年 10 月。

8. 《郭沫若全集歷史篇》，郭沫若，北京：人民，1982 年 9 月。

9. 《頌橘廬叢稿》，曾克耑，香港：自印本，1961 年 10 月。

10. 《陸放翁全集》，陸游，台北：世界，1990 年 11 月。

11. 《陳子昂集》，陳子昂，台北：世界，1964 年 2 月。

12. 《陳世驤文存》，陳世驤，台北：志文，1972 年 7 月。

十二劃

1. 《博物志校證》，張華撰，范寧校證，台北：明文，1981 年。

2. 《博異記》，唐‧鄭還谷，收入於《文淵閣四庫全書》第 1042 冊，台北：台灣商務，永瑢，紀昀等撰，1985 年 5 月。

3. 《悲劇性的開端——台灣二二八事變》，賴澤涵、馬若孟（Ramon H. Myers）、魏萼，台北：時報文化，1993 年 2 月。

4. 《溫飛卿詩集》，溫庭筠撰，台北：學生，1971 年 8 月。

5. 《景德傳燈錄》，宋‧釋道原編著，台北：新文豐，1986 年 4 月。

6. 《筆記小說大觀三編》，台北：新興，1983 年 2 月。

7. 《買票懺悔錄》，詹碧霞，台北：商業周刊，1999 年 9 月。

十三劃

1. 《圍爐詩話》，吳喬。收入郭紹虞編選，富壽蓀校點：《清詩話續編》，郭紹虞編選，富壽蓀校點，上海：上海古籍 1983 年 12 月。

2. 《載酒園詩話又編》，賀裳。收入郭紹虞編選，富壽蓀校點：《清詩話續編》，郭紹虞編選，富壽蓀校點，上海：上海古籍 1983 年 12 月。

3. 《微臣無力可回天——陸以正的外交生涯》，陸以正，台北：天下，2002 年 4 月。

4. 《新校本史記三家注》，司馬遷著，楊家駱主編，台北：鼎文，1993 年 10 月。

5. 《新校本漢書》，班固撰，顏師古注，楊家駱主編，台北：鼎文，1995 年 1 月。

6. 《新校本後漢書》，范曄撰，楊家駱主編，台北：鼎文，1994 年 3 月。

7. 《新校本三國志》，陳壽撰，裴松之注，楊家駱主編，台北：鼎文，1995

年 6 月。

8. 《新校本晉書》，房玄齡等撰，楊家駱主編，台北：鼎文，1995 年 6 月。

9. 《新校本南史》，李延壽撰，楊家駱主編，台北：鼎文，1994 年 9 月。

10. 《新校本南齊書》，蕭子顯著，楊家駱主編，台北：鼎文 1993 年 5 月。

11. 《新校本周書》，唐·令狐德棻等撰，楊家駱主編，台北：鼎文，1993 年 6 月。

12. 《新校本舊唐書》，後晉·劉昫等撰，楊家駱主編，台北：鼎文，1994 年 10 月。

13. 《新校本新唐書》，歐陽修、宋祁撰，楊家駱主編，台北：鼎文，1994 年 10 月。

14. 《新校本新五代史》，歐陽修撰，楊家駱主編，台北：鼎文，1994 年 6 月。

15. 《新校本宋史》，元·脫脫等撰，楊家駱主編，台北：鼎文，1994 年 8 月。

16. 《新校本宋史》，元·脫脫等撰，楊家駱主編，台北：鼎文，1995 年 6 月。

17. 《新校本明史》，張廷玉等撰，楊家駱主編，台北：鼎文，1994 年 8 月。

18. 《新譯吳越春秋》，東漢·趙曄著，黃仁生注釋，台北：三民，1996 年 2 月。

19. 《新譯洛陽伽藍記》，楊衒之撰，劉九洲、侯迺慧注譯，台北：三民，1994 年 3 月。

20. 《新譯金剛經》，徐興無注譯，台北：三民，1997 年 1 月。

21. 《新譯六祖壇經》，李中華注譯，台北：三民，1997 年 11 月。

22. 《楚辭補注》，洪興祖，台北：天工，1989 年 9 月。

23. 《搜神記》，干寶，台北：木鐸，1985 年 7 月。

24. 《滄海明珠集》，羅尚，台北：華正，1981 年 10 月。

25. 《滄浪詩話校釋》，嚴羽著，郭紹虞校釋，台北：里仁，1987 年 4 月。

26. 《意象的流變》，蔡英俊主編，台北：聯經，1997 年 4 月。

27. 《靖節先生集》，陶潛撰，陶澍注，台北：華正，1987 年 8 月。

28. 《詩品注》，鍾嶸著，陳延傑注，台北：里仁，1992 年 9 月。

29. 《詩品集解》，司空圖，袁枚著，佚名集解，台北：清流，1972 年 3 月。

30. 《詩言志辨》，朱自清，台北：頂淵，2001 年 12 月。

31. 《詩集傳》，朱熹集註，台北：台灣中華，1991 年 3 月。

32. 《詩詞例話》，周振甫，台北：五南，1994 年 5 月。

33. 《詩經詮釋》，屈萬里，台北：聯經，1984 年 9 月。

34. 《誠齋集》，楊萬里，台北：世界，1988 年（四庫全書薈要本）。

35. 《賈島詩集校注》，賈島撰，李建崑校注，台北：里仁，2002 年 12 月。

36. 《頌橘盧叢稿》，曾克耑，香港：曾克耑，1951 年。

37. 《照隅室古典文學論集（下編）》，郭紹虞，上海：上海古籍，1983 年 10月。

38. 《艇齋詩話》，曾季貍。收入丁福保輯：《歷代詩話續編》，丁福保輯，台北：木鐸，1988 年 8 月。

39. 《歲寒堂詩話》，張戒。收入丁福保輯：《歷代詩話續編》，丁福保輯，台北：木鐸，1988 年 8 月。

十四劃

1. 《劉賓客文集》，劉禹錫撰，台北：台灣中華，1983 年 12 月。

2. 《說詩晬語詮評》，沈德潛著，蘇文擢詮評，台北：文史哲，1985 年 10 月。

3. 《臺海使槎錄》，黃叔璥，南投：台灣省文獻委員會，1996 年 9 月。

4. 《臺海思慟錄》，思痛子，南投：台灣省文獻委員會，1997 年 12 月。

5. 《漢魏六朝百三名家集》，張溥，台北：文津，1979 年 8 月。

6. 《滹南詩話》，王若虛。收入丁福保輯：《歷代詩話續編》，丁福保輯，台北：木鐸，1988 年 8 月。

7. 《維摩詰經今譯》，陳慧劍譯註，台北：東大，1990 年 12 月。

十五劃以上

1. 《樊川文集》，杜牧，台北：漢京，1983 年 11 月。

2. 《樊川詩集注》，杜牧撰，清・馮集梧注，台北：漢京，1983 年 9 月。

3. 《論語譯注》，楊伯峻，台北：漢京，1987 年 1 月。

4. 《論形象思維》，亞里士多德等著，台北：里仁，1985 年 1 月。

5. 《論衡集解》，王充撰，劉盼遂集解，台北：世界，1990 年 11 月。

6. 《談藝錄》，錢鍾書，台北：書林，1988 年 11 月。

7. 《樂府詩集》，宋・郭茂倩編撰，台北：里仁，1981 年 3 月。

8. 《澎湖廳志》，林豪總修，台北：大通，1984 年。

9. 《養一齋詩話》，潘德輿。收入郭紹虞編選，富壽蓀校點：《清詩話續編》，郭紹虞編選，富壽蓀校點，上海：上海古籍 1983 年 12 月。

10. 《樂府古題要解》，唐・吳兢。收入丁福保輯：《歷代詩話續編》，丁福保輯，台北：木鐸，1988 年 8 月。

11. 《豫章黃先生文集》，黃庭堅，台北：台灣商務，1979 年。

12. 《隨園詩話》，袁枚，台北：漢京，1984 年 2 月。

13. 《還魂草》，周夢蝶，台北：領導，1977 年 1 月。

14. 《禮記今註今譯》，王夢鷗，台北：台灣商務，1971 年。

15. 《韓非子今註今譯》，邵增樺註譯，台北：台灣商務，1992 年 5 月。

16. 《韓昌黎文集校注》，韓愈撰，馬其昶校注，台北：世界，1992 年 5 月。

17. 《韓昌黎文彙評》，葉百豐編著，台北：正中，1990 年 2 月。

18. 《韓昌黎詩繫年集釋》，韓愈著，錢仲聯集釋，上海：上海古籍，1998 年 3 月。

19. 《韓文四論》，蘇文擢，香港九龍：蘇文擢自印，1978 年。

20. 《魏晉南北朝文學思想史》，羅宗強，北京：中華書局，2002 年 10 月。

21. 《魏晉南北朝文學思想史》，張仁青，台北：文史哲，1978 年 12 月。

22. 《邃加室詩文續稿》，蘇文擢，香港：作者自印，1984 年 9 月。

23. 《藥樓文稿》，張夢機，台北：文史哲，1984 年 5 月。

24. 《藝概》，劉熙載，台北：漢京，1985 年 9 月。

25. 《曝書亭集》，朱彝尊，台北：世界，1964 年 2 月。

26. 《瀛奎律髓》，方回，台北：藝文，未註明出版年月。

27. 《蘇文彙評》，曾棗莊主編，成都：四川文藝，2000 年 1 月。

28. 《蘇軾詩集》，蘇軾著，王文誥輯註，孔凡禮點校，台北：莊嚴，1990 年 10 月。

29. 《蘇東坡全集》，蘇軾，台北：世界，1982 年 4 月。

30. 《鐵函心史》，鄭思肖，台北：世界，1975 年 7 月。

31. 《顧亭林詩文集》，顧炎武撰，台北：漢京，1984 年 3 月。

32. 《讀風偶識》，崔述，台北：學海，1979 年 3 月。

33. 《讀杜新箋——律髓批杜詮評》，張夢機，台北：漢光，1987 年 3 月。

34. 《欒城集》，蘇轍著，曾棗莊、馬德富校點，上海：上海古籍，1987 年 3 月。

35. 《龔自珍全集》，龔自珍著，王佩諍校，上海：上海古籍，1999 年 6 月。

36. 《魯拜集》（The Rubaiyat Of Omar Khayyam），奧瑪珈音（Omar Khayyam）原著，費氏結樓（Edward Fitzgerald，1809～1883）英譯，黃克孫衍譯，台北：書林，1989 年 6 月。

單篇論文

1. 陳文華：〈不畏浮雲遮望眼——側記幾位台灣古典詩人〉，《文訊》，2001 年 6 月，頁 53～56。

2. 曹淑娟：〈杜黃吳體詩析辨〉，《中國學術年刊》，第 4 期，1982 年 6 月，頁 161～184。

3. 黃坤堯：〈當代台灣詩壇簡介〉，《當代詩詞》，總號 22～23 期合刊，1991 年 11 月，頁 175～181。

4. 黃永武：〈一代曹劉定有人〉，中央日報 2005 年 10 月 24 日副刊，第 17 版。

5. 楊宿珍：〈素樸的與激情的──詩經與楚辭〉，收入《意象的流變》，蔡英俊主編，台北：聯經，1997 年 4 月。

6. 魏汝霖：〈抗戰時期黃河決口眞相〉，《中外雜誌》，26 卷 4 期，1979 年 10 月，頁 66～68。

7. 顏崑陽：〈從「言意位差」論先秦至六朝「興」義的演變〉，《清華學報》，新二十八卷第二期，1998 年 6 月，頁 143～172。

詩 刊

1. 《嶺雅》（香港：鳴社），第 24 期，1997 年 6 月。

2. 《嶺雅》（香港：鳴社），第 30 期，2001 年 10 月。

3. 《楚騷吟刊》（雲林：中華楚騷研究會），第 42 期，2000 年 9 月。

網路資料

1. 羅尚〈古體詩聲調〉，網址：http://www.ktjh.tp.edu.tw/yang527/h1.htm。

2. 羅尚〈論對偶〉，網址：http://www.ktjh.tp.edu.tw/yang527/h3.htm。

3. 財團法人二二八事件紀念基金會，網址：http://www.228.org.tw/。

4. 〈黃河花園口掘堵內幕〉，收入於「鄭州檔案信息網」，「檔案博覽」中，網址：http://www.zzda.gov.cn/dabl/hyk.htm。

5. 〈專訪陸以正〉，〈中時電子報〉「火線人物專訪」，2005 年 6 月 7 日，網址：http://blog.sina.com.tw/archive.php?blog_id=10404&md=entry&id=1583。

6. 劉夢芙：〈五四以來詞壇點將錄〉，網址：http://www.jiangxiaoyu.com/wenxuan/dianjianglu.htm。